21世纪高等院校公共课精品教材

宏观经济学

陈平 主审
甘小文 杨荣华 主编
宋慧琳 陈芳琴 陈泽旭 副主编

MACROECONOMICS

东北财经大学出版社
Dongbei University of Finance & Economics Press
大连

图书在版编目（CIP）数据

宏观经济学 / 甘小文，杨荣华主编．—大连：东北财经大学出版社，2016.12（2017.7重印）

（21世纪高等院校公共课精品教材）

ISBN 978-7-5654-2533-2

Ⅰ．宏…　Ⅱ．①甘…②杨…　Ⅲ．宏观经济学-高等学校-教材　Ⅳ．F015

中国版本图书馆CIP数据核字（2016）第294888号

东北财经大学出版社出版

（大连市黑石礁尖山街217号　邮政编码　116025）

网　　址：http：//www.dufep.cn

读者信箱：dufep@dufe.edu.cn

大连力佳印务有限公司印刷　　东北财经大学出版社发行

幅面尺寸：185mm×260mm　　字数：252千字　　印张：12.5

2016年12月第1版　　2017年7月第2次印刷

责任编辑：孙　平　章北蓓　　责任校对：李智慧　孙　平

封面设计：冀贵收　　版式设计：钟福建

定价：28.00元

教学支持　售后服务　　联系电话：（0411）84710309

如有印装质量问题，请联系营销部：（0411）84710711

前言 QIANYAN

宏观经济学是西方经济学的一个重要分支，和微观经济学共同构成西方经济学的两大领域。与微观经济学的研究对象和分析的切入点不同，宏观经济学是以经济总体运行的行为作为研究对象和分析的切入点，具体问题主要包括国民经济核算、国民产出的决定、宏观经济政策、失业与通货膨胀、经济增长和经济周期、开放经济等。从学科的课程设计来说，它是经济、管理类专业的专业基础课。对宏观经济学知识和理论框架有一个准确、系统的了解和把握，是学好其他专业课程的必要基础。为了学好宏观经济学的知识和原理，首先得选择一本合适的教材，因为教材是联系学生和老师的桥梁。但是，我们在使用某经典教材时遇到了一个普遍存在的问题：讲授完这套教材需要安排比较多的课时，这与我们应用型本科的实际课时安排相矛盾。于是，我们根据讲授宏观经济学遇到的实际问题，编写了这本《宏观经济学》。

本教材将现代教学方法的应用融入教材中，体现了本教材的科学性和现代性。章节内容结构设计为：学习目的—开篇导读—原理内容—案例分析—本章小结—课后习题。本教材的教学思路是：问题导向—知识传授—能力培养—实践运用—素质提升。

本教材由甘小文统筹设计，南昌大学科学技术学院甘小文和杨荣华任主编，宋慧琳、陈芳琴和陈泽旭任副主编。参加本书编写的人员都是宏观经济学课程教学第一线教师。他们具体的编写分工是甘小文编写第一、七、八章，杨荣华编写第二、六章，宋慧琳编写第三、九章，陈芳琴编写第四章，陈泽旭编写第五章，范川阳子、邹凯学参与了第一、七、八章的编写，张欣参与了第二、六章的编写，马诗怡参与了第三、九章的编写。甘小文负责全书总纂和统稿工作。

本书由陈平教授（南昌大学科学技术学院）担任主审并提供指导，在此编写组表示由衷的感谢！同时，感谢南昌大学科学技术学院和东北财经大学出版社的支持和厚爱！

在本书编写过程中，编者参考了众多专家、学者和同仁的研究成果，在此致以真诚的谢意！尽管编写过程中编者付出了极大的努力，但由于编者水平有限，书中肯定会有不足之处，甚至存在遗漏和错误，恳请专家和读者给予批评指正。

编 者

2016年10月

目 录 MULU

第一章

导　论

【学习目的】

通过本章的学习，要求对宏观经济学的含义、基本内容、产生和发展的历程以及基本的研究方法有一个总体上的认识，为本课程的后续学习打下基础。

【开篇导读】

当你看一棵树的时候，你的着眼点在于一棵树的枝干和叶子；

当你登高远眺一片森林的时候，你的着眼点在于整片森林的样貌。

……

当我们仔细研究一个企业和家庭经济行为的时候，我们是在研究微观经济；

当我们把眼光放大到讨论一个国家的整体经济的时候，我们就是在研究宏观经济。

……

资料来源　辛宪．经济学的第一堂课［M］．北京：清华大学出版社，2005.

知识点提示：宏观经济学的对象

微观经济学作为一门逻辑性严密的社会科学，它对经济领域的许多问题均有不同程度的关注，尤其是对关乎个人自身利益的微观经济活动，不仅对问题和现象本身作出一定程度的解释，而且为人们经济行为的理性化提供了诸多思路。概括地说，微观经济学以个体作为研究对象，以个体的经济理性为研究前提，以约束条件下实现效用（收益或者利润）最大化为研究方法，将价格作为研究中心，把个体的利益作为研究目标，然后探讨家庭和企业的经济行为怎样通过市场竞争达到资源最优配置。说到这里，或许有人会说，只有关系个体具体经济活动的经济知识才是最重要的，宏观“大问题”离我们太遥远，那应是政府官员考虑的事情，我们只要掌握微观经济学理论知识就足够了。其实不然，宏观经济学并非政府的专利，微观经济学也并非万能钥匙，单纯的微观经济学理论知识和分析方法是不足以解释和解决经济问题的。因为，每个个体除了关心自身消费效用、成本和收益之外，对于自身所处的宏观经济环境也必然高度关注，因为个体所处的经济环境或形势会直接影响到个人的收入状况，进而影响个人的微观决策。因此，除了从个体角度去理解微观层面上如何在约束条件下作出行为反应之外，我们必须将每个个体——单个消费者、家庭、企业置身于宏观经济形势的大背景下，考察宏观经济形势的存在规律以及政策变动带来的影响。也就是说，我们还要学习宏观经济学的有关理论。

第一节
宏观经济学概述

一、宏观经济学的含义

宏观经济学这个概念最先是由挪威经济学家拉格纳尔·弗里希于1933年提出的。此后的半个多世纪里，经济学家虽然从不同的角度、不同的层面对这个概念进行过各种各样的定义，但它们的含义大同小异。下面列举一些比较典型的观点：

美国经济学家道格拉斯·格林沃尔德在其主编的《现代经济词典》中认为，宏观经济学是"一种现代的经济分析方法，它分析的是数据的总和，而不是个别数据。它研究经济生活的总体，研究经济经验的总的规模、形态和作用，而不是个别部分的作用。更为具体地说，宏观经济学所分析的是一般物价水平而不是个别商品的价格，是国民生产总值和国民收入而不是个别厂商的收入，是总的就业情况而不是个别厂商中的就业情况"。

美国经济学家爱德华·J.夏皮罗认为："宏观经济学考察的是国民经济作为一个整体的功能，包括国民经济中物品与劳务的总产量和资源的总利用量是如何决定的，以及引起这些总量波动的原因是什么。"

R.多恩布什和S.费希尔认为："宏观经济学是研究整体经济行为的高涨与衰退、经济中产品与劳务总量的增长、通货膨胀与失业率、国际收支以及汇率。为了研究经济的一般状况，宏观经济学集中分析影响经济状况的经济行为与政策，如消费与投资、工资与价格变动的决定因素、货币与财政政策、货币存量、政策预算、利率、公债等。简而言之，宏观经济学研究当今的主要经济争论问题。""宏观经济学和微观经济学之间的根本区别是重点和阐述的差别。在研究单个行业的价格决定时，微观经济学需要假定其他行业的价格是给定的。在宏观经济学中，我们研究平均价格水平，通常合理地忽略不同行业之间商品相对价格的变化。在微观经济学中，需要假定所有消费者的收入是给定的，然后探讨消费者如何将他们的收入分配在不同商品的购买支出上。相反，在宏观经济学中，收入或支出的总水平是被研究的关键变量。”“因此，在宏观经济学的研究议事日程上有三个主要问题：我们如何解释长的和持续的失业周期？我们如何解释通货膨胀？什么决定经济增长？”

罗伯特·E.霍尔和约翰·B.泰勒认为：“之所以创造出宏观经济学这一术语，是为了区别于微观经济学。微观经济学通常不研究经济中的暂时波动现象。但是，把宏观经济学和微观经济学割裂开来则是错误的。宏观经济学家要解释波动现象，必须观察和了解消费者和企业的行为、劳动市场和工业组织、金融市场的作用以至政府机构。这样做，就必须借助于微观经济学。只有建立在微观经济学基础之上的宏观经济学，才可能是最好的宏观经济学。”

杰弗里·萨克斯和费利普·拉雷恩则认为：“宏观经济学的基本研究方法是考察经济的总体趋势，而不是影响着经济中特定企业、工人或地区的趋势。经济活动特定的概括性指标——国民生产总值、储蓄率，或消费者价格指数——能描绘出变化和趋势的‘大致轮廓’。宏观经济学的这些总量尺度为宏观经济学家提供了基本的手段，使他们能够把注意力集中在经济的主要变化上，而不是集中在经济的个别部分产生的特定影响上。”

从近年来国内翻译的经济学教材可以看到，经济学家对宏观经济学的认识已经更趋一致。美国著名经济学家保罗·A.萨缪尔森和威廉·D.诺德豪斯在《经济学》中说：“宏观经济学是将整个经济运行作为一个整体来进行研究的，考察的是整个国家的产出、就业和价格，相反，微观经济学研究的是单个产品的价格、数量和市场。”曼昆在《经济学原理》中则认为，“宏观经济学研究整体经济现象，包括通货膨胀、失业和经济增长”，而“微观经济学研究家庭和企业如何作出决策，以及它们如何在市场上相互交易”。

综上所述，如果我们要给宏观经济学下一个既简洁又准确的定义，那么可以这样定义：宏观经济学是以整个国民经济活动为研究对象，采用总量分析的方法，研究社会经济活动各种总量关系及其变化规律的经济学。

二、宏观经济学的基本问题

研究宏观经济学的主要目的是研究一国国民经济的总体运行机制，通过总量研究、结构分析、机制设计等途径提高宏观经济绩效，以促进一国宏观经济健康有序地运行。宏观经济学所研究的基本问题主要包括经济增长与经济发展、充分就业与失业治理、物价稳定与抑制通货膨胀、经济波动与经济周期、国际收支平衡（开放经济问题）以及宏观经济政策制定等。

（一）经济增长与经济发展

经济发展是反映一个经济社会总体发展水平的综合性概念，世界各国发展经济的主要目的是提高本国人民的生活水平和生活质量，提高社会总体福利水平，而解决这一问题的首要途径就是实现长期经济增长。只有国家的经济一年比一年增长，才能保证其国民的生活水平一年比一年上升。据测算，假设一国的经济增长率为10%，那么这个国家持续50年经济增长，则财富将增长117.4倍；如果持续200年经济增长，则财富将增长1.9亿倍。若考虑到人口增长的因素，假设人口增长4倍，那么人均财富将增长5 000万倍，美国的富裕即来自于持续经济增长。即使平均经济增长率为5%，那么持续200年的经济增长也会使财富增长1.7万倍，4倍人口增长则会使人均财富增长4 000倍。所以，持续增长意味着富裕；能否实现经济增长，关系到国家长期的繁荣；没有持续增长，国家富强根本无从谈起。那么，经济增长过程中有没有普遍规律？长期经济增长的源泉是什么？经济增长遵循什么发展模式？为何长期内有些国家比其他国家增长快？政府的经济政策能否影响长期的经济增长？这些问题是宏观经济学家长期以来始终关注的对象，因此，经济增长问题是宏观经济学的首要问题。

（二）充分就业与失业治理

失业是世界各国普遍存在的社会问题和经济问题，也是宏观经济学家十分关注的问题。失业是指有劳动能力和意愿但是找不到工作的现象，失业率是衡量失业水平的主要指标。失业通常与经济周期联系在一起，一般来说，经济衰退经常会伴随着失业率的上升。

失业是痛苦的，它意味着贫困和生活理想的丧失，会带来严重的社会问题和经济问题。比如，产出和收入下降、人力资本流失、人格尊严丧失、离婚率和犯罪率上升等。中国政府比较重视就业与失业问题，自1995年开始统计城镇失业率，长期以来城镇登记失业率一直控制在3.9%以下，这在一定程度上保证了公众的基本利益，避免失业问题给社会带来的种种危害。

失业的普遍存在性及危害的严重性不断引起众多专家学者的关注。西方宏观经济学家一直在花费大量精力对各种不同条件下失业的成因、机制、影响及解决对策进行研究，提出了许多不同的理论观点。其中有许多积极有益的政策主张，但在某些问题上也存在争论，特别是在政府是否应该进行政策干预上一直存在争论，至今未能达成一致。所以，对充分就业与失业治理问题的研究成为宏观经济学的基本内容之一。

（三）物价稳定与抑制通货膨胀

价格是经济社会的一个重要信号，是人们观察经济体系运行是否良好的重要指标之一。如果一国出现物价的持续上涨，经济活动就会受其影响而出现不同程度的波动，国民的利益也将深受其害。一般而言，通货膨胀就是“钱不值钱了”，反映的是“物价普遍上涨”，经济学上通常用价格指数和通货膨胀率来衡量。通货膨胀对社会的危害是难以估量的，它会使人们手中的货币和财富发生贬值，让手中持有现金的人蒙受较大的损失。超速的通货膨胀的危害尤其明显，它会对经济发展产生更加恶劣的影响；它会扭曲价格信号，使资源配置发生错误，使市场机制不能发挥作用；对于投资者而言，加大了投资风险，不利于长期投资行为的进行。历史上不乏恶性通货膨胀造成经济崩溃的例子。例如，20世纪80年代，南美国家阿根廷年通货膨胀率达到

450%，平均下来每天的通货膨胀率超过1%，通货膨胀带来极其恶劣的社会影响，造成民众信心的丧失和社会经济体系的瓦解。因此，通货膨胀是经济活动中一个十分敏感的重要问题，必须给予充分的重视。那么，什么是通货膨胀？为什么会发生通货膨胀？通货膨胀的推动力量是什么？通货膨胀会带来什么？如何预防和治理通货膨胀？通货膨胀是不是在某种程度上有一定的积极作用？对这些问题的回答也是宏观经济学所要研究的基本问题之一。

（四）经济波动与经济周期

任何国家的经济发展过程都不是一帆风顺的，会在不同时期出现或好或坏的情况，这就是经济波动。如果这种经济波动具有一定的时间间隔，这种规律性的经济波动便是经济周期，也称商业周期。1825年，在当时世界上最强大的英国出现了历史上第一次经济萧条，从那以后每隔几年这种情况都会重复出现一次。在经济波动刚刚发生之时，人们把这种经济现象叫作“恐慌”“危机”，或者其他让人不寒而栗的名字。但是后来，法国著名学者朱格拉指出，这种现象并不是毫无根据地产生的，它是经济发展过程中的一个周期性现象。从这个时候开始，西方经济学家就开始对经济周期问题展开广泛而深刻的研究，提出了形形色色的经济波动和经济周期理论。尤其是1929—1933年的大萧条更是经济周期中最严重的表现，此时也孕育出凯恩斯主义的思潮。同时，在凯恩斯经济理论的启发下，经济学家们继续对经济波动和经济周期进行探索，成为宏观经济学家十分关注的基本问题。

（五）开放经济问题

在当前的世界经济格局中，任何一个有一定规模的国家都是开放经济模式，是一个与其他国家有着大量贸易和金融联系的经济体。随着经济全球化步伐的加快，各国之间的经济联系越来越密切，经贸往来越来越频繁，一国经济状况的好坏越来越多地受到其他国家经济状况的影响。在开放经济条件下，一国经济的发展必须考虑到国际收支平衡问题，必须考虑到一旦发生宏观经济失衡所应采取的应对和调节措施。其中，国际贸易和国际资本流动是影响国际收支平衡的重要内容，国际贸易是否顺利开展，国际资本是否有规律地流动，将在很大程度上影响国际收支平衡。因此，作为各国经济联系的重要渠道和国际影响力发挥作用的重要媒介，全球贸易、资本流动以及国际收支平衡问题成为宏观经济学家关注的主要对象。此外，有关汇率的变动及在开放经济中的作用，国际经济危机的发生、传递与扩散，开放经济下的宏观经济调节等问题也是不可忽视的。所以，开放经济背景下的经济问题也就成为宏观经济学研究的基本问题。

（六）宏观经济政策制定

当今世界，并不存在绝对意义的经济自由，当市场经济自动调节机制难以发挥作用、经济在短期之内无法较快恢复均衡时，政府就可以通过发挥其经济调节作用使经济体逐渐恢复均衡状态，这就是宏观调控。一般来说，政府宏观调控职能的发挥是通过制定并实施宏观经济政策来实现的。所谓宏观经济政策是指政府为增进社会福利而制定的解决经济问题的指导原则和具体措施，它是政府为了达到一定目的对经济活动进行的有意识的经济干预。经济政策主要包括财政政策和货币政策两大类。政府通过制定宏观经济政策可以对经济活动施加积极的影响，最终实现充分就业、物价稳定、经济持续均衡增长和国际收支平衡四大宏观经济目标。宏观经济政策的实施会在一定程度上影响本国经济运行的绩效，因此，对经济政策的性质、影响和作用机制等问题的研究也就成为宏观经济学的基本内容之一。

第二节 宏观经济学的产生和发展

真正意义上的现代宏观经济学的建立，是以英国经济学家约翰·梅纳德·凯恩斯的《就业、利息和货币通论》（以下简称《通论》）的出版（1936年）为标志的。不过，在此之前，许多经济学家都对经济运行的总体属性进行过有意义的探讨，并提出了许多影响现代宏观经济学的概念、思想与政策主张。我们可以把宏观经济学产生与发展的整个过程划分为萌芽、创立和发展三个不同的阶段。

从时间上看，经济学家对宏观经济问题的思考可以追溯到17世纪中叶的威廉·配第。因此，从17世纪中叶算起一直到20世纪30年代凯恩斯《通论》发表以前，都可以看作宏观经济学创立的准备或萌芽阶段。凯恩斯1936年发表的《通论》，可以作为宏观经济学创立的标志。但我们仍倾向于把20世纪30年代《通论》的发表直至20世纪40年代末萨缪尔森《经济学：初步分析》（1948年）一书的出版作为整个宏观经济学创立的阶段。因为在此期间，凯恩斯的追随者从许多方面对凯恩斯的理论进行了有益的甚至是必不可少的补充，从而使宏观经济学形成了一个完整的体系。20世纪50年代和60年代是凯恩斯主义宏观经济学的黄金时代。在此期间，许多经济学家继续对这一理论进行补充，使其日臻完善。但进入20世纪70年代以后，由于无法圆满地解释"滞涨"现象，凯恩斯主义的宏观经济学陷入了严重的理论危机。面对宏观经济出现的新情况，经济学家纷纷提出不同于凯恩斯的宏观经济理论，以便更有效地解释和解决实际经济问题，从而使宏观经济学进入到一个流派纷争的时期。但从另一个角度看，正是这种理论上的激烈交锋促进了宏观经济学的进一步发展。因此，我们把20世纪50年代以后直至目前都归为宏观经济学的发展阶段。

一、宏观经济学的萌芽

从17世纪中叶到19世纪70年代之前的西方古典经济学，在研究资本主义经济发展时，既涉及价值、价格、分配等现在所说的微观经济问题，也涉及国民财富、经济增长、货币流通、财政收支等现在所说的宏观经济问题。但从总体上看，西方古典经济学更多的是从宏观的角度来研究经济增长和经济发展问题。在古典经济学中，无论是英国古典经济学家还是法国重农学派，都对宏观经济的研究作出了重要的贡献。

英国古典经济学家威廉·配第曾被马克思称为"政治经济学之父"，他的《赋税论》(1662年）被认为是西方经济学中第一部以宏观经济为考察对象的著作。在这部著作中，配第考察了税收对一个国家的重要作用，并提出了一系列改进税制、增加税收、促进贸易的政策主张。在他的另一部著作《政治算术》(1690年）中，配第分析了一个国家国民财富的构成及增长的原因。而在《献给英明人士》(1691年）中，配第则第一次估算了英国当时的总产出水平和国民收入。

法国重农学派经济学家弗朗索瓦·魁奈的《经济表》(1758年）是古典式总量分析的典范。在该书中，他从宏观经济的角度分析了社会总产品的再生产和流通过程，是第一个从社会总产品出发分析社会再生产的经济学家。魁奈对宏观经济学的最大贡献是，第一个从社会总产品的角度提出了保持生产的正确比例对经济增长的重要作用。

英国古典经济学家亚当·斯密作为古典经济学理论体系的创立者，在《国民财富的性质和原因的研究》(1776年）一书中，不仅提出了国民财富的概念，而且还分析了增加国民财富的方法，并第一个提出了自由放任的政策主张。在其后200多年的时间里，这一思想一直深刻地影响着人们对宏观经济运行的基本看法。

古典经济学家对宏观经济学的贡献，还包括大卫·李嘉图在《政治经济学及赋税原理》(1817年）一书中提出的货币数量论和国际分工理论；法国经济学家萨伊在《政治经济学概论》(1803年）一书中提出的"供给创造需求"这一著名的定理以及生产三要素理论；西斯蒙第在《政治经济学新原理》(1819）一书，以及马尔萨斯在《人口原理》(1798年)、《政治经济学定义》(1827年）等书中提出的经济危机理论。

19世纪70年代，西方古典经济学在经历了所谓的"边际革命"后，进入了新古典经济学时期。从这一时期一直到19世纪末，资本主义经济处于一个相对平稳的发展阶段。经济波动和失业问题虽然十分严重，但还未危及资本主义的生存。因此，在此期间，宏观经济问题没有成为新古典经济学研究的中心。新古典经济学家把充分就业作为前提，致力于资源配置的研究，推动了微观经济学的长足发展。

然而，从20世纪初开始，随着经济危机问题的日渐突出，宏观经济学的研究再一次引起了经济学家的兴趣。其中对以后宏观经济学的形成和发展影响较大的理论有：瑞典经济学家克努特·威克塞尔在《利息与价格》(1898年）和《国民经济讲义》(1906）等书中提出的一般价格水平的决定与积累过程理论，瑞典经济学家冈纳·缪尔达尔、罗伯特·林达尔等人在批判地继承威克赛尔的理论基础上建立起来的动态均衡理论，奥地利经济学家冯·哈耶克的经济周期理论和自由主义思想，美国经济学家约瑟夫·熊彼特的创新理论和周期理论，英国经济学家庇古和美国经济学家费雪等人的货币数量学说等。其中需要特别提到的是，美国经济学家米契尔及其助手对国民经济统计指标和核算理论所作出的贡献。用什么指标以及如何衡量一个国家经济活动的总体规模，是宏观经济理论的基础。作为制度学派代表人物之一的米契尔，长期致力于经济周期的研究。在研究过程中，他特别强调和重视统计数据的重要性。他所领导的国民经济研究所，在这方面做了大量的工作，为以后的国民经济核算理论奠定了坚实的基础，对宏观经济学的诞生起到了直接的促进作用。

二、宏观经济学的创立

1936年凯恩斯《通论》的发表，标志着现代宏观经济学的诞生。作为“现代宏观经济学之父”，凯恩斯突破了传统的充分就业均衡理论，建立了一种以存在失业为特点的经济均衡理论，用总需求与总供给的均衡来分析有效需求的决定，并在此基础上建立了以总需求分析为中心的宏观经济学体系，进而提出了国家干预经济生活的政策主张。这一系列与传统经济理论大相径庭的见解，被称为西方经济学的“凯恩斯革命”，由此奠定了现代宏观经济学的理论基础。

“凯恩斯革命”最关键的内容，是以有效需求理论来替代传统经济理论关于资本主义经济通过自动调节会趋于充分就业的假设。按传统经济理论的说法，供给会为自身创造出需求，通过价格运行的均衡机制，整个社会必然会趋向于充分就业。而凯恩斯认为，资本主义经济的通常状态是有效需求不足，有效需求不足会导致低水平的均衡，即非充分就业的均衡。有效需求不足是边际消费倾向递减、资本边际效率递减和流动性陷阱综合作用的结果，市场机制本身没有力量使总需求与总供给在充分就业的水平上达到均衡。要避免经济衰退和失业，必须依靠国家对经济的干预。在衰退和萧条时期，国家调控宏观经济的主要工具是财政政策，即通过政府购买、政府投资来拉动有效需求，从而达到刺激经济增长和扩大社会就业的目的。

凯恩斯的《通论》发表以后，引来了一大批追随者。他们不但大力宣传，而且积极补充和发展凯恩斯的经济思想，形成了所谓的凯恩斯主义以及一整套的理论与政策主张。从20世纪30年代末至40年代末的10年里，凯恩斯的追随者对凯恩斯经济理论的补充和发展主要体现在以下几个方面：

第一，1937年，英国经济学家希克斯以凯恩斯宏观经济理论作为基本前提，建立了IS-LM模型。这一模型经美国经济学家汉森的补充，更趋完善。因此，该模型又被称作希克斯-汉森模型。IS-LM模型在理论上用一般均衡的方法概括了凯恩斯的有效需求决定理论，揭示了商品市场与货币市场的均衡机制，以及总产出水平与利率水平的决定机制。通过该模型还可以分析财政政策和货币政策对宏观经济的影响，从而为凯恩斯主义国家干预的政策主张提供了理论依据。所以，在逐步形成体系的宏观经济学中，IS-LM模型理所当然地成了凯恩斯主义宏观经济理论的核心。

第二，1939年，英国经济学家罗伊·福布斯·哈罗德根据凯恩斯有效需求理论，采用储蓄-投资分析方法，考察了总产出增长率、储蓄和资本-产量比率三者之间的关系及它们对一个国家经济增长的影响，提出了哈罗德模型。1946年，美国经济学家弗赛·多马也把凯恩斯的理论用于经济增长的长期分析和动态分析，得出了和哈罗德基本一致的结论。这些分析后来被人们统称为哈罗德-多马模型。该模型的提出，使凯恩斯的宏观经济理论长期化、动态化，从而在一定程度上克服了凯恩斯偏重于短期分析和静态分析的不足。

第三，1939年，美国经济学家汉森和萨缪尔森建立了乘数–加速器模型，用来分析经济周期的形成原因。该模型被认为是对凯恩斯投资理论的重大发现。因为凯恩斯的投资乘数理论只是说明了投资对收入和消费的作用，而收入和消费对投资的反作用则需要用加速数来说明。汉森和萨缪尔森把乘数理论和加速数理论结合起来，建立了乘数–加速数模型。该模型被用来分析投资、收入、消费三个变量对经济增长和经济周期的综合影响，从而弥补了凯恩斯投资乘数理论的片面性。

第四，1943年，奥地利经济学家弗里兹·马克卢普在《国际贸易和国民收入乘数》一书中，把凯恩斯的乘数理论用于国际经济和国际贸易领域，建立了开放经济条件下的宏观经济模型。《通论》发表以前，凯恩斯曾在他的早期著作《货币论》中用大量篇幅分析了开放条件下一国经济的增长问题，尤其是国际金融问题。但在《通论》中，他把注意力集中于一个国家内部的经济问题，建立了一个封闭体系的宏观经济模型，这不能不说是一个很大的缺憾。马克卢普所建立的开放条件下的宏观经济模型，在一定程度上发扬了凯恩斯的早期传统，弥补了《通论》的不足。

就此为止，我们认为，由凯恩斯所创立的宏观经济学基本上完成了其理论体系和理论框架的构建。但就整个西方经济学来说，面临着另一个整合的任务。因为在凯恩斯理论产生以前，西方经济学占统治地位的是以马歇尔为代表的新古典经济理论，即我们现在所称的微观经济学。这一传统理论偏重微观经济分析，主张自由放任。但由于该理论无法解释20世纪30年代出现的经济危机和经济萧条，从而被凯恩斯的经济理论所取代。凯恩斯的理论则偏重宏观经济分析，主张国家干预。这样一来，在西方经济学理论体系内部就产生了严重的矛盾和冲突。以希克斯、汉森、萨缪尔森、托宾、莫迪利安尼、奥肯、索洛等一大批著名经济学家为代表的凯恩斯主义经济学家则认为，新古典经济学派的微观经济理论和凯恩斯主义的宏观经济理论不应该互相排斥。经过一定的整合，两者是能够相辅相成的。正因为这些经济学家都主张凯恩斯主义经济学和新古典经济学的综合，所以他们后来就把自己称为“新古典综合派”。

1948年，萨缪尔森在《经济学：初步分析》一书中终于把微观经济学和宏观经济学纳入了一个统一的理论框架。该书的出版，不仅标志着宏观经济学理论创建的最终完成，而且也标志着西方经济学理论体系总体整合的完成，从而宣告了一个具有完整体系和结构的现代经济理论的诞生。该书在西方经济学界受到广泛欢迎，近半个世纪来，该书作为学习现代经济理论的基本教材，不断再版，并被翻译成20多种语言（该书中译本1979年由商务印书馆翻译出版；在此之前，商务印书馆曾于1964年摘译了该书第五版的部分章节）。1970年，萨缪尔森因其对现代经济理论建设的卓越贡献而荣获诺贝尔经济学奖。

三、宏观经济学的发展

20世纪50年代至60年代是凯恩斯主义宏观经济理论的黄金时代。一方面，西方各主要资本主义国家在第二次世界大战后都面临着恢复经济发展、扩大就业、缓解社会矛盾的急迫任务，凯恩斯关于国家干预的政策主张正好迎合了这种需要。于是，凯恩斯主义的经济学，尤其是以萨缪尔森为代表的所谓"新古典综合派经济学"，成了西方经济理论的主流学派。另一方面，众多追随和推崇凯恩斯主义的才华出众的经济学家继续在各个方面对其理论进行补充和发展，使其日臻完善。其中最具代表性的有：

1949年，美国经济学家詹姆士·杜森贝在《收入、储蓄和消费者行为》一书中，根据库兹涅茨收集长期消费统计资料得出的长期消费倾向稳定性结论，提出了相对收入假定；1954年，意大利经济学家莫迪利安尼在《效用分析与消费函数》一书中提出了消费支出与储蓄的生命周期假说，丰富和发展了凯恩斯的消费函数理论。

20世纪60年代，希克斯提出的存货投资与超级乘数理论、托宾提出的投资Q系数理论也丰富和发展了凯恩斯的投资函数理论。

关于宏观经济运行中的通货膨胀，《通论》一书虽然有所涉及，但因凯恩斯当时关心的主要是经济衰退和失业问题，故未能充分展开。20世纪50年代至60年代，马克卢普、萨缪尔森、索洛等人在凯恩斯的基础上进一步深化和发展了通货膨胀理论。新西兰经济学家威廉·菲利普斯于1958年提出的菲利普斯曲线则从实证的角度论证了凯恩斯的赤字财政政策对减少失业的有效性，并得出了通货膨胀与失业率互为消长的结论。菲利普斯的理论一方面极大地丰富和发展了凯恩斯主义的通货膨胀理论，但另一方面也为凯恩斯主义在20世纪70年代以后所面临的理论危机埋下了隐患。

20世纪70年代以前，西方经济学可以说是凯恩斯主义一派独尊、一花独放的时代。但70年代以后，西方资本主义国家普遍出现的"滞胀"，即经济停滞和通货膨胀同时存在的现象，极大地动摇了凯恩斯主义经济学的霸主地位。我们上面介绍菲利普斯曲线时提到，通货膨胀与失业率互为消长是凯恩斯主义经济理论及其政策主张的必然的逻辑推论。而"滞胀"导致高通胀率与高失业率并存的局面，使凯恩斯主义的经济理论面临严峻的挑战。这种挑战，对被尊为"正统"的新古典综合派来说面临着来自"左""右"两个方面的夹攻。

从"左"的方面看，20世纪60年代后期凯恩斯主义一分为二。一方是以美国经济学家萨缪尔森、托宾、索洛、奥肯为首的新古典综合派，他们不断吸收其他经济学家的观点，修改自己的理论，试图建立一个各派都能接受的、综合的、折中的理论体系。另一方是以英国经济学家琼·罗宾逊夫人、英籍意大利经济学家皮罗·斯拉法、英籍匈牙利经济学家尼古拉斯·卡尔多和英籍意大利经济学家帕西内蒂为代表的新剑桥学派，或称后凯恩斯学派或凯恩斯左派。在补充和发展凯恩斯主义的问题上，他们强调凯恩斯主义与新古典理论的对立，认为要坚持和发展凯恩斯主义，就必须批判新古典理论，并与之彻底决裂。他们以正统的凯恩斯主义自居，认为以萨缪尔森为代表的新古典综合派是冒牌的或异端的凯恩斯主义。

20世纪80年代以后，在美国又兴起了以格雷戈里·曼昆、约瑟夫·斯蒂格利茨等人为代表的新凯恩斯主义。他们一方面批评新剑桥学派关于割裂宏观经济学与微观经济学的观点，认为宏观经济学必须建立自己的微观基础；另一方面又批评新古典综合派全盘继承新古典传统的立场，企图为凯恩斯宏观经济理论建立一个完全不同于新古典理论的微观基础。

从“右”的方面看，以货币主义、供给学派、理性预期学派、新制度经济学派为代表的非凯恩斯主义宏观经济学，则以“滞胀”作为突破口对凯恩斯经济理论发起全面的、凌厉的攻击，企图全盘否定凯恩斯的宏观经济理论，尤其是凯恩斯“国家干预”的政策主张。

以美国经济学家米尔顿·弗里德曼为代表的货币学派是当代自由主义经济思潮中的一个重要派别，它的出现和发展是对凯恩斯主义国家干预政策强有力的对抗。货币主义在20世纪70年代成了美国经济舞台和政治舞台上的主角，大有取代“新古典综合派”成为主流经济学的气势。

供给学派则是20世纪70年代末在美国出现的新自由主义的一个流派，它以阿瑟·拉弗和罗伯特·蒙代尔、万尼斯基为代表。针对“滞胀”现象，供应学派提出了减税减支、增加供给、刺激储蓄和投资，从而促进经济增长的政策主张。该学派的观点曾经作为里根政府制定经济政策的主要依据，因此又被称为“里根经济学”。

理性预期学派又称新古典宏观经济学派，它以美国经济学家卢卡斯、萨金特、华莱士为代表。该学派以其理性预期假说极大地改变了西方经济学尤其是宏观经济学的面貌，并批评了凯恩斯主义和货币主义的经济政策。

新制度经济学是20世纪七八十年代在美国形成和发展起来的、以交易成本理论为基础的新兴经济学派，它致力于用传统的新古典经济理论来分析资本主义制度的构成和运行，主张经济自由，反对国家干预。其主要代表人物是罗纳德·科斯、道格拉斯·诺斯和约瑟夫·斯蒂格勒。

除了上述这些理论流派外，还有像德国的新自由主义、美国的公共选择学派、英国的激进主义经济学派等流派，也分别从不同的角度来解释宏观经济问题，并提出了有别于凯恩斯主义的经济理论和政策主张。

今天，西方经济学呈现出学派林立、相互混战的局面，似乎预示着由凯恩斯所创立的宏观经济学正在走向衰落。但如果换一个角度看问题，正是20世纪70年代以后出现的新形势，打破了“一派独尊、一花独放”的沉闷气氛，形成了“流派纷争、群雄四起”的新局面，从而为宏观经济学的进一步发展和深化提供了某种难得的契机。对于学术进步来说，争论自古以来就是新学派、新理论宝贵的“催化剂”。

第三节
宏观经济学的分析方法

宏观经济学是一门内容丰富的学科，在深入学习宏观经济学理论体系前，我们有必要掌握一些常用的分析思路和分析方法，这些方法有些是与微观经济学通用的，有些是宏观经济学特有的。一般来说，宏观经济分析中常用的研究方法主要有以下几种：

一、总量分析

所谓总量分析方法，是指在分析宏观经济问题时，要把一些具体的、分散的经济变量进行合理的整合，将其抽象为一些反映总体经济情况的概括性变量。总量分析法不同于个量分析法，二者的分析视角不同。

宏观经济学以总体经济活动为对象，它描绘社会经济活动的总图景，分析影响总体经济状况的经济问题。因此，在使用总量分析法来分析经济问题的时候，应着重于大的经济趋势、经济动向以及经济整体效应，而不必过分拘泥于个别的、具体的问题。沿着这一思路，我们在宏观经济分析中可能会探讨一些经济总量问题，例如，社会总供给、均衡的国民收入、总就业量、物价水平、经济增长率等如何决定，总消费、总储蓄、总投资、货币供给量、利息率、汇率等如何决定，它们相互之间有没有一定的内在联系和依存关系，这些都是在总量分析框架下的重要问题。总量分析法是宏观经济学所特有的方法，这与微观经济学显著不同。

二、经济模型分析

经济模型是阐释经济活动中相关经济变量相互关系的描述，是经济理论的抽象化表现，它可以通过文字、数学表达式或几何图形等方式来说明经济活动的内在规律。在宏观经济学的分析中，借助经济模型分析已成为日益普遍的分析方法。我们知道，现实的经济事物是错综复杂的，如果对其作直接分析，则难以入手，而且不易得到规律性的结论。然而，借助宏观经济模型就可以将现实作抽象化处理，排除不必要因素，提取主要影响因素，把主要经济变量纳入经济模型中。这有利于简易直观地反映出其间的逻辑联系，因此，简化直观、易于操作就是这种分析方法的最大好处。当前宏观经济学家的理论探索大都是在经济模型的基础上展开的。

一个实证经济模型主要包括五个部分：

（1）定义，即对经济模型所用变量的含义作出明确解释和说明。

（2）假设，即保证经济模型成立的外生条件以及便于分析问题而给定的前提条件。

（3）假说，即在一定的假设前提下，利用定义去描述变量之间的基本经济关系。

（4）论证，借助定义和假设条件对经济变量之间的逻辑关系作出详细的推理说明。

（5）预测，即根据假说提出对经济现象未来发展趋势的看法。

三、实证分析与规范分析

实证分析是指对于宏观经济活动、经济现象及其结果进行分析、证实和说明，它是一种客观的考察和描述性说明，主要包括经验实证和逻辑实证两种形式。实证分析主要说明“是什么”的问题，其精神实质是揭示经济现象之间的因果关系，并不对经济活动的结果作出个人的主观价值判断。规范分析是指以一定的价值判断作为出发点，提出行为标准，并利用这些标准对经济活动和经济现象作出价值判断，它是一种主观的考察。规范分析主要说明“应该是什么”的问题，它要说明对于某种经济现象和经济行为应该作出什么性质的选择和判断，其结果是好是坏，应不应该采取某种措施。规范分析的结论一般难以通过经验事实进行检验。

例如，在分析通货膨胀问题时，可以通过实证分析方法来如实说明，当中央银行发行的货币量过多以致超过经济实际需求时，经济体就会出现经济失衡，产生通货膨胀。此时并没有说通货膨胀到底好不好，也不涉及中央银行应该如何操作等问题，也就是说，实证分析并不涉及价值判断。而当分析通货膨胀发生程度的时候，可以利用规范分析来说明，当前的通货膨胀究竟是好是坏，是否需要政府采取相应的对策。通过分析可以得出类似的结论：过高的通货膨胀是不好的，尤其恶性通货膨胀是不利于经济稳定的，如果发生超级通货膨胀，政府就需要采取行动加以控制，我们应该将通货膨胀率控制在一定的范围之内，充分发挥温和的通货膨胀对经济的促进作用。

四、静态分析、比较静态分析与动态分析

静态分析就是分析经济现象的均衡状态以及有关的经济变量达到均衡状态所需要具备的条件，它完全抽掉了时间因素和具体变动的过程，是一种静止地、孤立地考察某些经济现象的方法。比较静态分析就是分析在已知条件发生变化以后经济现象均衡状态的相应变化，以及有关的经济总量在达到新的均衡状态时的相应的变化，即对经济现象有关经济变量一次变动（而不是连续变动）的前后进行比较。也就是比较一个经济变动过程的起点和终点，而不涉及转变期间和具体变动过程本身的情况，实际上只是对两种既定的自变量和它们各自相应的因变量的均衡值加以比较。动态分析则对经济变动的实际过程进行分析，其中包括分析有关总量在一定时间过程中的变动、这些经济总量在变动过程中的相互影响和彼此制约的关系，以及它们在每一时点上变动的速率等。这种分析考察时间因素的影响，并把经济现象的变化当作一个连续的过程来看待。

静态分析、比较静态分析与动态分析观察问题的视角、分析问题的重点和研究目

的均有不同，这对于解决不同的宏观经济问题具有重要的意义。例如，当我们分析宏观经济状况时首先会使用静态分析方法，揭示宏观经济运行中的某些经济特征，经济是否平稳运行，是否达到充分就业，是否存在通货膨胀，这种方法可以对经济运行状态作出较为全面的分析。当我们分析政府宏观经济政策问题时，可以采用比较静态分析，通过政策实施的前后比较，反映出政府宏观经济政策是否有效以及效果大小等问题。如果我们分析长期经济增长，这个时候就可以采用动态分析方法，通过统计比较不同时期的经济指标，可以发现经济增长的轨迹，反映出一国当前的经济状况是怎样由以前的经济情况一步一步发展和变化而来的。这说明，以上几种分析方法的用途是比较广泛的，对于解释宏观经济问题具有重要的意义。

五、均衡分析与非均衡分析

均衡是从物理学中引进的概念。在物理学中，均衡表示同一物体同时受到几个方向不同的外力作用而合力为零时，该物体所处的静止或匀速运动的状态。英国经济学家马歇尔把这一概念引入经济学中，主要指经济中各种对立的、变动着的力量处于一种力量相当、相对静止、不再变动的稳定状态。均衡分析就是对均衡形成的原因、过程及变动条件的分析。均衡分析是西方经济学常见的分析方法之一，在宏观经济学和微观经济学中均有运用。例如，均衡产出分析、均衡国民收入的决定、产品市场的均衡、货币市场的均衡、劳动市场的均衡、总供给与总需求的均衡、国际收支的平衡、长期经济持续稳定增长等问题的分析均是均衡分析。

宏观经济学不仅运用均衡分析，还经常运用非均衡分析，所谓非均衡分析是相对于均衡分析而言的。例如，失业问题、通货膨胀与通货紧缩问题、有效需求过剩与不足问题等，对这些问题的分析都是非均衡分析。通过非均衡分析，可以找出其具体成因，从而为政府决策提供相应的政策建议。

六、存量分析与流量分析

为了在分析中更好地理解宏观经济中的各个变量指标，经济学家经常从存量和流量的角度来区分和使用经济变量。所谓存量，是指在某个时间点测算出来的数量值，是某一特定时点上的经济数量。例如，某年某月某日中国的人口总数就是一个存量。流量涉及时期问题，它是指某一时间内所发生的经济总量。例如，GDP就是一个流量，它是指一国在一定时期内（通常为1年）所生产的所有最终产品和服务的总和。

在主要的宏观经济指标中，要区分不同的变量到底是流量还是存量。例如，投资是流量，资本是存量；国民收入是流量，财富是存量；货币供应量是存量，而货币流通量是流量；新增储蓄是流量，而储蓄总额是存量；一个国家的劳动力人数、受雇用的人数是存量，而一定时间内找到工作的人数或丢掉工作的人数是流量。

存量与流量之间具有密切的关系，流量来自于存量，流量又归于存量之中。例如，人口总数是个存量，它表示一个时点上人口数，而人口出生数是流量，它表示一个时期内新出生人数；一定的人口出生数来自于一定的人口数，而新出生的人口数又计入人口总数。再如，一定的国民收入来自于一定的国民财富，而新创造的国民收入又计入国民财富中。因此，在解释经济问题时，确定经济变量是存量还是流量以及它们之间的关系，具有十分重要的意义。

◆ 案例分析

据中国国家统计局的初步核算，2015年国内生产总值676 708亿元，比上年增长6.9%。其中，第一产业增加值60 863亿元，增长3.9%；第二产业增加值274 278亿元，增长6.0%；第三产业增加值341 567亿元，增长8.3%。第一产业增加值占国内生产总值的比重为9.0%，第二产业增加值所占比重为40.5%，第三产业增加值所占比重为50.5%（首次突破50%）。全年人均国内生产总值49 351元，比上年增长6.3%。

年末全国内地总人口137 462万人，比上年末增加680万人。其中城镇常住人口77 116万人，占总人口比重（常住人口城镇化率）为56.10%，比上年末提高1.33个百分点。全年出生人口1 655万人，出生率为12.07‰；死亡人口975万人，死亡率为7.11‰；自然增长率为4.96‰。全国人户分离的人口2.94亿人，其中流动人口2.47亿人。人均预期寿命76.34岁。

年末全国就业人员77 451万人，其中城镇就业人员40 410万人。全年城镇新增就业1 312万人。年末城镇登记失业率为4.05%。全国农民工总量27 747万人，比上年增长1.3%。其中，外出农民工16 884万人，增长0.4%；本地农民工10 863万人，增长2.7%。

全年全员劳动生产率为76 978元/人，比上年提高6.6%。

全年居民消费价格比上年上涨1.4%，其中食品价格上涨2.3%。固定资产投资价格下降1.8%。工业生产者出厂价格下降5.2%。工业生产者购进价格下降6.1%。农产品生产者价格上涨1.7%。

年末70个大中城市新建商品住宅销售价格月同比上涨的城市个数为21个，比年初增加20个；下降的为49个，减少20个。

全年全国一般公共预算收入152 217亿元，比上年同口径增加8 324亿元，增长5.8%，其中税收收入124 892亿元，增加5 717亿元，增长4.8%。

年末国家外汇储备33 304亿美元，比上年末减少5 127亿美元。全年人民币平均汇率为1美元兑6.2284元人民币，比上年贬值1.4%。

宏观经济政策的基本基调虽然未变，但内涵将发生重大的调整。

对于货币政策而言，将延续稳健货币政策，但内涵将发生以下调整：一是货币政策将在“微刺激”常态化的作用下采取相对宽松的取向，以缓解经济下行的压力；二是与“稳健定位、积极操作”的货币政策相匹配的是“强监管”“金融改革”；三是创新货币政策工具，强化利率的预期管理，加大利率调控的政策效果；四是进一步采取

"定向宽松"政策，强化货币向实体经济的渗透。

对于财政政策而言，将延续积极财政政策，但积极的方式将作出调整：一是总体财政赤字率将进一步提高，赤字率可能提高到2.5%左右；二是全面推行"营改增"，使结构性减税得到全面实施；三是在财税体制改革的全面实施进程中加大对于地方资金的扶持。

分析：宏观经济学是以整个国民经济活动为研究对象，采用总量分析的方法，研究社会经济活动各种总量关系及其变化规律的经济学，具体涉及的内容有经济增长与经济发展、充分就业与失业治理、物价稳定与抑制通货膨胀、经济波动与经济周期、国际收支平衡（开放经济问题）以及宏观经济政策制定等。

◆ 本章小结

1.宏观经济学是以整个国民经济活动为研究对象，采用总量分析的方法，研究社会经济活动各种总量关系及其变化规律的经济学。

2.宏观经济学所研究的基本问题主要包括经济增长与经济发展、充分就业与失业治理、物价稳定与抑制通货膨胀、经济波动与经济周期、国际收支平衡（开放经济问题）以及宏观经济政策制定等。

3.宏观经济学从产生至今已经有400多年的历史，现代宏观经济学是有关理论和观点在相当长时期内发展的结果，它以不同时期不同国家具体的宏观经济问题为研究基础而发展起来的，在一定程度上对经济现实作出解释。同时，宏观经济学仍然在不断发展中，人们正在实践中不断丰富和发展宏观经济学理论。

4.宏观经济学是一门内容丰富的学科，需要掌握多种分析思路和方法，以利于深入学习宏观经济学理论。常用的分析方法主要有总量分析方法，经济模型分析方法，实证分析与规范分析，静态分析、比较静态分析与动态分析，均衡分析与非均衡分析，存量分析与流量分析。这些方法有些是与微观经济学通用的，有些是宏观经济学所特有的。

◆ 课后习题

一、名词解释

宏观经济学　凯恩斯革命　供给学派　理性预期学派　货币主义学派　经济模型　总量分析　实证分析　规范分析　均衡分析　静态分析　比较静态分析　流量分析　存量分析　动态分析

二、选择题

1.宏观经济学的中心理论是（　　）。

A.价格决定理论　　B.工资决定理论

C.国民收入决定理论　　D.汇率决定理论

2.现代宏观经济学的创始人是（　　）。

A.亚当·斯密 B.马歇尔 C.马克思 D.凯恩斯

3.在凯恩斯看来，造成资本主义经济萧条的根源是（ ）。

A.有效需求不足 B.资源短缺 C.技术落后 D.微观效率低下

4.下列被认为是宏观经济学的“疾病”的是（ ）。

A.高失业 B.滞涨 C.通货膨胀 D.价格稳定

三、简答题

1.宏观经济学的研究对象是什么？

2.简述宏观经济学的主要研究方法。

第二章

国民收入核算理论

【学习目的】

通过本章的学习，熟练掌握GDP（国内生产总值）、实际GDP和名义GDP的概念；掌握国民收入的核算方法；了解与GDP相关的重要指标的概念；理解国民收入基本恒等式的含义。

【开篇导读】

GDP：让你欢喜让你忧

GDP是衡量一个经济体整体状况的最为基本、最为重要的指标之一。作为经济增长的标志，在经济学教科书中，GDP被认为是衡量社会经济福利的最好指标。追求高速、持续、稳定的经济增长自然又是所有国家开展经济活动的一个主要目标。实际中，人们都在以GDP的总量及增长速度的高低作为判断经济形势好坏和官员政绩大小以及作为政府经济政策是否有效的基本标志。因此，在通常情况下，人们为GDP及其增速的提高而欢呼，而把它的降低看作劣绩甚至灾难。

然而，人们有时又难免产生一些疑问。例如，如果GDP总量越高和增速越快就意味着社会财富总量越高和增速越快，那么，为什么在我国经济中，每隔一定的时间总要以防止或治理"经济过热"为理由，采取经济、行政等各种措施，降低GDP的增长速度，即强行给经济"降温"?

为什么在长期保持GDP高速增长的我国经济中，人们在感受到社会财富增长，即"蛋糕做大"的同时，又感受到资源浪费、分配不公、环境污染、生态恶化这些与GDP高速增长相伴而生的种种不良结果的影响呢?

如果凡是能够引起或推动GDP增长的行为都对社会有利的话，那么，从酗酒后的醉汉在街道上到处打碎玻璃窗，马路挖了又填、填了又挖，频发的自然灾害给社会带来损害，各种疫情出现，到生产缺少销路的物品形成产能过剩等活动，岂不都成了发展经济的有功之臣？因为这些都能带来GDP的增加。

这些都引发我们对深刻认识GDP进行思考。

资料来源 兰纪平．经济学与中国经济现象［M］．北京：中国财政经济出版社，2010.

知识点提示：GDP

正如上章所述，宏观经济学研究的是一个国家或一个地区社会经济整体的经济行为及其后果的经济学。一个国家或一个地区整体经济活动中第一个重要信息就是国民收入是多少，这里首先要界定国民收入是什么，其次必须解决如何计量与核算从而得到国民收入是多少的问题。

第一节 国内生产总值

一、国民收入核算的意义

一个企业或家庭每过一段时间就要算算账，即进行核算。企业核算的目的是衡量企业的运行状况。成本是否上升了？利润是否增加了？财务状况如何？应收货款是否太多？有了相关数据，一个企业家可以判断企业的运行状况，发现失败或成功的原因，制定相应的措施等。

国民收入核算（national income accounting）的任务是衡量整个经济的运行情况。国民收入核算是国民经济核算的重要组成部分，是定义和计量一国总产出或总收入的一套体系和方法，为宏观经济学理论分析提供实证基础。从核算体系上看，国际上曾经同时存在两大国民经济核算体系：一是产生于前苏联、东欧高度集中的计划经济国家的物质产品平衡表（the system of material product balance，MPS）；二是产生于西方发达市场经济国家的国民收入账户体系（the system of national accounting，SNA）。这两种核算体系的形成不仅受不同的意识形态的影响，而且也是不同体制的直接产物。中国在改革开放后由MPS核算体系转为SNA体系。目前世界上流行的国民收入核算体系是国民账户体系。美国商务部下属的经济分析局（The Bureau of Economic Analysis）汇编美国经济的国民收入核算账户。国民收入核算所提供的数据可以供经济学家和政策决策者评估整个经济的运行状况，判断经济的长期趋势，制定有利于经济健康发展的政策。

二、国内生产总值的概念

国内生产总值是国民收入核算的一个核心概念。国内生产总值（gross domestic product，GDP）是指一国或一地区之内在一定时期内生产的全部最终产品和服务的市场价值。

对GDP的这个简短的定义，需要作如下说明：

定义中的“一国或一地区”强调的是地域范围。比如，中国在核算GDP时，涉及所有在中国领土范围内创造出的产品和服务的市场价值。

定义中的“一定时期内”强调的是流量概念。GDP核算的是两个日期之间的一段特定时期内如一年或一个季度等（通常为一年）的存量的变动值。

定义中的“生产的”说的是GDP核算时要排除二手货。比如二手冰箱，因为这台冰箱最初出厂销售时已经计入当年的GDP中，如果再计，会造成重复计算的问题。但是，二手冰箱交易时的中介费等可以计入GDP，因为中介的工作创造了新价值。

定义中的“全部”是一个理论上的假说。其实，GDP核算有很多因素没有考虑到，没有进入流通领域的产品和服务（如家庭主妇的劳动）以及非法的、走私的商品等被排除在GDP之外。

定义中的“最终”强调的是GDP的核算不包括中间产品。这个问题将在核算原则中详细说明。

定义中的“产品和服务”强调的是GDP不但计算物质产品价值，也计算服务价值。也就是说，GDP不但计算面包、苹果、洗衣机和汽车等的价值，也计算律师、理发师、演员和教师等的服务的价值。

定义中的“市场价值”强调的是GDP使用市场价格来反映这些产品和服务的价值，市场价值是这些最终产品和服务的市场价格乘以相应的数量得到的。

三、国内生产总值的核算原则

（一）地域原则

GDP只对一国或一地区范围内的经济活动进行度量，即只有在一国或一地区地域内提供的产品和服务才能计入该国或该地区的GDP。例如，中国的GDP包括在中国领土上国内工厂生产的所有冰箱的市场价值，也包括那些由在中国的外国工厂生产的冰箱的市场价值，而对于中国企业在国外生产的市场价值，则不计入中国的GDP。

与GDP相关的一个总量指标是国民生产总值（gross national product，GNP）。国民生产总值指一国（地区）拥有的要素在一定时期内生产的全部最终产品和服务的市场价值。GDP与GNP只有一字之差，但是它们的含义不同，前者按“地域原则”计算，后者按“国民原则”计算。

在一个封闭经济中，GNP=GDP。

如果一个经济体只有要素输出而没有要素输入，那么，GNP=GDP+本国要素在国外挣到的收入。

如果一个经济体只有要素输入而没有要素输出，那么，GNP=GDP-外国要素在该国挣到的收入。

一般情况下，GNP=GDP-外国要素在该国挣到的收入+本国要素在国外挣到的收入=GDP-净外国要素收入。

（二）流量原则

流量是一定时期内发生的量。存量是在某一时点上存在的量。将经济变量划分为存量和流量对宏观经济分析是有意义的，因为GDP是一个重要的流量变量，它衡量的是一国在一年内生产的产品与服务的价值。它只计算当年经济中新增加的价值，而不计算已有的价值存量。例如，某人花50万元买了一辆去年制造的奥迪车，这50万元不能计入当年的GDP，因为它是存量而不是当年的新增消费。

在更一般的意义上，如果经济活动没有提供新的最终产品和服务，只涉及原有财富的转移支付和再分配，都不影响当期的GDP的统计。因此，债券和股票的买卖不能被计入GDP，因为这些资产的买卖没有提供新的最终产品和服务。类似，政府或个人的转移支付，由于没有提供新的最终产品和服务，从而也不能计入GDP。

（三）最终产品原则

GDP只计算最终产品。最终产品是为了最终使用而购买的产品。为了再出售，或为了加工后再出售而购买的产品被称作中间产品（intermediate goods）。最终产品和中间产品之间的区别不在于产品的物质属性，而在于购买者如何使用。在同一个市场上，一个人为了自己吃而购买的一袋苹果是最终产品；一个水果小贩为了零售而购买的一袋苹果则是中间产品。

GDP只计算最终产品是为了避免重复计算。假设面包的生产包括四个阶段：生产小麦、把小麦制成面粉、把面粉烤成熟面团和把熟面团送到消费者手中而成为零售的面包。忽略各个生产阶段中的其他投入，这四个阶段合起来生产出了零售价格等于2元的一个面包。其中每个阶段的贡献等于这个阶段的增加值。零售面包的价格等于各个阶段的增加值之和。

表2-1　　**面包的生产阶段及其增值情况**　　单位：元

生产阶段	销售额	中间产品价值	增加值
小麦	1.0	0	1.0
面粉	1.2	1.0	0.2
烤熟的面团	1.5	1.2	0.3
零售的面包	2.0	1.5	0.5
合　计	5.7	3.7	2.0

由于整个过程总共生产了一个可供消费者享用的面包，只计算最终产品即消费者购买面包的支出2元就计算了全部生产活动的价值。事实上，如表2-1所示，各个阶段为这个面包的生产所作出的贡献即增加值之和也正好等于最终产品的价值。这就说明，只计算最终产品没有少算也没有多算生产活动的成果。如果把各个阶段的销售额（产值）加起来，那么，围绕一个面包的生产而发生的销售额等于1.0+1.2+1.5+2.0=5.7（元），其中小麦的价值被计算了4次，生产面粉的活动被计算了3次，生产烤熟

的面团的活动被计算了2次。在现代分工发达的社会中，一件普通产品的生产会经过千百个阶段，计算各个阶段的销售额之和会使重复计算十分严重。

上述例子还告诉我们，在没有干扰的情况下，最终产品的价值正好等于各阶段增加值之和。各阶段的增加值是相应企业创造的GDP。所以，我们用两种办法计算GDP：一是计算人们在最终产品和服务上的支出；二是计算各企业的增加值，然后相加。正如我们的例子所表明的那样，在没有干扰的情况下，两种算法的结果相同。

（四）市场价值原则

GDP是按照货币价格计算的。倘若没有货币和货币价格，我们就无法把苹果和梨相加。没有货币，国民收入核算只能是一个包含无数产品和服务的清单。

GDP只计算进入市场的产品和服务。这就是说，官方计算的GDP只计算在合法市场上公开出售的产品和服务。家务劳动虽创造经济福利，但因不进入公开市场而无法计入GDP。农民的自给自足的生产活动也不被计入GDP。有些生产活动虽进入市场，但进入的是官方统计人员无法观测到的黑市，从而不能被计入GDP。

（五）本期原则

GDP只计算在特定时期内生产出来的产品和服务，而不是所售卖的产品和服务。这意味着，2016年生产的汽车，即使没有在当年售出，按照企业核算的准则，这些汽车被算作企业的存货投资，计入2016年的GDP。当这些汽车在2017年被售出时，所得收入不能算入2017年的GDP。不过，这些汽车的推销员所得收入应计入2017年的GDP，因为这是他们在2017年的劳动服务创造的。按照这个原理，GDP不包括旧货交易和非生产性交易。一辆旧汽车的买卖不能计入当年的GDP。不过对一辆旧汽车进行改装后出售，增值部分应计入当年的GDP。

四、实际GDP与名义GDP

名义GDP（nominal GDP）是按照当期市场价格，即按照当期购买力的货币计算的产品和服务的价值。这意味着，名义GDP受物价水平影响。由于不同时期的物价不同，不同时期的名义GDP不能直接比较。为了比较不同时期的GDP，我们要尽可能消除物价水平变化的影响。为此，我们用相同购买力的货币来计算不同时期的GDP。这样计算出的GDP被称作实际GDP（real GDP）。假如一个经济体在2016年生产了100个苹果，且苹果的价格是每个1元，那么，其名义GDP等于100元。假如这个经济体在2017年也生产了100个质量相同的苹果，但苹果的价格上升到了每个2元，那么，其名义GDP等于200元。与2016年相比，2017年的名义GDP因为物价上升而放大了一倍，即2017年的货币的购买力仅仅是2016年的货币的购买力的1/2。因此，用2000年的货币来计算，2017年的实际GDP等于名义GDP除以2。一般来说，选定一个基期之后，每年的实际GDP等于名义GDP除以GDP缩减指数（deflator）。一个时期的GDP缩减指数是这个时期的物价水平除以基期物价水平。

五、GDP的缺陷

肯尼迪在1968年的总统竞选演说中这样描述GDP：它不衡量我们的孩子的健康、他们接受的教育质量和他们玩耍的快乐。它不包括我们的诗歌的优美或我们的婚姻的牢固、我们的公共问题争论的智慧或我们的政府官员的诚实。它既不衡量我们的勇气，也不衡量我们的智慧和我们对我们的国家的忠诚。简言之，它衡量所有事情，唯独不衡量使生命有意义的事情；它能够告诉我们有关美国的所有事情，唯独不告诉我们为什么我们作为美国人而自豪。诺贝尔经济学奖获得者斯蒂格利茨认为，GDP是有缺陷的，GDP的缺陷在于没有考虑社会发展因素。它只是一个数量指标，而不是一个质量指标。或者说，它不是一个完美的经济福利指标。具体来说，作为经济福利的指标，GDP有如下缺陷：

第一，GDP不计算家庭的自给自足的生产活动，尤其不计算家务劳动。这部分生产活动因为没有进入市场而无法计入官方公布的GDP。这意味着，当一个经济自给自足的成分较大时，其官方公布的GDP低估人们实际享受的经济福利。一般来说，一个经济体越是落后，其市场化程度就越低，即其自给自足的成分越大，其GDP越是低估人们实际享受的经济福利。

第二，GDP不计算黑市交易。黑市交易也创造经济福利，官方公布的GDP不反映黑市交易，从而低估人们实际享受的经济福利。人们进行黑市交易也许是为了逃税，也许是因为这些活动本身不合法。

第三，有些产品的生产和消费有微观经济学中所说的负的外部影响。GDP只计算了购买这些产品的支出，没有计算它们的生产和使用中的有害影响。在这种情况下，GDP高估了人们实际享受的经济福利。相反，当一种产品的生产和消费有正的外部影响时，GDP低估了人们实际享受的经济福利。

第四，GDP不反映闲暇、工作本身所带来的享受和工作条件。同样的GDP也许是每周工作40小时生产出来的，也许是每周工作50个小时生产出来的；也许是在高温40摄氏度的条件下生产出来的，也许是在有空调的舒适条件下生产出来的；也许是在安全的条件下生产出来的，也许是在极其危险的条件下生产出来的；也许对于大多数人来说工作本身是有趣的，也许对于大多数人来说工作本身令人厌恶。

第五，GDP不反映产品质量的变化。使用了化肥生产出来的西瓜没有不使用化肥生产出来的西瓜好吃。如果价格和产量相同，那么，GDP相同，但人们实际享受的经济福利下降了，从而GDP高估了人们实际享受的经济福利。然而，计算机和手机等的质量不断提高，价格却不断下降，从而GDP低估了人们实际享受的经济福利。

第二节
国内生产总值的核算方法

GDP是国民收入核算的一个核心概念。GDP可以从生产、支出和收入三个角度来衡量，对应的有三种核算方法，即生产法、支出法和收入法。这三种核算方法的结果从理论上来说是一致的。

为什么可以用生产法、支出法和收入法核算GDP，并且这三种方法的结果是一致的呢？这是因为一个经济社会用其生产要素生产的产品，由企业出售给消费者，消费者的全部支出等于企业的全部收入，即生产=支出=收入。

一、生产法

GDP可以看作经济中各个行业所生产的最终产品的总和。计算时必须剔除中间产品的价值，以避免重复计算。但在现实经济中，有时难以区分中间产品和最终产品，所以，可以用生产法核算GDP来解决重复计算的问题。生产法亦称增值法，是指将各个生产阶段的增加值加总来核算GDP的方法。大多数产品的生产均是分阶段进行的。以上一节的面包为例，生产的第一阶段是种植小麦，第二阶段是磨成面粉，第三阶段是烤成面包，第四阶段是出售面包。增加值是企业在生产过程中的每一个阶段新增加的价值，等于企业产品总价值减去中间产品的成本。

运用生产法计算GDP的方法是统计并加总企业在产品生产中创造的增加值，从而得到GDP。例如，如果小麦的价格是1.0元，面粉是1.2元，烤熟的面团的价格是1.5元，零售的面包的价格是2.0元。用生产法计算GDP时，可把各生产阶段的增加值加总。在上例中，小麦的增加值是1.0元，把小麦变成面粉的增加值是0.2元，将面粉变成面包的增加值是0.3元，零售商出售面包的增加值是0.5元，将这些增加值加总计算的结果是2.0元，即1.0+0.2+0.3+0.5=2.0（元）。

二、支出法

支出法是通过核算一定时期整个社会购买最终产品和劳务的支出之和来核算GDP的方法。按照支出法，我国的GDP等于我国各单位在我国产品和服务上的支出。我国的产品和服务都被哪些人或单位买去了呢？一是我国消费者购买的我国产品和服务，记作C；二是我国企业购买的我国产品和服务，记作I；三是我国政府购买的我国产品和服务，记作G；四是净出口（NX），等于出口减去进口，其中，外国人购买的我国产品和服务即出口，记作X，我国各单位购买的外国产品和服务即进口，记作M。所以，按照支出法，

$$Y=C+I+G+(X-M)=C+I+G+NX$$

消费是家庭购买各种最终产品和劳务的支出。这些最终产品和劳务可分为三类：非耐用消费品、耐用消费品和服务。非耐用消费品是使用时间较短的产品，比如食品和服装等。耐用消费品是使用时间较长的产品，比如家具、汽车和洗衣机等。服务包括理发师和医生等为消费者提供的服务。

投资是指企业对资本品和居民对房产的购买。投资也被进一步分为三类：企业固定投资、居民固定投资和存货投资。企业固定投资是指企业购买新工厂和设备。居民投资是指家庭和房东购买新房。存货投资是指企业的商品存货增加（存货下降被称作负投资）。

政府购买是指各级政府购买的产品和服务，包括办公设施、军事装备、高速公路和政府工作人员提供的服务，不包括政府的转移支付，它包括社会福利支出、失业救济金支出、公债利息支出等。

净出口是指出口减去进口的差额，体现出国外部门对本国产品和劳务的需求。

表2-2是2000年美国GDP的支出构成。

表2-2　**2000年美国GDP的支出构成**　单位：亿美元

GDP	99 660
消费	67 590
投资	18 340
政府购买	17 430
净出口	−3 700

在实际的统计实践中，用支出法核算GDP时常常包括最终消费、资本形成总额、货物和服务净出口三部分，即通常所说的三驾马车。

GDP=最终消费+资本形成总额+货物和服务净出口

最终消费包括居民消费和政府消费；资本形成总额即投资；货物和服务净出口为正值时，说明一国从出口中赚的钱大于用于进口外国产品和劳务的钱。

表2-3是中国2007年的GDP构成及组成部分的情况。

表2-3　**中国2007年的GDP构成及组成部分的情况**

项　目	总量（亿元）	比重（%）
最终消费	128 444.6	49
资本形成总额	111 417.4	42
货物和服务净出口	23 380.5	9
国内生产总值	263 242.5	100

三、收入法

收入法是在要素收入的基础上经过一些调整来得到GDP。在最简单的情况下，一个企业创造的GDP等于其创造的增加值。增加值被分解为折旧、雇员报酬（工资和福利，以下简称工资）、租金、净利息和公司利润。假如一个经济中的每个企业都有这些信息，那么，

GDP=折旧+雇员报酬（工资和福利）+租金+净利息+公司利润

然而，在具体计算GDP时，要根据实际情况作一些调整。

第一个调整是把业主收入单列。这是因为，在现实中，只有公司才有上述详细数据，而其他类型的企业只有一个包含以上各项的综合收入。一个家庭豆腐作坊在一年中总共挣到了20万元，其中包括业主和其他参与生产的家庭成员应得的工资、自己的房子应得的房租、投入的资金应得的利息、设备的折旧和利润。

第二个调整是加上间接税。在没有政府征税的情况下，对一件最终产品的支出等于增加值，然后增加值被分解为上述各项收入，那么，按照支出法计算的GDP等于按照收入法计算的GDP。然而，当政府征收间接税即交易税时，按照支出法计算的GDP将大于按照收入法计算的GDP。如图2-1所示，假设消费者支出10元购买一件产品，按照支出法，GDP等于10元。然而，这10元钱中的1元流向了政府，只有9元流向企业，无论企业如何分，以上各项加起来也只有9元，即按照收入法GDP=9元。为了使两种算法一致，要么在支出法中减去间接税，要么在收入法中加上间接税。通常的做法是在收入法中加上间接税。

相反，当政府对私人企业补贴时，企业可用于支付要素的数额大于产品市场上的支出。为了使两种算法一致，在用收入法计算GDP时要减去政府补贴。在下面的讨论中，我们约定间接税是减去了政府补贴后的净税。

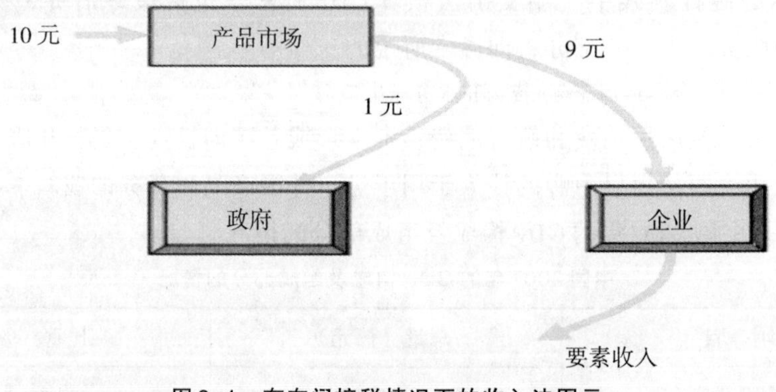

图2-1　存在间接税情况下的收入法图示

第三个调整是净外国要素收入。一方面，我们约定工资、租金、利息、公司利润和业主收入是指本国要素挣到的工资、租金、利息、公司利润和业主收入，并把它们合起来称作国民收入（national income）。国民收入中包括了我国要素在外国挣到的收入。另一方面，我国的增加值包括外国人在我国挣到的工资、租金、利息、公司利润和业主收入。所以，在用收入法计算GDP时，要加上外国要素在我国挣到的收入，减去我国要素在外国挣到的收入，即要加上净外国要素收入。

总之，按照收入法，有：

GDP=折旧+工资+租金+净利息+公司利润+业主收入+净外国要素收入+间接税

=折旧+国民收入+净外国要素收入+间接税

按照收入法计算的2000年美国的GDP参见表2-4。

表2-4　　2000年美国的GDP　　单位：亿美元

折旧	12 570
工资	56 390
租金	1 400
净利息	5 710
业主收入	7 110
公司利润	9 570
间接税	6 820
净外国要素收入	90
GDP	99 660

第三节
与国内生产总值相关的总量

除了国内生产总值外，国民收入核算体系中还有国内生产净值（国民生产净值）、国民收入、个人收入和个人可支配收入。下面依次简介。

一、国内生产净值和国民生产净值

国内生产净值NDP（net domestic product，NDP）是指地域范围内经济活动的净价值，等于GDP减去折旧，即NDP=GDP-折旧。

国民生产净值（net national product，NNP）是指国民范围内经济活动的净价值，等于GNP减去折旧，即NNP=GNP-折旧。

二、国民收入

国民收入（national income，NI）是指一个社会经济整体投入使用的各种生产要素取得的报酬总和，从国民生产净值中扣除间接税和企业转移支付加上政府补助金，就得到一国生产要素在一定时期内提供生产性服务所得到的报酬即工资、利息、租金和利润的总和意义上的国民收入。间接税和企业转移支付虽然构成产品价格，但不构成要素收入；相反，政府给企业的补助金虽不列入产品价格，但构成要素收入。因此：

NI=NNP-间接税-企业转移支付+政府补助金

间接税是指税收负担不由纳税者本人承担的税，即这种税可以转嫁出去。

三、个人收入

个人收入（personal income，PI）是家庭和非公司企业收得的收入，但收到的未必是挣到的，挣到的未必能收到。所以，

PI=NI-挣到但没有收到的收入＋收到但不是挣到的收入

挣到但没有收到的收入有三类：公司未分配利润、社会保险税和公司所得税。收到但不是挣到的收入是政府转移支付。

PI=NI-公司未分配利润-社会保险税-公司所得税＋政府转移支付

四、个人可支配收入

个人收入是个人收到的收入，但收到的收入未必是个人可以随意支配的收入。一般来说，个人收入要交纳个人所得税。个人可支配收入（disposable personal income，DPI）等于个人收入减去个人所得税。个人可支配收入中没有被消费掉的就是储蓄。所以：

DPI=个人收入－个人所得税=消费＋储蓄

第四节 国民收入核算恒等式

一、两部门经济中国民收入核算的恒等式

对国民收入核算的分析是一个复杂的过程。为了简化分析，首先假设国民收入只来自两个部门：企业和居民，暂时不考虑政府部门和国际部门，这样的经济也称简单经济。在简单经济中，国民收入从支出的角度看：

Y=C+I

国民收入从收入的角度看：

Y=C+S

根据前述的收入等于支出的原理，有：

C+I=Y=C+S

即　C+I=C+S

等式的左边是支出的去向，等式的右边是收入的用途。比如，一个经济体生产了100个面包，且面包的价格是每个1元，那么，从支出的角度看，这100个面包要么被消费者买去了，要么被企业作为存货投资买去了。比如，消费者购买了80个，即消费支出等于80元，那么，剩下的20个就是企业存货投资，即投资支出等于20元。

从收入的用途的角度看，100元的收入要么用于了消费，要么变成了储蓄。上述等式意味着，在简单经济中：

I=S

即投资总是等于储蓄。需要提醒的是，国民收入核算中的量是作为事后结果的量。这里的投资是到了期末（比如年终）发现仓库里有多少存货投资，没有售出的产品都被看作投资，未必等于年初计划的存货投资。在上例中，如果消费者只支出80元购买了80个面包，那么，其储蓄等于20元，企业的仓库里必定有20个面包的存货，即投资总是等于储蓄。

二、三部门经济中国民收入核算的恒等式

在上述经济模型的基础上引入政府部门，就得到三部门经济模型，即三部门经济是由企业、居民和政府三种经济单位构成的经济。

国民收入从支出的角度看：

Y=C+I+G

国民收入从收入的角度看：

Y=C+S+T

根据前述的收入等于支出的原理，有：

C+I+G=Y=C+S+T

即　C+I+G=C+S+T

两边消去C，得到：

I+G=S+T

这就是三部门经济中国民收入恒等式。如果将G移到等式右边，就可以得到：

I=S+（T-G）

S是私人储蓄，（T-G）是政府收入与支出的差额，可以理解为政府的储蓄。这样，等式右边可以理解为国民经济中的储蓄总额。因此，在三部门经济中，投资总额等于储蓄总额，即投资与储蓄的恒等式在三部门经济中仍然成立。

三、四部门经济中国民收入核算的恒等式

在三部门经济模型的基础上再引入国外部门，就得到四部门经济模型，即四部门经济是由企业、居民、政府和对外贸易四个部门构成的经济。

国民收入从支出的角度看：

Y=C+I+G+（X-M）

国民收入从收入的角度看：

Y=C+S+T

根据前述的收入等于支出的原理，有：

C+I+G+（X-M）=Y=C+S+T

即　$C+I+G+(X-M)=C+S+T$

两边消去C，得到：

$$I+G+(X-M)=S+T$$

这就是四部门经济中国民收入恒等式。整理后就可以得到：

$$I=S+(T-G)+(M-X)$$

S是本国私人储蓄，(T-G)代表政府的储蓄，(M-X)代表外国对本国的储蓄。这样，等式右边可以理解为国民经济中的储蓄总额。因此，在四部门经济中，投资总额等于储蓄总额，即投资与储蓄的恒等式在四部门经济中仍然成立。

以上我们分析了两部门、三部门和四部门经济中国民收入构成的公式以及储蓄与投资的恒等关系。在分析时，国民收入指国内生产总值，因此，上述所有等式两边的I和S分别表示将折旧包括在内的总投资和总储蓄。如果国民收入指国内生产净值，则等式两边的I和S分别表示不含折旧的净投资和净储蓄。如果收入是狭义的国民收入即NI，则C、I、S是按出厂价计算的，等式两边减少了一个相同的等于间接税的量值。可见，不论收入代表哪一种国民收入概念，只要其他变量的含义和收入的概念一致，储蓄-投资恒等式总是成立的。

◆ 案例分析

那些无效和消失的GDP

某年遭受百年不遇的特大洪水，大量房屋被冲毁，大片庄稼被淹没，老百姓哭天喊地，痛心疾首。次年，他们硬着头皮拿出储蓄或举债搞灾后重建，建筑、运输等行业一片繁荣，这一年的GDP是往年的130%，但老百姓反倒感觉自己的生活质量比原来差了一大截。原因很简单，洪水把多年的劳动成果毁于一旦，而劳动成果就是往年GDP的累积，这些GDP因为洪水瞬间消失。如果一边是GDP的增加，一边是GDP的消失；或者是GDP在不断增加，但增加的是一些无效的GDP，那么再高的GDP发展速度也不能证明社会财富在增加、经济在发展，因为只有保留下来并为人们所需要的GDP才是真正的财富。一个地方不断涌现出消失的GDP或者无效的GDP，只能证明我们过去做了太多的无用功或者我们的决策有问题。

令人遗憾的是，在我们的生活中，这样的例子仍然比比皆是、层出不穷。中国几乎所有的城市都在大兴土木，大马路、大广场、大公园层出不穷，有的学校斥资数千万元修建一个大门，有的城市在几无人烟的郊区大道上通宵亮灯，这些远远超出实际需要的面子工程，难道不是无效的GDP？很多地方的城建规划朝令夕改，房子拆了建，建了拆，再建再拆，每一次的拆迁过程不都是过去GDP的消失？

分析：GDP是反映一个国家或地区经济发展情况的非常重要的宏观经济指标，但同其他指标一样，GDP也不是万能的，在反映和解释经济社会发展情况时有它的局限性。我们不能奢望GDP能够满足各方面的要求，世界上没有一个统计指标能够做到这一点。我们应当清楚利用GDP做什么、不做什么，在它的适用范围内，正确地使用它；在超出GDP适用范围的领域发挥其他合适的统计指标的作用。

资料来源　宋卫东. 经济学常识速查速用大全集［M］. 北京：中国法制出版社，2013.

◆ 本章小结

1.国民收入核算是以研究整个社会的经济活动为目的的宏观经济学的基础，其核心指标是国内生产总值（GDP）。本章介绍了GDP的含义和核算基本原则。

2.生产法、支出法和收入法分别从三个不同的角度核算国民收入，尽管方法不同，但结果是一致的。

3.投资与储蓄的恒等式是国民收入核算的重要内容。三部门和四部门的收入决定公式经过转化都可以成为一定意义上的投资与储蓄的恒等式。

◆ 课后习题

一、名词解释

国内生产总值　国民生产总值　实际GDP　名义GDP　国民收入　个人收入　个人可支配收入

二、选择题

1.下列项目中应计入M国GDP的项目是（　　）。

A.M国的某公民在N国生产的最终产品的市场价值

B.N国的某公民在M国生产的最终产品的市场价值

C.N国的某公民在N国生产的最终产品的市场价值

D.以上三项都不能计入

2.在四部门经济中，GDP包括（　　）。

A.消费、总投资、政府购买和净出口

B.消费、净投资、政府购买和净出口

C.消费、总投资、政府购买和总出口

D.消费、净投资、政府购买和总出口

3.面包是最终产品，而面粉是中间产品。这一命题（　　）。

A.一定是对的　　B.一定是不对的

C.可能是对的，也可能是不对的　　D.在任何情况下都无法判断

4.在收入法核算GDP中，以下（　　）项目不应计入。

A.利润　　B.政府转移支付

C.企业净利息支付　　D.租金收入

5.在统计中，社会保险税增加对（　　）有直接影响。

A.GDP　　B.NNP

C.PI　　D.NI

6.一般情况下，在国民收入核算体系中数值最小的是（　　）。

A.国民生产净值　　B.个人收入
C.个人可支配收入　　D.国民收入

7.实际GDP反映的是（　　）。

A.价格水平的变动　　B.实际产量的变动
C.产量与价格的交替变动　　D.价格和产量水平的共同变动

8.用支出法核算GDP时，不属于投资的是（　　）。

A.江铃汽车公司购买政府债券
B.江铃汽车公司购买了一台新机床
C.江铃汽车公司建立了一条新的装配线
D.江铃汽车公司增加了300辆汽车的存货

三、计算题

1.假定某地区发生了以下活动：一银矿公司支付1.5万元给矿工，开采取得50千克银卖给一银器制造商，售价10万元；银器制造商支付5万元工资给工人，制造了一批项链卖给消费者，售价40万元。

（1）根据最终产品的数量和价值计算该地区的GDP。

（2）每个生产阶段创造了多少价值？用生产法计算GDP。

（3）在生产活动中赚得的工资和利润各是多少？用收入法计算GDP。

2.某国2016年一件上衣生产和流通过程中的增加值如表2-5所示。

表2-5　**某国2016年一件上衣生产和流通过程中的增加值**　单位：美元

环节	价值	增加值
生产棉花并出售	15	
生产棉纱并出售		5
生产棉布并出售	30	
生产上衣以出厂价出售	45	
商店以零售价出售上衣		5
合　计		

如果该国在2016年生产了这种上衣10万件，按照表2-5的统计数据，

若当年销售了10万件，则该项计入当年GDP的价值是________；

若当年销售了8万件，则该项计入当年GDP的价值是________；

若当年销售了12万件（其中有2万件是2015年的存货，按同一销售价出售），则该项计入当年GDP的价值是________。

3.根据表2-6给出的某国的国民收入核算数据计算GNP、国民生产净值和国民收入。

表2-6　　**2016年某国部分国民收入核算数据**　　单位：亿美元

净外国要素收入	90
折旧	12 570
工资	56 390
租金	1 400
净利息	5 710
业主收入	7 110
公司利润	9 570
间接税	6 820
GDP	99 660

4.根据表2-7给出的某国国民收入核算数据计算个人收入、政府转移支付、间接税、折旧和GDP。

表2-7　　**2016年某国国民收入核算数据**　　单位：亿美元

GDP	
净外国要素收入	90
GNP	99 570
折旧	
NNP	87 000
间接税	
国民收入	80 180
社会保险	7 060
公司所得税	2 860
未分配公司利润	2 740
转移支付	
个人收入	
个人所得税	12 920
可支配收入	69 900

四、简答题

1.国内生产总值的含义是什么?

2.简述国内生产总值、国民生产总值、国民生产净值、国民收入、个人收入和个人可支配收入等一系列国民收入核算体系的指标之间的关系。

3.简述支出法、收入法和生产法是如何核算国民收入的,并比较它们的异同。

4.分别推导两部门、三部门和四部门经济中的储蓄-投资恒等式。

第三章

简单国民收入决定理论

【学习目的】

通过本章的学习，要求对凯恩斯的简单国民收入决定理论有一个基本了解，以便为稍后的IS-LM模型以及更为复杂的宏观经济分析奠定基础。

【开篇导读】

我国经济增长减速的主要原因

2008年我国经济增长率出现了下降的趋势，从第一季度的10.6%、第二季度的10.1%，下降为第三季度的9%，呈现出多年以来的最低增幅。表面看来，国际金融危机对中国经济的不利影响在加大，特别是对于依靠国外订单的沿海出口企业，实际上，经济增长减速的主要原因在于内需不足。

在中国经济长达三十几年的连续高速增长中，出口和投资对经济增长的拉动作用十分突出，消费和国内投资的作用则明显不足，尤其是来自民间的消费对经济增长的贡献不足。投资、消费和出口被称为拉动经济增长的“三驾马车”。在发达国家的经济增长中，消费起着最大的作用，平均消费率达到78%以上。而多年来，我国经济的高速增长更多的是靠投资的拉动。投资占GDP的比重高达40%左右，最终消费率从20世纪90年代的超过67%下降到2007年的49%，居民消费率也从1991年的48.8%下降到2007年的35.3%，呈现不断走低的状态。由此表现出的内需不足、产能过剩，使企业只能更多地面向国外，以国际市场的消费来代替国内消费。而一旦国际市场出现危机，需求骤降，国内将有一些企业面临困难甚至倒闭，经济增长随之下滑。

资料来源　兰纪平. 经济学与中国经济现象 [M]. 北京：中国财政经济出版社，2010.

知识点提示：消费

国民收入的决定是宏观经济分析的核心问题。本章仅在产品市场的背景下分析均衡国民收入的决定，故称之为简单国民收入决定理论。

第一节
均衡产出

一、最简单的经济关系

我们从最简单的经济关系开始，分析一个国家的生产或收入如何决定。以下四点假设是分析的基础：

（1）2×2假设：假设所分析的经济中不存在政府，也不存在对外贸易，只有家户部门和企业部门。消费和储蓄行为的主体是家户部门，生产和投资行为的主体是企业部门。

（2）企业的投资是自发的或外生的，不随利率和产量的变动而变动。

（3）凯恩斯定律：社会需求变动，只会引起产量变动，使供求均衡，不会引起价格变动。这与时代背景有关，1929—1933年美国经济大萧条，工人大量失业，资源大量闲置。此时，社会总需求增加使得闲置资源得到利用，却不会使资源价格上升，因此产品价格能保持不变。此外，在短期中，价格具有黏性，价格不易随着需求的变动而变动（在劳动力市场，即使存在失业，工资也不会下降；在产品市场，即使存在生产过剩，物价也不会下降）。

（4）折旧和公司的未分配利润为零，则GDP=NDP=NI=PI。

二、均衡产出

在上述情况下，均衡产出是与总需求相等的产出，即经济社会的收入正好等于全体居民和企业想要有的支出。在二部门经济中不存在政府和对外贸易，总需求由居民消费和企业投资构成。均衡产出用公式表达为：

$$y=c+i$$

y代表剔除价格变动的实际产出或收入，c代表剔除价格变动的实际消费，i代表剔除价格变动的实际投资。另外，c和i分别代表的是居民和企业意愿消费和投资的数量，而不是国民收入构成公式中实际发生的消费和投资。国民收入决定理论认为，均衡产出是指和计划需求相一致的产出。所以，在均衡产出水平上，非意愿或非计划存货投资为零。举例来说，企业生产200亿元的产品，居民和企业要购买200亿元的产品，则200亿元就是均衡产出或者均衡收入。若用E代表支出，y代表收入，均衡条件是E=y。

均衡关系也可以通过图形来表达，如图3-1所示。横轴代表收入y（单位为亿元），纵轴代表支出E（单位为亿元），从原点出发的45°线上的各点都表示收支相等。例如，A点表示收入和支出各为200亿元。若产出大于200亿元，非意愿存货投资（图中用IU表示）就大于零，企业就要削减生产；反之，企业要扩大生产。最终，经济趋向于200亿元的产出水平。

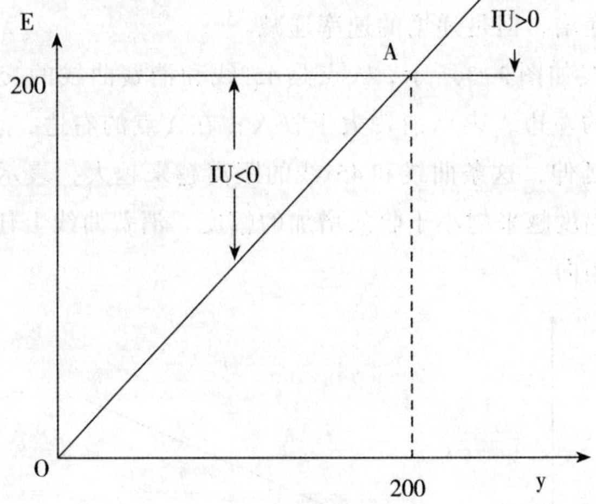

图3-1　均衡产出的决定

三、投资等于储蓄

通过上述分析可知，均衡产出或收入的条件是E=y，又因为计划支出等于计划消费加计划投资，即E=c+i，生产创造的收入等于计划消费加计划储蓄，即y=c+s。因此，c+i=c+s，即i=s。需要注意的是，这里的投资等于储蓄，是指经济要达到均衡，计划投资必须等于计划储蓄。

第二节
凯恩斯的消费理论

一、消费函数

在微观经济学中，消费数量是价格的函数，受到收入水平的制约。在宏观经济学中，价格水平不变，所以消费数量只是收入水平的函数，并且是税后收入的函数，不是税前收入的函数。消费函数描述的是这样一种情况：随着收入的增加，消费也会增加，但消费的增加不及收入增加得多，即c=c（y）。若消费与收入之间是线性关系，则c=α+βy（α、β为正），如图3-2所示。其中，α为自发消费，即收入为零时举债或者动用过去的储蓄也必须要有的基本生活支出；β（0<β<1）为边际消费倾向，βy为引致消费。

那么什么是边际消费倾向呢？边际消费倾向（MPC）指增加1单位收入中用于

增加消费部分的比率，用公式表示为：MPC=Δc / Δy。当收入增量和消费增量都为极小时，MPC=dc/dy。当消费函数为线性函数时，MPC=β。可以看出，一般情况下，0<MPC<1。

从数学角度分析，MPC是消费曲线的斜率，决定消费曲线的单调性，0<MPC<1，说明消费曲线单调递增，但是递增的速率递减。

正常的消费曲线如图3-3所示，A点是45°线和消费曲线的交点，此时消费支出等于收入。在A点的左边，表示消费大于收入；在A点的右边，表示消费小于收入。随着消费曲线向右延伸，这条曲线和45°线的距离越来越大，表示消费随收入的增加而增加，但增加的幅度越来越小于收入增加的幅度。消费曲线上任一点的斜率就是该点对应的边际消费倾向。

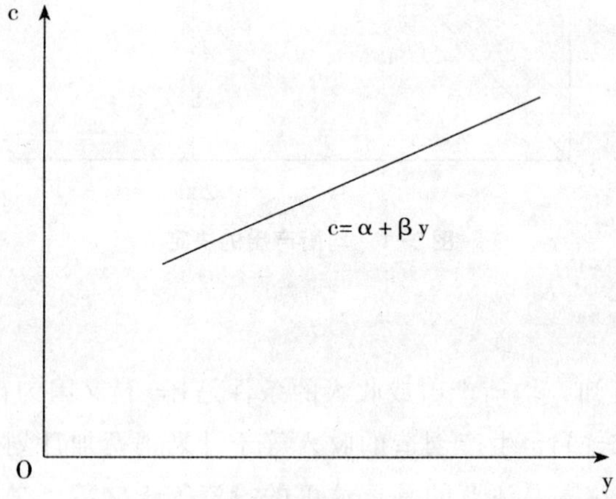

图3-2 线性消费函数

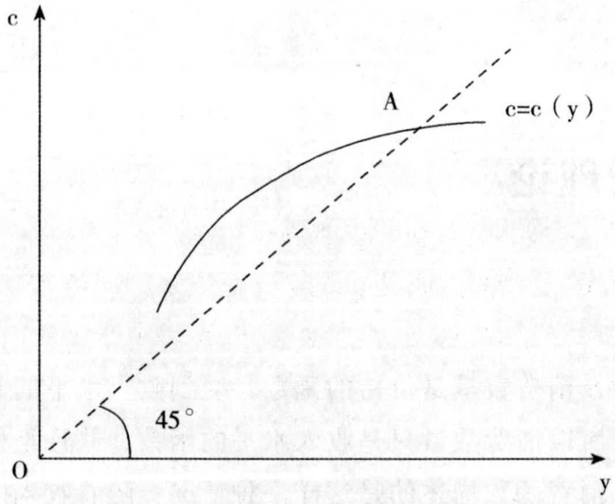

图3-3 消费曲线

平均消费倾向（APC）指任一收入水平上消费支出在收入中的比率，公式表达为APC=c/y，当消费函数为线性函数时，APC=（α+βy）/y=α/y+β。已知MPC=β，α>0，y>0，所以APC>MPC，即平均消费倾向大于边际消费倾向。

二、储蓄函数

储蓄是收入中未被消费的部分，因为消费随收入的增加而增加的比率是递减的，则储蓄随收入的增加而增加的比率递增。储蓄函数是描述储蓄随收入变化而变化的函数，用公式表示为s=s（y），如图3-4所示。当消费函数为线性函数时，s=y-c=y-（α+βy）=-α+（1-β）y，线性储蓄函数如图3-5所示。

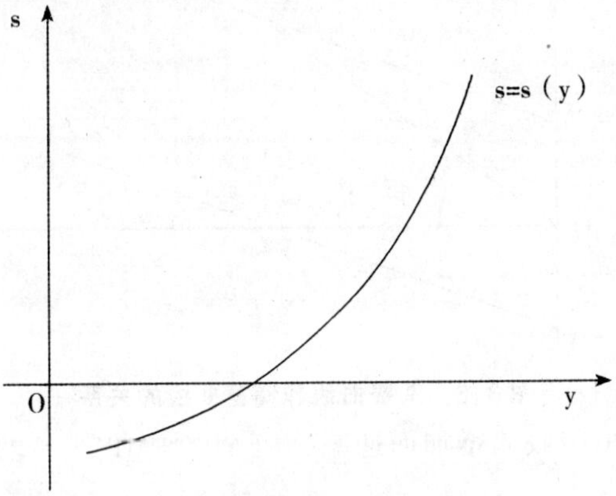

图3-4　储蓄曲线

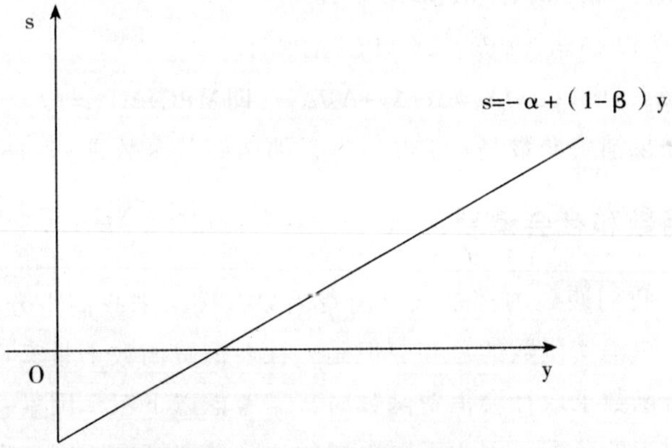

图3-5　线性储蓄曲线

边际储蓄倾向（MPS）指增加一单位收入中用于增加储蓄部分的比率，即MPS=Δs／Δy，当收入与储蓄的增量极小时，MPS=ds/dy，此即储蓄曲线上任一点的斜率。当储蓄函数为线性函数时，MPS=1-β。

平均储蓄倾向（APS）指任一收入水平上储蓄在收入中的比率，即APS=s／y，当储蓄函数为线性函数时，APS=［-α+（1-β）y］/y=-α/y+（1-β），所以APS<MPS，即平均储蓄倾向小于边际储蓄倾向。

三、消费函数和储蓄函数的关系

储蓄是指收入中没有被消费的数量，因此：

第一，消费函数和储蓄函数互为补数，二者之和总等于收入。从图3-6中也可以看出，由于0＜MPC＜1，所以消费曲线比45°线更平坦，消费曲线和45°线相交于A点，此时，所有的收入用于消费，储蓄为零。在A点的左方，消费曲线位于45°线之上，表明消费大于收入，因此储蓄曲线位于横轴的下方；在A点的右方，消费曲线位于45°线之下，因此储蓄曲线位于横轴的上方。

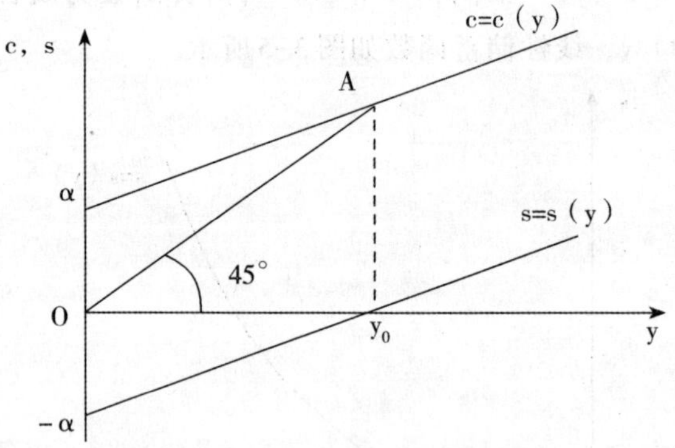

图3-6　消费曲线和储蓄曲线的关系

第二，APC和MPC随收入增加而递减，但APC＞MPC；APS和MPS随收入增加而递增，但APS＜MPS。

第三，APC+APS=1，MPC+MPS=1。

因为y=c+s，所以y/y=c/y+s/y，即APC+APS=1。

因为Δy=Δc+Δs，所以Δy/Δy=Δc/Δy+Δs/Δy，即MPC+MPS=1。

举个例子，如果消费函数是c=160+0.8y，那么储蓄函数是s=−160+0.2y。

四、家户消费函数和社会消费函数

到目前为止，我们谈到的都是家户消费函数，接下来我们将分析社会消费函数。社会消费函数是家户消费函数的总和，但是，社会消费函数不是家户消费函数的简单加总。从家户消费函数求取社会消费函数时，需考虑以下三个因素：

第一，国民收入的分配。因为不同阶层的边际消费倾向不同，居民越是富裕，储蓄能力就越强。因此，国民收入分配越不均等，社会消费曲线就要往下移动；反之亦然。

第二，政府税收政策。大多数国家实行的是累进所得税制度，将富人的一部分收入征收，并以政府的名义花掉，这部分通常成为公众的收入，此时，社会消费曲线往上移动。

第三，公司未分配利润在利润中所占的比例。公司的未分配利润是一种储蓄，如果公司的未分配利润在利润中所占的比例小，则分配的比例大，消费增加，社会消费曲线向上移动。

第三节
关于消费函数的其他理论

第二次世界大战后的经验数据表明，凯恩斯的绝对收入假说与现实经济运行情况不吻合。有经济学家根据美国1929—1941年的资料得出消费函数为c=47.6+0.73y，但根据美国1948—1988年的资料得出消费函数为c=0.917y。可以看出，边际消费倾向并不是递减的，而是递增的；另外，短期边际消费倾向是波动的，而不是稳定的。因此，我们有必要学习其他的有关消费函数的理论，包括杜森贝利的相对收入假说、莫迪利安尼的生命周期假说以及弗里德曼的永久收入假说。

一、相对收入消费理论

相对收入消费理论由美国经济学家杜森贝利在《收入、储蓄的消费行为理论》中提出。在指出凯恩斯错误假设的基础上，杜森贝利提出消费并不取决于现期绝对收入水平，而取决于相对收入水平，即相对于其他人的收入水平和相对于本人历史上最高的收入水平。长期消费函数为C=βY，短期消费函数为$C=C_0+cY$。根据相对收入假说，杜森贝利认为：

（1）消费有习惯性。某期消费不仅受当期收入的影响，而且受过去所达到的最高收入和最高消费的影响。消费具有不可逆性，即有“棘轮效应”。比如说，某人曾经很富裕，习惯奢侈的生活，一旦他突然破产，很难马上适应简朴的生活。也就是说，由俭入奢易，由奢入俭难。这也是杜森贝利短期消费函数产生正截距的原因。

（2）人们的消费会相互影响，有攀比倾向，即有“示范效应”。人们的消费不取决于绝对收入水平，而决定于同别人相比的相对收入水平。比如说，如果大部分人热衷于让孩子上各种兴趣辅导班，有些父母会受其影响，即使觉得兴趣辅导班不能教会孩子更多知识，也会将孩子送去上各种兴趣辅导班。这种消费心理会使短期消费函数随社会平均收入的提高而整体向上移动。

二、生命周期消费理论

生命周期消费理论由莫迪利安尼提出，这种理论认为，人的理性消费是为了一生的效用最大化，强调人们会在更长的时间范围内计划他们的生活消费开支，以达到他们在整个生命周期内消费的最佳配置。按照该理论，消费不取决于现期收入，而主要取决于一生的收入。比如说，年轻人家庭收入偏低，这时消费可能会超过收入。随着他们进入壮年和中年，收入增加，收入将大于消费，既偿还了年轻时欠下的债务，又可以为以后养老积攒资金。等到退休后，收入下降，消费又会高于收入。

假定工作期间收入保持不变，没有不确定因素，个人开始时没有积累，每年的储蓄没有利息等增值，不留遗产给后代等。

$C=a\ WR+c\ YL$

其中，WR为实际财富；a为财富的边际消费倾向，即每年消费掉的财富比例；YL为工作收入；c为工作收入的边际消费倾向，即每年消费掉工作收入的比例。

因此，根据生命周期消费理论，如果社会上年轻人和老年人的比例增大，则消费倾向会提高；如果中年人的比例增大，则消费倾向会降低。除此之外，健全的社会保障制度以及提高遗产税可以提高社会消费倾向。

三、永久收入消费理论

永久收入消费理论由弗里德曼提出，认为消费者的消费支出主要不是由他的现期收入决定的，而是由他的永久收入决定的。所谓永久收入，是指消费者可以预计到的长期收入。永久收入大致可以根据观察到的若干年收入的数值之加权平均数计算得出，距现在的时间越近，权数越大，反之越小。用公式表示为：

$Y_P=\theta Y+(1-\theta)Y_{-1}$

$C=cY_P$

其中，Y_P为永久收入；θ为权数；Y和Y_{-1}分别为当前收入和过去收入。消费者的消费支出取决于永久收入，即当收入上升（或下降）时，人们不能确信收入的增加（或下降）是否会持续，因此消费不会马上发生变化。根据这种理论，当经济处于繁荣阶段，现实收入＞平常收入，现实消费=平常消费，所以现实APC＜平常APC，现实APS＞平常APS；萧条时期的情况正好相反。另外，政府想通过短期减少税收来影响总需求的政策是不能奏效的，因为人们因减税而增加的收入并不会立马用来增加消费。

综上所述，各理论消费的决定因素整理归纳如表3-1所示。

表3-1　**各理论消费的决定因素**

	代表人物	消费的决定因素
绝对收入消费理论	凯恩斯	当前可支配收入
相对收入消费理论	杜森贝利	从前的收入水平 别人的收入水平
永久收入消费理论	弗里德曼	永久性收入水平
生命周期消费理论	莫迪利安尼	生命的不同周期

第四节
国民收入的决定

一、两部门经济中国民收入的决定

（一）使用消费函数决定收入

基本假设：经济中只有居民和企业两个部门；消费支出由可支配收入决定，即由模型本身决定，是一个内生变量；投资支出是一个外生变量，由模型之外的力量决定，称为自主投资。

因为计划支出等于消费加投资，即y=c+i，消费函数为c=α+βy。联立上述两个等式，可以得出均衡收入y=（α+i）/（1-β）。由此可见，如果已知消费函数和投资量，就可以得到均衡的国民收入。

例如：c=1000+0.8y，i=600。

y=（1 000+600）/（1-0.8）=8 000

c=y-i=8 000-600=7 400

s=y-c=8 000-7 400=600

均衡收入的决定也可以用图3-7来表示，在图3-7中，横轴表示收入，纵轴表示消费加投资。消费曲线加投资曲线与45°线的交点E给出了均衡产出。在E点左边，需求大于产出，存在脱销，厂商增加投资，引起实际总产量增加；在E点右边，需求小于产出，存在积压，厂商减少投资，引起实际总产量下降；只有不存在积压，也不存在脱销，二者才相等。

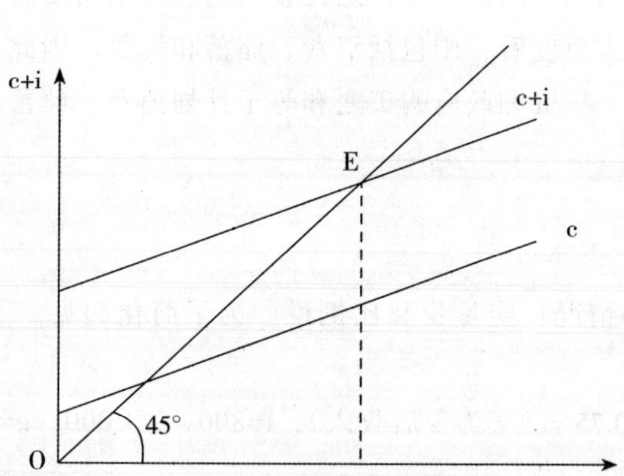

图3-7　均衡收入的决定

（二）使用储蓄函数决定收入

计划投资等于计划储蓄，即i=y-c=s，而储蓄函数为s=-α+（1-β）y。联立上述两个等式得出均衡国民收入为y=（α+i）/（1-β）。

例如：s=−1 000+（1−0.8）y，i=600。

y=（1 000+600）/（1−0.8）=8 000

用计划投资等于计划储蓄的方法决定均衡收入可以用图3−8来表示。在图3−8中，横轴表示收入，纵轴表示储蓄和投资。由于投资是外生变量，因此投资曲线和横轴平行。投资曲线和储蓄曲线相交于E点，与E点对应的收入为均衡收入。若实际产量小于均衡收入水平，说明投资大于储蓄，社会生产供不应求，企业存货意外减少，企业就会扩大生产，使得收入水平向右移动，直到达到均衡点；反之亦然。

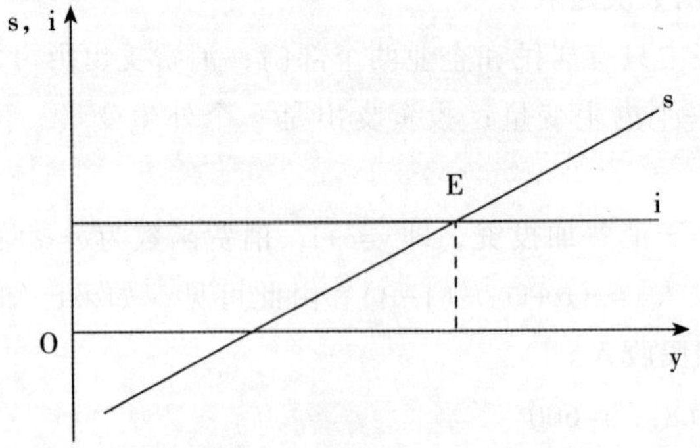

图3−8 均衡收入的决定

使用消费函数决定收入和使用储蓄函数决定收入实质上是从同一种关系中引申出来的。因此，无论用哪种方法，求得的均衡收入都是一样的。

二、三部门经济的收入决定

基本假设：经济中有居民、企业和政府三个部门；消费支出由可支配收入决定，是内生变量；投资支出是外生变量；政府购买是外生变量。

在有政府起作用的三部门经济中，国民收入从总支出角度看，包括消费、投资和政府购买，而从总收入角度看，则包括消费、储蓄和税收。因此，三部门经济中的均衡条件是：计划消费、投资和政府购买之和等于计划消费、储蓄和净税收之和。用公式表示为：

c+i+g=c+s+t

即 i+g=s+t

政府征税有两种情况：定量税和比例税。为了简化起见，下面只讨论定量税的情况。

例如：c=1 600+0.75 y_d（y_d为税后收入），t=800，i=1 000，g=2 000。

s=y_d−c，y_d=y−t=y−800

s=y_d−c=y−800−1 600−0.75（y−800）=0.25y−1 800

1 000+2 000=0.25y−1 800+800

y=16 000

我们也可以这样求出均衡收入：

y=c+i+g=α+β（y−t）+i+g

$y=(\alpha+i+g-\beta t)/(1-\beta)$

$=(1\,600+1\,000+2\,000-0.75\times800)/(1-0.75)$

$=16\,000$

三、四部门经济的收入决定

基本假设：经济中有居民、企业、政府和外国四个部门；消费支出由可支配收入决定，是内生变量；投资支出是外生变量；政府购买支出是外生变量；出口支出是外生变量；进口支出由国民收入决定，是内生变量。

在开放经济中，一国均衡的国民收入不仅取决于国内消费、投资和政府支出，还取决于净出口。因为，c+i+g代表了家庭、企业和政府的全部支出，但并不意味着这些支出一定会全部花在本国生产的产品上。家庭、企业可能购买外国的产品，政府可能购买外国的武器。从c+i+g中扣除进口部分的支出，才是对本国产品的总支出，即：

$y=c+i+g+nx$

nx指净出口，是出口x和进口m的差额：nx=x−m。

进口函数可以表示为：

$m=m_0+\gamma y$

m_0指自发性进口，即和收入没有关系或者说不取决于收入的进口部分；γ是边际进口倾向，即收入增加1单位时进口会增加多少。特别要注意，进口是y的函数，不是y_d的函数，因为包括了政府的进口。

国民收入决定的模型可以表示如下：

$y=c+i+g+x-m$

$c=\alpha+\beta y_d$

$y_d=y-t+t_r$

$t=\bar{t}$

$i=\bar{i}$

$g=\bar{g}$

$t_r=\bar{t}_r$

$x=\bar{x}$

$m=m_0+\gamma y$

可以得出：

$y=(\alpha+\bar{i}+\bar{g}-\beta\bar{t}+\beta\bar{t}_r+\bar{x}-m_0)/(1-\beta+\gamma)$

第五节

乘数的含义及各种乘数

首先看一个例子：一个小孩打破了商店的一块玻璃，逃跑了。店主无奈只好花

1 000元买一块玻璃换上。玻璃店老板得到这1 000元收入。假设他支出其中的80%，即800元用于买衣服，衣服店老板得到800元收入。再假设衣服店老板用这笔收入的80%，即640元用于买食物，食物店老板得到640元收入。他又把这640元中的80%用于支出……如此一直下去，你会发现，最初玻璃店老板支出1 000元，经过不同行业老板的收入与支出行为之后，总收入增加了5 000元。其原因就在于乘数原理。

一、乘数的含义

乘数是宏观经济学的一个术语，最早由英国经济学家卡恩在《国内投资与失业的关系》一文中首先提出，是指每单位外生变量的变化所带来的引致变量的变化情况。乘数的数学定义为：

乘数=Δ因变量/Δ自变量

（一）乘数的第一种求法——等比数列求和法

已知，Δi=100，β=0.8，求Δy。

第一轮　100　　100——A工厂

第二轮　80　　80——B工厂

第三轮　64　　64——C工厂

第四轮　51.2　　51.2——D工厂

第n轮　$100\times\beta^{n-1}$

$$\begin{aligned}\Delta y&=100+80+64+51.2+\cdots\\&=100+100\times0.8+100\times0.8^2+100\times0.8^3+\cdots\\&=100/(1-0.8)\\&=500\end{aligned}$$

这是理论上求出的最大乘数，此时乘数=500/100=5。

（二）乘数的第二种求法——几何图形法

根据图3-9，c+i代表原来的总支出线，c+i′代表新的总支出线，i′=i+Δi，原来的均衡收入为y，新的均衡收入为y′，Δy=y′-y，Δy=kΔi，相当于上例中投资支出增加100，收入增加了500，Δy=500=k×100，k=5。

（三）乘数的第三种求法——求偏导法

比如，在三部门经济中，如征收定量税，y=（α+i+g-βt）/（1-β），则可得政府购买乘数为：$k_g=\Delta y/\Delta g=\lim\limits_{\Delta g\to0}(\Delta y/\Delta g)=1/(1-\beta)$。

二、各种乘数的计算

（一）投资乘数

投资乘数指收入的变化与带来这种变化的投资支出的变化的比率。

在两部门经济中，均衡收入为y=（α+i）/（1-β），其他条件不变，只有投资支出变动，投资支出从i_0变为i_1：

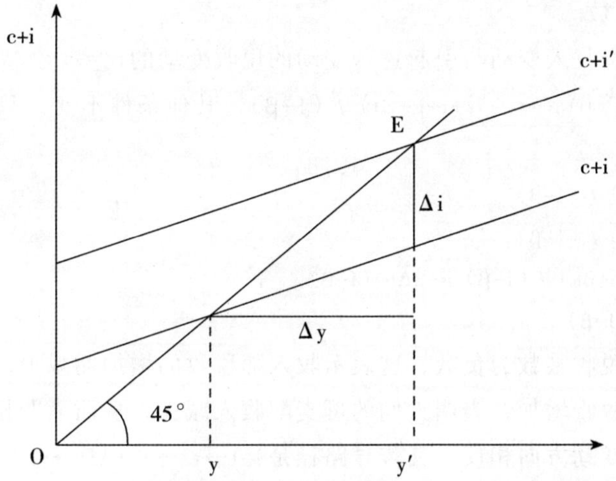

图3-9　乘数效应

$y_0=(\alpha+i_0)/(1-\beta)$

$y_1=(\alpha+i_1)/(1-\beta)$

$y_1-y_0=\Delta y=(i_1-i_0)/(1-\beta)=\Delta i/(1-\beta)$

$\Delta y/\Delta i=k_i=1/(1-\beta)=1/(1-MPC)=1/MPS$

在三部门经济中，均衡收入为$y=(\alpha+i+g-\beta t)/(1-\beta)$，其他条件不变，只有投资支出变动，投资支出从$i_0$变为$i_1$：

$y_0=(\alpha+i_0+g-\beta t)/(1-\beta)$

$y_1=(\alpha+i_1+g-\beta t)/(1-\beta)$

$y_1-y_0=\Delta y=(i_1-i_0)/(1-\beta)=\Delta i/(1-\beta)$

$\Delta y/\Delta i=k_i=1/(1-\beta)=1/(1-MPC)=1/MPS$

可见，边际消费倾向越大，或边际储蓄倾向越小，则投资乘数就越大。因为，边际消费倾向越大，消费者会将收入中较大部分用于消费，消费者的消费有助于厂商的生产，使得均衡国民收入有较大幅度的增长。

（二）政府购买支出乘数

政府购买支出乘数指收入变动与引起这种变动的政府购买支出变动的比率。在三部门经济中，$y=(\alpha+i+g-\beta t)/(1-\beta)$，其他条件不变，只有政府购买支出变动，政府购买支出从g_0变为g_1：

$y_0=(\alpha+i+g_0-\beta t)/(1-\beta)$

$y_1=(\alpha+i+g_1-\beta t)/(1-\beta)$

$y_1-y_0=\Delta y=(g_1-g_0)/(1-\beta)=\Delta g/(1-\beta)$

$\Delta y/\Delta g=k_g=1/(1-\beta)$

可见，政府购买支出乘数和投资乘数一样大。原因是，g或者i增加时，这两部分内容构成了总需求AD，由于短期内均衡国民收入受总需求AD的影响，总需求AD增加，因而均衡国民收入就会增加。其传导路径是：i，g→AD→y。

(三)税收乘数

税收乘数是指收入变动与引起这种变动的税收变动的比率。

在三部门经济中,$y=(\alpha+i+g-\beta t)/(1-\beta)$,其他条件不变,只有税收变动,税收从 t_0 变为 t_1:

$y_0=(\alpha+i+g-\beta t_0)/(1-\beta)$

$y_1=(\alpha+i+g-\beta t_1)/(1-\beta)$

$y_1-y_0=\Delta y=(-\beta t_1+\beta t_0)/(1-\beta)=-\beta\Delta t/(1-\beta)$

$\Delta y/\Delta t=k_t=-\beta/(1-\beta)$

可以看出,税收乘数为负数,这表示收入随税收的增加而减少,随税收的减少而增加。原因是,税收增加,表明人们的可支配收入减少,从而消费相应减少,因而税收变动和总支出变动方向相反。其传导路径是:$t\rightarrow y_d\rightarrow c\rightarrow AD\rightarrow y$。

税收乘数的绝对值小于投资乘数或政府购买支出乘数的绝对值。原因是,传导机制不同,税收变动不会直接影响总需求AD,税收是通过影响可支配收入 y_d 进而影响消费c和总需求AD,而居民只会将可支配收入中的一部分用于消费。相比较而言,投资或政府购买支出是可以直接影响总需求AD的,因此税收对均衡收入的影响作用就小于投资或政府购买支出对均衡收入的影响作用。

(四)政府转移支付乘数

政府转移支付乘数是指收入变动与引起这种变动的政府转移支付变动的比率。

在三部门经济中,$y_d=y-t+t_r$,因此 $y=c+i+g=\alpha+\beta y_d+i+g=\alpha+\beta(y-t+t_r)+i+g$,可得到 $y=(\alpha+i+g+\beta t_r-\beta t)/(1-\beta)$,其他条件不变,只有政府转移支付变动,政府转移支付从 t_{r0} 变为 t_{r1}:

$y_0=(\alpha+i+g+\beta t_{r0}-\beta t)/(1-\beta)$

$y_1=(\alpha+i+g+\beta t_{r1}-\beta t)/(1-\beta)$

$y_1-y_0=\Delta y=(\beta t_{r1}-\beta t_{r0})/(1-\beta)=\beta\Delta t_r/(1-\beta)$

$\Delta y/\Delta t_r=k_{tr}=\beta/(1-\beta)$

可见,政府转移支付乘数的绝对值与税收乘数的绝对值相等。原因是,政府转移支付同税收一样,不直接影响总需求AD。政府转移支付增加,民众的可支配收入增加,可支配收入的一部分用于消费,使得消费增加,进而增加总需求,提升均衡收入水平。

(五)平衡预算乘数

平衡预算乘数指政府收入和支出同时以相等数量增加或减少时国民收入变动与政府收支变动的比率。平衡预算乘数的经济含义是:政府在考虑预算平衡的条件下,即把增加的政府收入全部用于政府购买支出,由此导致国民收入的增加量完全等于政府购买支出的增加量,也完全等于政府税收的增加量。

预算盈余=政府收入-政府支出。平衡预算有以下两层含义:

(1)预算盈余=0,即政府的收入完全等于政府的支出,政府实现了收支相等。

（2）Δ预算盈余=0，即政府收支的变动量等于0。

根据定义：

$\Delta y=k_g\Delta g+k_t\Delta t=\Delta g/(1-\beta)-\Delta t\beta/(1-\beta)$

假定$\Delta g=\Delta t$，则有：

$\Delta y=\Delta g/(1-\beta)-\Delta g\beta/(1-\beta)=(1-\beta)\Delta g/(1-\beta)=\Delta g$

或　$\Delta y=\Delta t/(1-\beta)-\Delta t\beta/(1-\beta)=(1-\beta)\Delta t/(1-\beta)=\Delta t$

$\Delta y/\Delta g=\Delta y/\Delta t=(1-\beta)/(1-\beta)=1=k_b$

k_b即为平衡预算乘数。

◆ 案例分析

老百姓为什么喜爱储蓄？

高储蓄率往往是GDP高增长的后果。道理很简单，普通老百姓收入增长后，会小心地“奖励”一下自己，但不愿大量花钱。日本在20世纪70年代GDP增长很快，在那个时期的储蓄存款率也是很高的。到了90年代，日本经济增长变缓，储蓄存款率也随之下降了。中国目前还是处在GDP高增长期间，较高的储蓄存款率其实是正常的。缺少有吸引力的投资渠道是高储蓄率的一个重要原因。其实，不光老百姓缺少投资渠道，近年来很多企业也因缺少投资欲望而把资金存入银行。在中国，企业存款增加后，广义货币M2（以定活期存款为主）就会增长。2005年的M2同比增长18.3%，很多人推测这个增长主要来自企业高达1.2万亿元的利润。所以，老百姓不投资不是孤立的现象。中国是个高储蓄率的国家，老百姓把收入的40%放在银行里。但是，对中国这么一个大国来说，15万亿元存款并不是一个很大的数目。如果让13亿人平摊存款余额，人均不过只有1万多元。假定那些存款都来自5亿城镇居民，人均不过3万元。一个典型的城镇三口之家也就是大约10万元存款。这个平均家庭存款数，购买房子不够，供养车不够，不断上涨的医疗费和教育费也让普通家庭不敢轻易花费银行存款。与发达国家相比，中国的高储蓄率是在平均收入水平较低的基础上形成的。老百姓储蓄多是由于养老风险和医疗风险高企。美国的经历证明了这一点。20世纪70年代，美国经济不景气，美国人储蓄较多。随着经济改善和各种社会保险机制的建立，大多数美国人对未来的担忧没有了。2005年，美国人的储蓄率是负数，说明他们不光不存钱，而且开始花过去的存款。不过，美国人并没有过度担心。储蓄是个复杂的现象，需要把居民存款余额放到更大的视野里去看。美国的老百姓只想花费，不愿储蓄，而中国的情况稍稍不同，老百姓感到银行里有储蓄，心里才能获得一些安全感。消费低并不是“节约的习惯”，而是未来要花钱的地方实在太多。

资料来源　兰纪平. 经济学与中国经济现象［M］. 中国财政经济出版社，2010.

分析：我们把增加的消费与增加的收入之比称为边际消费倾向。凯恩斯曾提出边际消费倾向递减规律。经济学家从消费统计资料中发现，在发达国家，消费是稳定的，并不存在边际消费倾向递减现象。但这个规律在我国现阶段是存在的。为什么在增加的收入中，增加的储蓄这么多？凯恩斯把未雨绸缪的谨慎动机作为储蓄的原因之一。谨慎动机的储蓄就是存钱，以应对未来的不确定性和风险。这种谨慎动机的储蓄的多少取决于社会保障的完善程度。不确定性越高，社会保障越不完善，储蓄就越多。凯恩斯还指出了边际消费倾向递减的另一个原因是收入差距扩大。通常来说，富人的边际消费倾向极低，但穷人的边际消费倾向极高。当收入和财富主要集中在富人手中时，整个社会的边际消费倾向就低了。这种收入分化格局决定了整体边际消费倾向不高，消费不足。这种谨慎动机在我国储蓄的增加中起了重要作用。我国正处于经济转型时期，不确定性增加，社会保障体系不够完善。

◆ 本章小结

1.与总需求相等的产出称为均衡产出，或均衡国民收入。在均衡国民收入水平上，计划或意愿投资等于计划或意愿储蓄。

2.消费与收入的依存关系称为消费函数和消费倾向，消费倾向有边际消费倾向与平均消费倾向之分。相应地，储蓄倾向也有边际储蓄倾向与平均储蓄倾向之分。

3.相对收入消费理论、生命周期消费理论和永久收入消费理论，是凯恩斯消费理论的补充和发展。

4.两部门经济中均衡国民收入公式是 $y=(\alpha+i)/(1-\beta)$，投资乘数是 $k_i=1/(1-\beta)$。

5.三部门经济中均衡国民收入公式是 $y=(\alpha+i+g-\beta t)/(1-\beta)$，政府购买乘数是 $k_g=1/(1-\beta)$，税收乘数是 $k_t=-\beta/(1-\beta)$，政府转移支付乘数是 $k_{tr}=\beta/(1-\beta)$，平衡预算乘数是 $k_b=1$。

◆ 课后习题

一、名词解释

宏观经济均衡　均衡产出　消费函数　边际消费倾向　平均消费倾向　储蓄函数　边际储蓄倾向　平均储蓄倾向　乘数　投资乘数　政府购买乘数　税收乘数　平衡预算乘数

二、选择题

1.假设某居民户每年的可支配收入为2万元，如果该居民户的消费支出为1.7万元，那么（　　）。

A.MPC=0.70　　B.MPC=0.85　　C.APC=0.75　　D.APS=0.15

2.消费函数的斜率取决于（　　）。

A.APC　　B.MPC　　C.APS　　D.自主消费

3.根据APC、APS、MPC和MPS之间的关系，下面的说法正确的是（　　）。

A.如果MPC增加，那么MPS也增加　　B.MPS+APC=1

C.MPC+MPS=APC+APS　　D.MPC+MPS＞APC+APS

4.可以使得投资乘数增大的因素是（　　）。

A.企业投资增加　　　　B.MPC增加

C.MPS增加　　　　D.企业赋税增加

5.若政府购买支出使国民收入增加210亿元，政府购买乘数为3，则政府购买应该增加（　）。

A.210亿元　　B.630亿元　　C.70亿元　　D.60亿元

6.当居民的可支配收入等于零时，消费支出可能（　）。

A.大于零　　　　B.小于零

C.等于零　　　　D.以上几种情况都有可能

7.根据凯恩斯消费函数，引起消费增加的因素是（　）。

A.价格水平下降　　　　B.收入增加

C.储蓄增加　　　　D.利率增加

8.根据简单的国民收入决定模型，引起国民收入减少的原因是（　）。

A.消费减少　　　　B.储蓄减少

C.消费增加　　　　D.政府支出减少

9.在以下情况下，乘数最大的是（　）。

A.边际消费倾向为0.6　　　　B.边际消费倾向为0.4

C.边际消费倾向为0.5　　　　D.边际消费倾向为0.8

10.线性消费函数表明平均消费倾向（　）。

A.大于边际消费倾向　　　　B.小于边际消费倾向

C.等于边际消费倾向　　　　D.三者都有可能

三、计算题

1.假设某经济社会的消费函数为$c=1\,000+0.8y$，投资为500（单位：亿美元）。

（1）求均衡收入、消费和储蓄。

（2）如果当时实际产出（即收入）为8 000，那么企业非自愿存货积累为多少？

（3）若投资增至1 000，试求增加的收入。

（4）若消费函数变为$c=1\,000+0.9y$，投资仍为500，收入和储蓄各为多少？投资增至1 000时收入增加多少？

（5）消费函数变动后，乘数有何变化？

2.假设某经济社会的消费函数为$c=1\,000+0.8y_d$，投资$i=500$，政府购买性支出$g=2\,000$，政府转移支付$t_r=625$，税收$t=2\,500$（单位：亿美元）。

（1）求均衡收入。

（2）求投资乘数、政府支出乘数、税收乘数、政府转移支付乘数、平衡预算乘数。

（3）假定该社会达到充分就业所需要的国民收入为12000，试问：①增加政府购买；②减少税收；③以同一数额增加购买和税收（以便预算平衡）实现充分就业，各需多少数额？

四、简答题

1.简述边际消费倾向递减规律。

2.简述凯恩斯的绝对收入消费理论。

3.简述相对收入消费理论、生命周期消费理论和永久收入消费理论。

4.比较投资乘数、政府购买乘数、政府转移支付乘数和平衡预算乘数的大小关系。

第四章

IS-LM模型

【学习目的】

通过本章的学习，要求掌握货币的需求和货币的供给；熟练掌握投资函数、利率的决定、IS曲线和LM曲线的含义及图形的推导；掌握产品市场和货币市场同时均衡下的IS-LM模型及均衡利率和国民收入的决定；掌握IS曲线和LM曲线的移动及其政策含义。

【开篇导读】

铁路建设：拉动经济增长的“火车头”

“十一五”期间我国铁路基本建设投资完成1.98万亿元，是“十五”期间的6.3倍，全国铁路新线投产1.47万千米，是“十五”期间的2倍；复线投产1.12万千米，电气化投产2.13万千米，分别为“十五”期间的3.1倍和3.9倍。目前，我国高铁运营里程达到8 358千米，在建里程1.7万千米，均居世界第一。全国铁路营业里程达到9.1万千米，居世界第二。

大规模的铁路建设投资已经成为扩内需、保增长的“火车头”。据测算，铁路建设投资每完成1万元，需要水泥2吨、钢材0.32吨、人工25个工作日。按此比例，2010年全国铁路完成基本建设投资7 091亿元，则消耗钢材2 269万吨、水泥1.4亿吨，能够提供600多万个就业岗位。另据不完全统计，铁路投资的40%左右将通过材料费、人工费、人员费、人员消费等方式留在铁路沿线，而且铁路大发展还将带动机械、冶金、建材、电子信息等产业的升级。据测算，铁路投资与相关产业最高有1：10的拉动效应，仅2010年就可以产生数万亿元的经济拉动效应。

资料来源　代海涛．宏观经济学［M］．北京：清华大学出版社，2012.

知识点提示：投资

上一章讨论了产品市场上的收支均衡如何决定国民收入的问题。在现实经济社会中，产品市场是与货币市场紧密联系在一起的，产品市场的均衡离不开货币市场的均衡。如货币市场上供不应求，利率就会上升。利率的上升会抑制投资，从而对产品市场产生影响。这就要求在前面分析的基础上，进一步地将两个市场的均衡问题联系起来考察，即讨论产品与货币市场共同均衡时，国民收入是如何决定的，这便是IS-LM模型的内容。

第一节 投资函数

在IS-LM模型中，产品市场上的投资不再被假定为一既定不变的常量，那么投资是如何被决定的呢？只有将这个问题讨论清楚以后，才能有效地展开对代表产品市场均衡的IS曲线的分析，进而讨论IS-LM模型。

一、投资函数

凯恩斯认为，决定投资的诸因素中，利率是首要因素。这里的利率是指实际利率，大致上，实际利率＝名义利率－通货膨胀率。

投资需求量与利率的变化方向相反，即投资需求是利率的单调减函数，该函数被称为投资函数：

$$I=I(r),\ dI/dr<0$$

常用的投资函数是线性投资函数：

$$I=e-dr,\ d>0,\ e>0 \tag{4.1}$$

其中，e是自主投资，即不依赖于利率变化的一个量，即利率为零时的投资量。dr为引致投资，r代表实际利率，d代表投资需求的利率系数，它可以反映投资对利率变化的敏感程度。

由以上两式得出的投资曲线如图4-1所示。

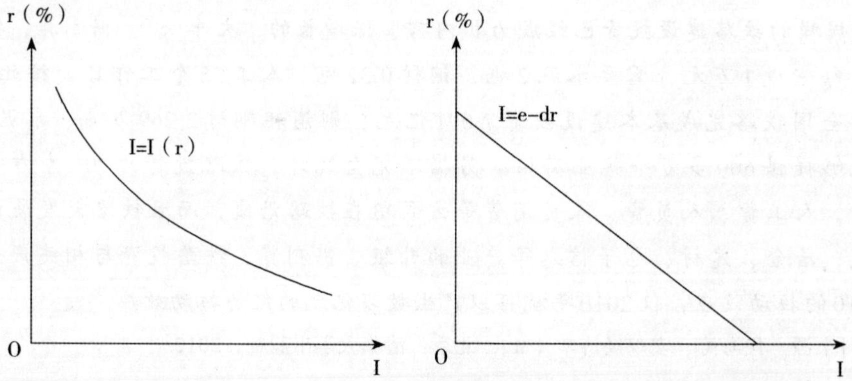

图4-1 投资曲线

二、投资曲线的斜率

为了导出投资曲线的斜率，有必要将式（4.1）改写为：

$$r=e/d-I/d \tag{4.2}$$

因此，投资曲线的斜率为：

$$dr/dI=-1/d \tag{4.3}$$

由式（4.3）可知，d值愈大，投资利率弹性系数愈大，投资曲线愈平坦，斜率（绝对值）愈小；反之，d值愈小，投资利率弹性系数愈小，投资曲线愈陡峭，斜率（绝对值）愈大。这一结论在学习IS曲线及财政政策时非常重要。为了便于读者记忆，现将上述结论总结如表4-1所示。

表4-1　d值和投资曲线的关系

d值(d>0)	投资曲线的形状	投资曲线的斜率（绝对值）	投资利率弹性系数
变大	更为平坦	变小	变大
变小	更为陡峭	变大	变小
0	垂线	∞	0
∞	水平线	0	∞

第二节
IS曲线

在上一节讨论了投资函数和投资曲线以后，现在已具备了推导和讨论IS曲线的条件。

一、IS曲线及其推导

把投资当作利率的函数后，经济学家进一步用IS曲线来说明产品市场均衡的条件，产品市场均衡是指产品市场上总供给与总需求相等。IS曲线是产品市场均衡的条件下反映利率和收入之间相互关系的一条曲线。在两部门经济的情况下，产品市场均衡即是投资等于储蓄。根据IS曲线的定义，我们可知IS曲线上的任何点（r，Y）的组合代表产品市场均衡。

（一）两部门的IS曲线推导

$$Y=C+I$$

$$C=\alpha+\beta Y$$

$$I=e-dr$$

得两部门经济中的IS曲线方程为：

$$Y=\frac{\alpha+e-dr}{1-\beta} \quad 或 \quad r=\frac{\alpha+e}{d}-\frac{1-\beta}{d}Y \tag{4.4}$$

以上是用分析法推导出的IS曲线，也可以根据产品市场的均衡条件用几何方法推导出IS曲线，如图4-2所示。在图（1）中，根据投资需求函数可以画出投资曲线，图（2）中45°线是根据两部门产品市场均衡条件I=S画出的，图（3）是根据储蓄函数画出的储蓄曲线，图（4）是在图（1）（2）（3）条件下所推导出的IS曲线，图（1）和图（2）纵坐标在同一条垂线上，横坐标刻度相同，图（3）和图（4）也是这样，图（2）和图（3）横坐标在同一水平线上，纵坐标刻度相同，图（1）和图（4）也是这样。

IS曲线的几何方法推导过程如下：在图（4）中，给定一个利率r，对这个给定的利率r，在图（1）中由投资曲线I=I（r）决定了一个投资量I；对这个投资量I，在图（2）中由产品市场均衡条件，投资等于储蓄，即I=S便决定了一个储蓄量S；对这个储蓄量S，在图（3）中由储蓄曲线，即S=S（Y）便决定了国民收入Y。这个国民收入Y就是开始在图（4）中给定的那个利率r所决定的，将这个组合（r，Y）在图（4）中描出对应点A。对所有可能的利率r，按照上述过程，都可以得到对应的国民收入Y，这些相应的组合（r，Y）的对应点的轨迹便是IS曲线。

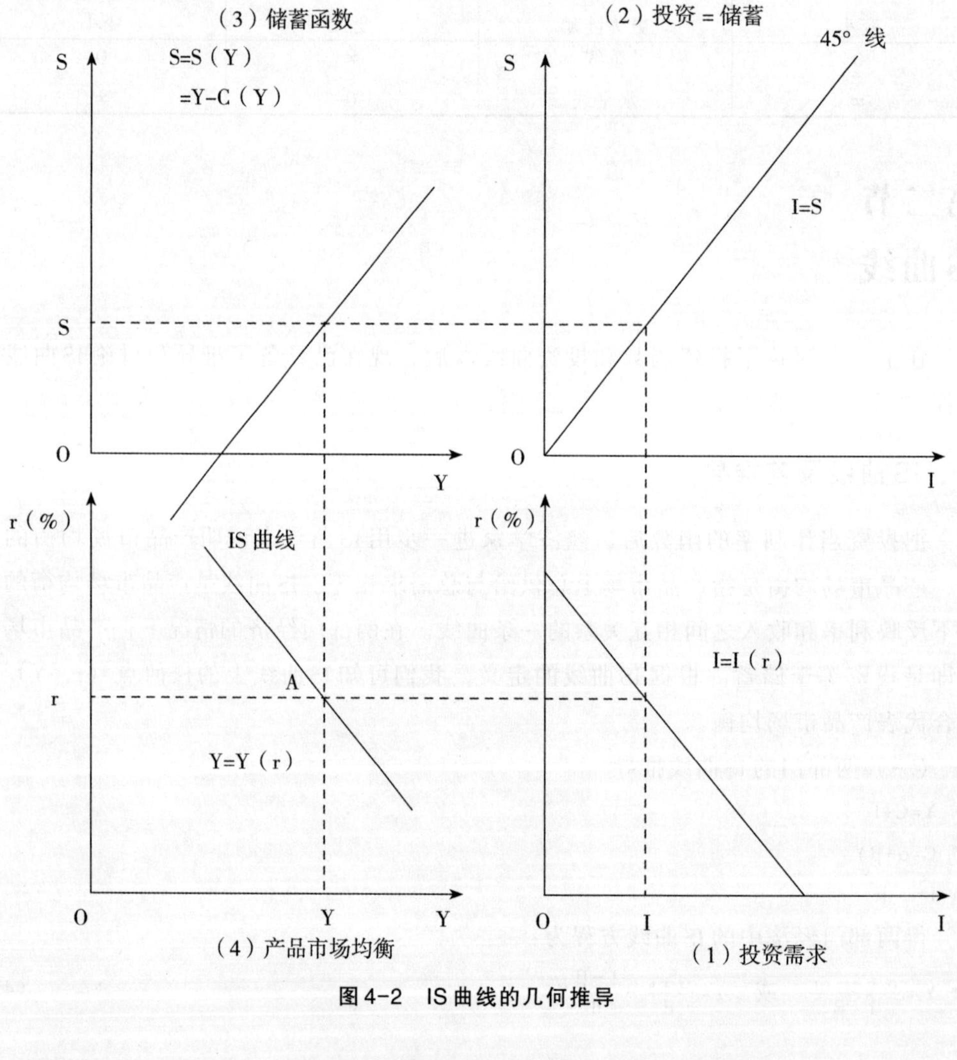

图4-2 IS曲线的几何推导

【例4-1】已知：C=500+0.5Y，I=1 250-250r。求：IS曲线方程。

解：二部门经济产品市场均衡模型为：

Y=C+I

C=500+0.5Y

I=1 250-250r

解之得到IS曲线方程为：

Y=3 500-500 r　或　r=7－0.002Y

（二）三部门的IS曲线推导

类似地，在考虑货币市场的条件下，由三部门经济产品市场均衡模型，有：

Y=C+I+G

$C=\alpha+\beta Y_d$

$Y_d=Y-T$

得三部门经济中的IS曲线方程为：

$$Y=\frac{\alpha+e+G-\beta T}{1-\beta}-\frac{d}{1-\beta}r \quad 或 \quad r=\frac{\alpha+e+G-\beta T}{d}-\frac{1-\beta}{d}Y \tag{4.5}$$

IS曲线方程（4.5）是按定量税进行计算的，若采用比例税进行计算，则 $T_0=tY$，t为税率，$0<t<1$，则 $T=T_0-T_r=tY-T_r$，IS曲线方程便为：

$$Y=\frac{\alpha+e+G+\beta T_r}{1-\beta(1-t)}-\frac{d}{1-\beta(1-t)}r \quad 或 \quad r=\frac{\alpha+e+G+\beta T_r}{d}-\frac{1-\beta(1-t)}{d}Y \tag{4.6}$$

二、IS曲线的斜率

在三部门经济中，按定量税进行计算时，由式（4.5）可知IS曲线的斜率是负值，这是因为 $0<\beta<1$，$d>0$。IS曲线的斜率 $\frac{1-\beta}{d}$ 的大小取决于d和β的值。

首先，d是投资需求的利率系数，表示投资需求对利率变动的反应程度，即投资需求的改变量与引起它改变的利率改变量之比。显然，当β一定、d较大时，说明投资的变动对于利率的变动较敏感，IS曲线 $r=\frac{\alpha+e+G-\beta T}{d}-\frac{1-\beta}{d}Y$ 的斜率的绝对值就较小，从而IS曲线就较平坦。这是因为，投资的变动对利率的变动较敏感时，利率的较小变动就会引起投资较大的变动，进而引起收入较大的变化，反映在IS曲线上就是：利率的较小变动就要求有收入的较大变动与之配合，才能使产品市场达到均衡。反之，如果d较小，说明投资的变动对于利率的变动较不敏感，一定的利率变动只能引起总收入的小幅变动，IS曲线较陡峭。

其次，β是边际消费倾向。当d一定、β较大时，IS曲线 $r=\frac{\alpha+e+G-\beta T}{d}-\frac{1-\beta}{d}Y$ 的斜率的绝对值就较小，从而IS曲线就较平坦。这是因为，当β较大时，投资乘数 $\frac{1}{1-\beta}$ 较大，从而利率变动引起投资变动时，收入会以较大幅度的变动与之配合，才能使产品市场达到均衡。反之，如果β较小，对于一定的利率变化，相应的投资变动只会带来总收入较小幅度的变动，因而IS曲线较陡峭。

在三部门经济中，若税收按比例税进行计算，则由式（4.6）可知，IS曲线的斜率是负值，这是因为$0<\beta<1$，$0<t<1$，$d>0$。IS曲线的斜率$\frac{1-\beta(1-t)}{d}$的大小取决于d、t和β的值。当d和β一定时，t越大，IS曲线越陡峭，这是因为，当t较大时，投资乘数$\frac{1}{1-(1-t)\beta}$较小，从而利率变动引起投资变动时，收入会以较小的幅度变动与之配合，才能使产品市场达到均衡。

影响IS曲线斜率大小的主要是投资需求的利率系数d，因为β比较稳定，税率t也不会轻易变动。

三、IS曲线的移动

引起IS曲线移动的因素有很多，其中主要的影响因素如下：

（一）投资需求变动使IS曲线移动

如图4-3所示，投资者乐观，信心增强，自发性投资水平e↑，e↑→I向右上方移动→IS向右上方移动→每个r上，$\Delta Y=K_I\times\Delta I$。

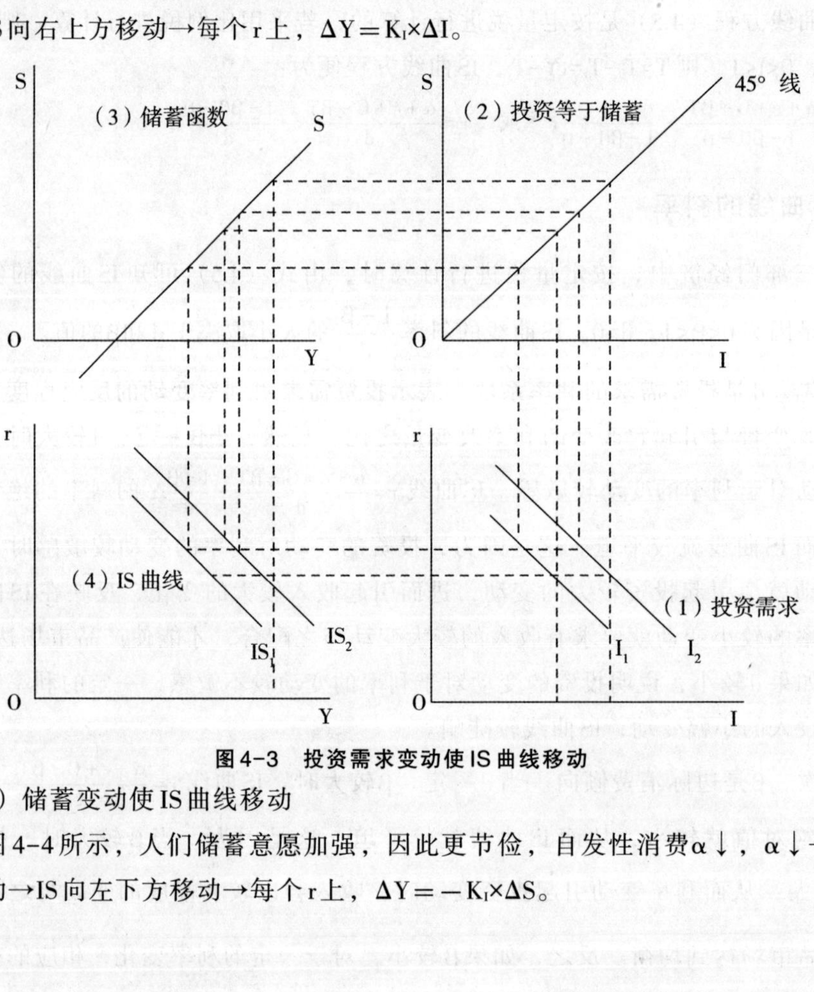

图4-3 投资需求变动使IS曲线移动

（二）储蓄变动使IS曲线移动

如图4-4所示，人们储蓄意愿加强，因此更节俭，自发性消费α↓，α↓→S向左上方移动→IS向左下方移动→每个r上，$\Delta Y=-K_I\times\Delta S$。

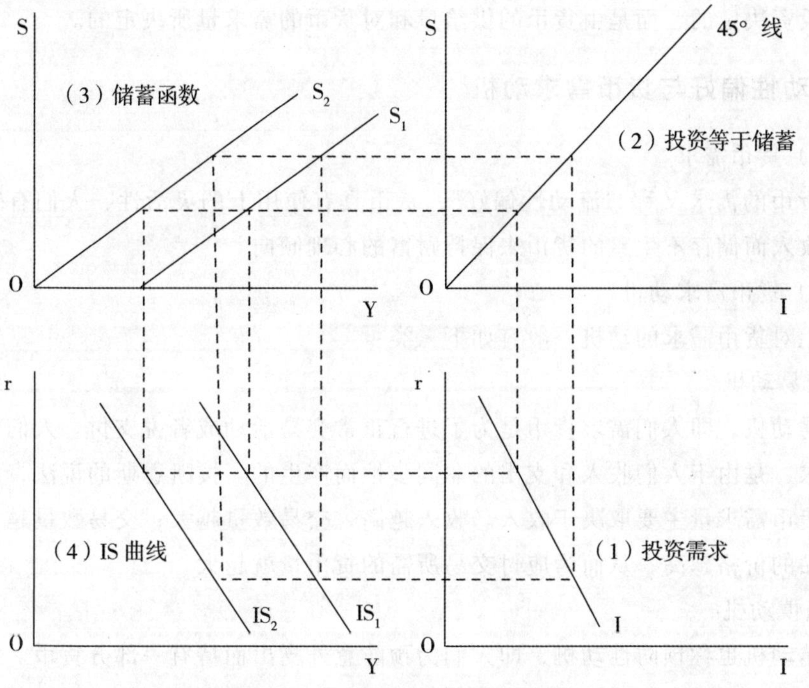

图4-4 储蓄变动使IS曲线移动

（三）政府支出及税收变动引起IS曲线移动

政府实行扩张性的财政政策，增加政府支出或减免税收，作用类似于增加投资或刺激消费，因此，IS曲线将向右上方移动；政府实行紧缩性的财政政策，减少政府支出或增加税收，作用类似于减少投资或使消费水平下降，因此，IS曲线将向左下方移动。其移动的水平距离，即国民收入的变动为：

$\Delta Y=K_G\times\Delta G$，$\Delta Y=-K_T\times\Delta T$

第三节
货币市场及利率的决定

利率是由货币市场的均衡决定的，利率的高低取决于对货币的需求和货币的供给。货币的实际供给量由国家控制，是一个外生变量，在国民收入的决定中可以把它当作一个常量。

一、利率决定于货币的需求和供给

古典学派认为投资与储蓄都只与利率相关；投资是利率的减函数，储蓄是利率的增函数；当投资与储蓄相等时，就决定了利率。

凯恩斯否认这种观点，他认为储蓄不仅决定于利率，更重要的是受收入水平的影响；收入是消费和储蓄的源泉，只有收入增加了，消费和储蓄才会增加。利率不是由储蓄与投资决定的，而是由货币的供给量和对货币的需求量所决定的。

二、流动性偏好与货币需求动机

（一）货币需求

对货币的需求又称“流动性偏好”，货币具有使用上的灵活性，人们有宁肯以牺牲利息收入而储存不生息的货币来保持财富的心理倾向。

（二）货币需求动机

人们对货币需求的动机一般有如下三类：

1.交易动机

交易动机，即人们需求货币是为了进行正常交易活动或者说支付。人们对货币的交易需求，是由于人们收入和支出的非同步性而产生的。按凯恩斯的说法，出于交易动机的货币需求量主要取决于收入。收入越高，交易数量越大；交易数量越大，所交易的产品的价格越高，从而为应付交易所需的货币量就越大。

2.谨慎动机

谨慎动机也称预防性动机，即人们为预防意外支出而持有一部分货币。人们对货币的预防需求，是由于未来收入和支出的不确定性而产生的。人们对货币的预防需求量主要取决于人们对意外事件的看法，这一货币需求量大体上也与收入成正比。

上述两种动机产生的货币需求，统称为货币的交易需求，交易需求量L_1取决于收入：

$L_1=L_1(Y)$，$dL_1/dY>0$

最简单的线性关系表示为：

$L_1=kY$，$k>0$

其中，k为出于交易和谨慎动机所需货币量与实际收入的比率，称为货币需求的收入系数。

3.投机动机

投机动机是由于未来利率的不确定，人们为了避免资产损失或增加资本收益，须及时调整资产结构，从而形成对货币的需求，即人们为抓住有利的购买证券机会而持有一部分货币的动机。

假设人们以货币和债券两种资产形式持有财富，债券能带来收益，人们持有债券不仅能够得到利息收入，还可以通过债券的低买高卖获得价差收入，但是债券的流动性较低；闲置货币没有收益，但货币具有较高的流动性，人们持有货币可以方便地用于支付各种交易。投机动机就是人们比较持有这两种财富形式的成本和收益，在适当时机买进和卖出债券以获利，出于该动机产生的货币需求，称为货币的投机需求。

在实际生活中，债券价格与利率之间呈反方向变动关系。利率越高，债券价格就越低；反之，利率越低，债券价格就越高。例如，一张年利息为5元的债券，如果价格为100元，则利率是5%；如果价格为50元，则利率是10%。因此，从资本利得的视角看，影响人们是否购买债券的因素，主要是预期债券价格变动：当人们预期债券价格将上涨时，就会在现期价格较低时用货币买进债券，以备日后以更高的价格卖出获得价差收益；反之，当人们预期债券价格将下跌时，就会在高价位卖出债券保留货币以备日后债券价格下跌时再买进。人们期待债券价格下跌（即利率上升）而在手中保留的货币就是货币的投机需求。显然，货币的投机需求与利率反方向变动，即利率越高，债券价格就越低，当人们认为这一价格水平已降低到正常水平以下，预期很快会上升，就会抓住机会用货币买入债券，相应地会减少投机性货币需求；反之，当利率水平很低时，债券价格较高，人们将持币观望，当人们认为这一价格水平已涨到正常水平以上，预期价格很快会下跌，于是会抓住时机卖出债券，从而会增加投机性货币需求。

总之，货币的投机需求量L_2与利率r成反方向变动：

$L_2=L_2(r)$，$dL_2/dr<0$

最简单的线性关系表示为：

$L_2=-hr$，$h>0$

其中，h为出于投机动机所需货币量与实际利率的比率，称为货币需求的利率系数。

（三）流动偏好陷阱

从以上分析说明，对利率的预期是人们调节货币和债券配置比例的重要依据，利率越高，货币需求量越小。从货币需求的投机动机可知，存在两种极端情形：一种是当利率高到一定程度时，投机性货币需求为0，人们将持有的货币全部换成债券；另一种是当利率极低时，投机性货币需求变为∞，人们将持有的债券全部换成货币。人们不管有多少货币都愿意持在手中，对货币产生偏好是由于流动性原因，这种情况被称为“凯恩斯陷阱”或“流动偏好陷阱”。流动性偏好趋向于无限大，这时候即使银行增加货币供给，也不会再使利率下降。

（四）货币需求函数

1.货币需求

货币需求是指人们对货币的交易需求和投机需求的总和。决定货币需求L最主要的因素有：收入Y，利率r。货币需求函数可表示为：

$L=L_1+L_2=L_1(Y)+L_2(r)$，r不能足够小

最简单的线性关系表示为：

$L=L_1+L_2=kY-hr$，$k>0$，$h>0$，r不能足够小

2.货币需求曲线

货币需求函数的图像，称为货币需求曲线，如图4-5所示，图中纵轴为实际利率r，横轴为实际货币需求量L。货币的交易需求曲线为$L_1=L_1(Y)$，与利率r无关，故为垂直线；货币的投机需求曲线为$L_2=L_2(r)$。货币总需求曲线为$L=L_1+L_2$。

图4-6为采用线性关系表示的三种不同收入水平的货币需求曲线，三种不同收入

水平为 $Y_a<Y_b<Y_c$。

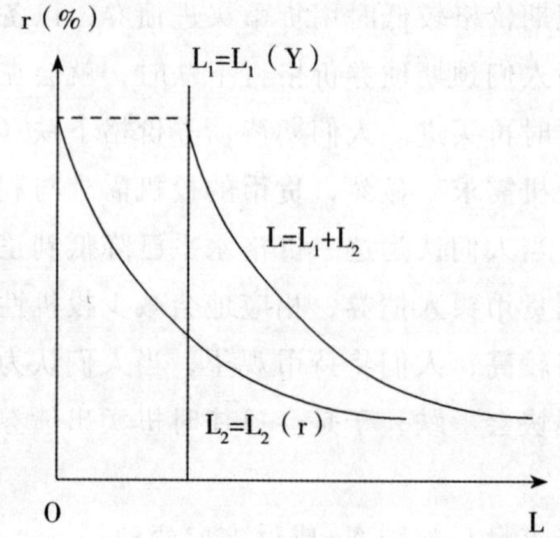

图4-5 货币需求曲线

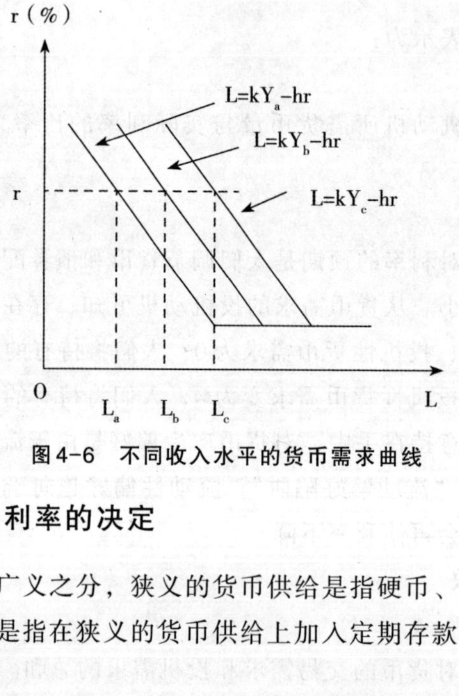

图4-6 不同收入水平的货币需求曲线

三、货币供求均衡和利率的决定

货币供给有狭义和广义之分，狭义的货币供给是指硬币、纸币和银行活期存款的总和。广义的货币供给是指在狭义的货币供给上加入定期存款。

（一）货币供给

货币供给（M）是一个存量概念，是由中央银行用货币政策来调节的一个外生变量，其大小与利率高低无关，因此货币供给曲线是一条垂直于横轴的直线，如图4-7所示。

（二）货币市场均衡

货币市场均衡是指货币供给与货币需求相等的状态，货币市场均衡时的利率称为均衡利率。在图4-7中，货币供给曲线M与货币需求曲线L相交的点E称为均衡点，均衡点对应的利率 r_0 便是均衡利率。事实上，当市场利率 $r_a<r_0$ 时，货币需求 L_a>货币供给M，人们感到货币少，卖出证券，证券价格下降，r_a↑，货币的需求减少，L_a↓，直至 L_a 回到M，r_a 回到 r_0。

在图4-8中，原来的货币需求曲线为L，供给曲线为M，均衡点为E，均衡利率为

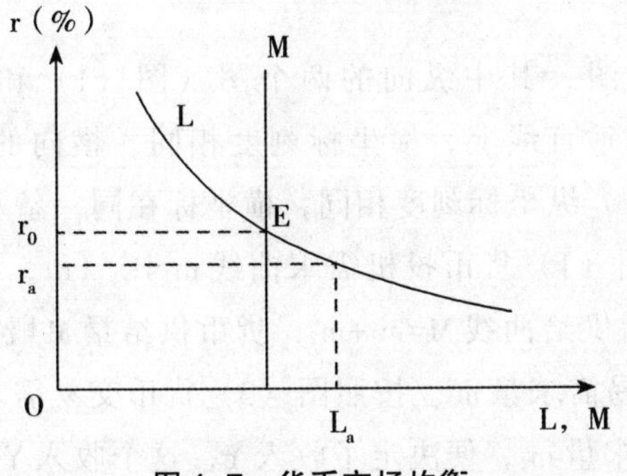

图4-7　货币市场均衡

r_0。如货币的需求增加，货币需求曲线右移至L′，而货币的供给不变，则均衡点为E′，均衡利率上升至r_1。如货币供给曲线向右移动至M′，而货币需求不变，则均衡利率下降至r_2。

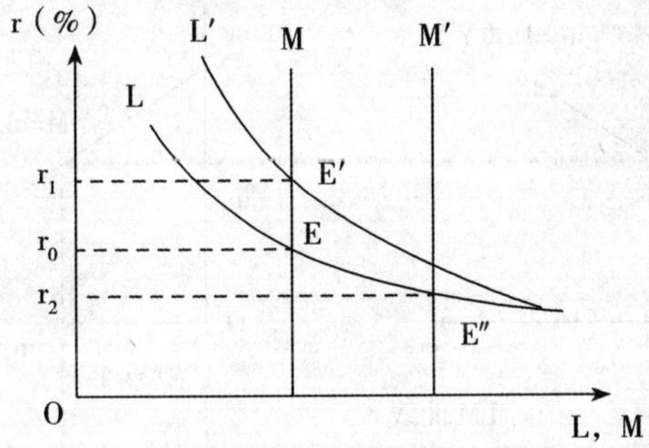

图4-8　货币需求和供给曲线的移动

第四节
LM曲线

一、LM曲线及其推导

（一）LM曲线的含义

LM曲线表示满足货币市场的均衡条件下的收入Y与利率r的关系。LM曲线上的任一点都代表一定的利率与收入组合，货币需求与供给都是相等的，即货币市场均衡。

（二）LM曲线的推导

$L=L_1(Y)+L_2(r)$　　货币的需求

$M=M_0/P$　　货币的供给

$L=M$　　货币市场均衡

$Y=\frac{h}{k}r+\frac{M}{k}, r=\frac{k}{h}Y-\frac{M}{h}$

上面是用分析的方法导出LM曲线，下面再用几何方法导出LM曲线，如图4-9

所示。

图4-9中有四个小图，其中纵向的两个图（图（1）和图（2），图（3）和图（4））纵坐标在同一条垂直线上，横坐标刻度相同，横向的两个图（图（1）和图（4），图（2）和图（3））纵坐标刻度相同，横坐标在同一条水平线上。

已知利率r，按照图（1）货币投机需求曲线$m_2=L_2$（r），决定了货币投机需求量m_2，再按照图（2）货币供给曲线$M=m_1+m_2$，货币供给量M既定，所以对刚刚决定的m_2，便可知道货币的交易需求量m_1。按照图（3）货币交易需求曲线$m_1=L_1$（y），对刚刚得到的货币的交易需求量m_1，便决定了收入Y，这个收入Y就是在货币市场均衡状态下由已知利率r所决定的，这个对应关系即利率r和收入Y（r，Y），将这个组合对应的点A（r，Y）描在图（4）中，所有这种对应点的轨迹便是LM曲线。

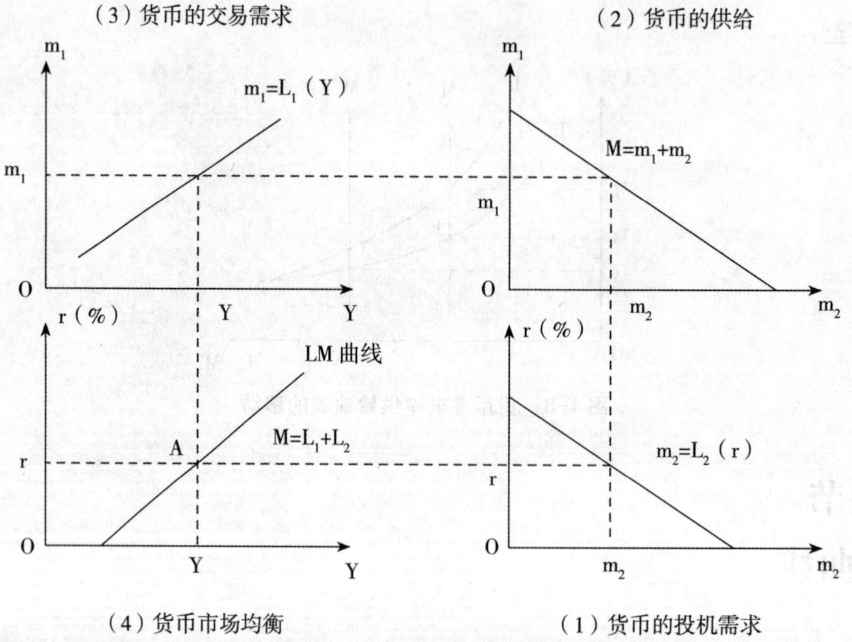

图4-9　LM曲线的几何推导

二、LM曲线的斜率

从表达式$r=\frac{k}{h}Y-\frac{M}{h}$可知，LM曲线的斜率$\frac{k}{h}$是正的。一方面，当h为定值时，k越大，即货币的交易需求对收入的变动敏感程度越大，LM曲线斜率越大，即越陡峭；k越小，即货币的交易需求对收入的变动敏感程度越小，LM曲线斜率越小，即越平坦。另一方面，当k为定值时，h越大，即货币的投机需求对利率的变动敏感程度越大，LM曲线斜率越小，即越平坦；h越小，即货币的投机需求对利率的变动敏感程度越小，LM曲线斜率越大，即越陡峭。

实际中，由于货币的交易需求比较稳定，故一般认为LM曲线的斜率主要取决于货币的投机需求。

三、LM曲线的三个区域

根据不同的利率水平下货币投机需求大小，可将LM曲线划分为三个区域，如图4-10所示。

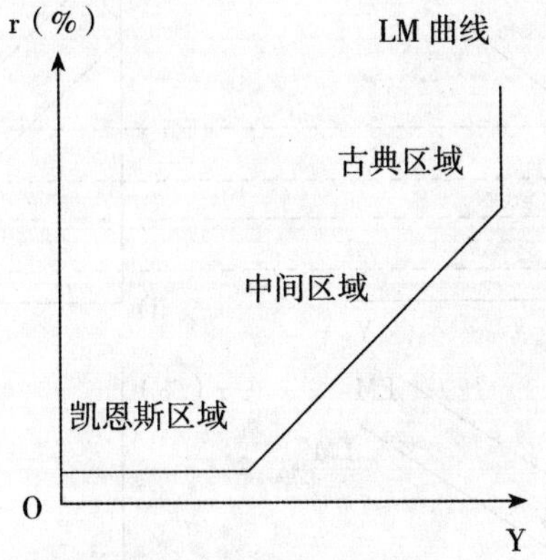

图4-10　LM曲线上的三个区域

凯恩斯区域，也称为萧条区域，LM曲线是水平的，因为当利率下降到很低的水平时出现流动性陷阱，投机性货币需求会变得“无限大”，由LM曲线推导的几何法或分析法，LM曲线的斜率为零。

古典区域，LM曲线是垂直的，因为利率上升到足够高度后，货币的投机需求变为零，由LM曲线推导的几何法或分析法，其斜率为“无限大”。此时财政政策无效，货币政策有效，符合以古典学派理论为基础的货币主义者的观点。

中间区域，即古典区域和凯恩斯区域之间的这段LM曲线，在中间区域，LM曲线斜率为正。

四、LM曲线的移动

LM曲线的直线表达式为：

$$Y=\frac{h}{k}r+\frac{M}{k},r=\frac{k}{h}Y-\frac{M}{h}$$

仅讨论LM曲线的平行移动，假设k和h不变，即斜率不变，仅实际货币供给量M（$M=M_0/P$）变动。M增加，导致LM曲线向右下方平行移动；M减少，导致LM曲线向左上方平行移动。

造成LM曲线平移的因素只能是：

第一，名义货币供给量M_0变动。在价格水平P不变的条件下，M_0↓，LM移向左上方，利率↑，收入↓；M_0↑，LM移向右下方，利率↓，收入↑，如图4-11所示。图4-11中M_0增加使货币供给曲线向右上方移动，由M移至M′，最后导致LM曲线向右下方移动，由LM移至LM′。

第二，价格水平P变动。价格水平P上升，实际货币供给量M就变小，LM曲线就向左上方平行移动，利率上升，收入减少；价格水平P下降，实际货币供给量M就变大，LM曲线就向右下方平行移动，利率下降，收入增加。

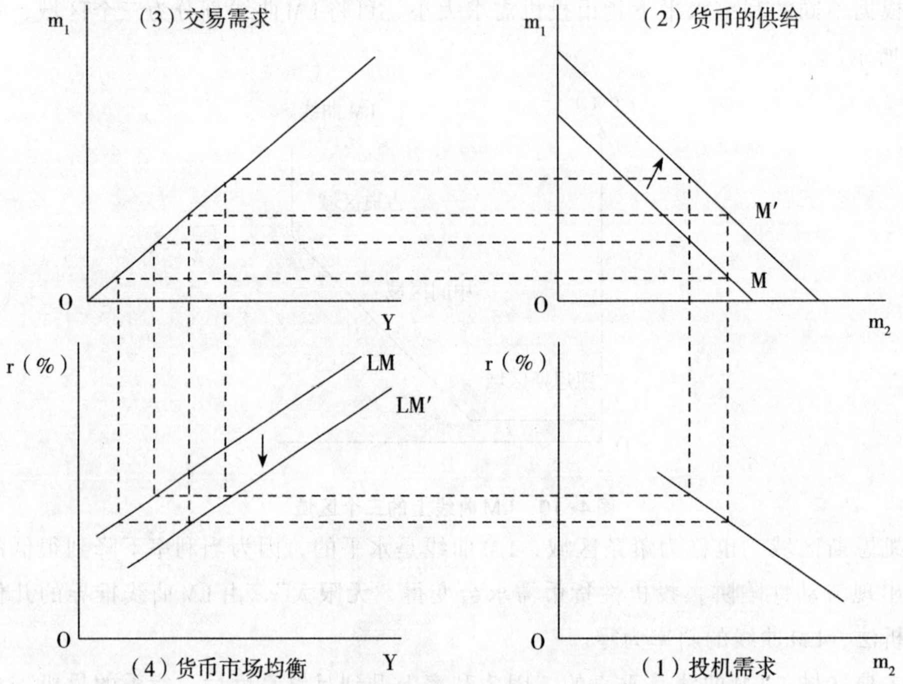

图4-11 货币供给量变动使LM曲线移动

第五节 IS-LM分析

凯恩斯在《通论》中提到：在产品市场上决定总收入，必先决定利率，从而必须先在货币市场上决定利率，而在货币市场上决定利率，必须先确定一个特定收入水平。由此陷入了循环推论：收入依赖于利率，而利率又依赖于收入，即利率通过投资影响收入，收入通过货币需求影响利率。后继者为解决该问题，把产品市场和货币市场结合起来，建立了产品市场和货币市场的一般均衡模型，即IS-LM模型。英国经济学家约翰·希克斯于1937年在《凯恩斯先生和“古典学派”》中明确提出了该模型。美国的阿尔文·汉森也有类似看法。IS-LM模型在新古典综合派以及现代主流经济学中都是重要的模型，是宏观经济政策的理论基础。

一、两个市场同时均衡的利率和收入

（一）产品市场和货币市场的一般均衡

1.含义

IS曲线与LM曲线结合，只有一个利率r_0和收入Y_0的组合，使得产品市场和货币市场同时达到均衡，称为产品市场和货币市场的一般均衡。

2.均衡利率和均衡收入

产品市场和货币市场一般均衡模型，即IS-LM模型为：

产品市场均衡条件：I（r）=S（Y） IS曲线

货币市场均衡条件：M=L（Y，r） LM曲线

L（Y，r）$=L_1$（Y）$+L_2$（r）

由此得到的利率r_0和收入Y_0便是产品市场和货币市场一般均衡时的均衡利率和均衡收入。

【例4-2】已知：I=1250−250r，S=−500+0.5Y，L$=L_1$（Y）$+L_2$（r）=0.5Y+1 000−250r，M=1250（单位：亿美元）。求：IS曲线和LM曲线以及均衡利率r_0和均衡收入Y_0。

解：IS-LM模型为：

I（r）=S（Y） IS曲线

M=L（Y，r） LM曲线

L（Y，r）$=L_1$（Y）$+L_2$（r）

1 250−250r=−500+0.5Y

1 250=0.5Y+1 000−250r

得：

IS曲线为：Y=3 500−500r

LM曲线为：Y=500+500r

解得：$r_0=3$，$Y_0=2\ 000$，均衡利率为3%，均衡收入为2 000亿美元。

还可以得到一般均衡时，投资量$I_0=500$亿美元，储蓄量$S_0=500$亿美元，消费量$C_0=1\ 500$亿美元，货币的需求量$L_0=1\ 250$亿美元。

（二）产品市场和货币市场的非均衡

上面给出的IS-LM模型是分析形式，将IS曲线与LM曲线放在同一个坐标系中进行讨论，是IS-LM模型的几何形式。由于IS曲线向右下方倾斜，而LM曲线向右上方倾斜，所以它们有唯一的一个交点，这个交点被称为产品市场和货币市场的一般均衡点，均衡点所对应的利率和收入就是均衡利率和均衡收入。如图4-12所示，r_0为均衡利率，Y_0为均衡收入。IS曲线和LM曲线将第一象限划分为四个区域，表4-2为四个区域产品市场和货币市场的失衡情况。

二、均衡收入和利率的变动

（一）IS曲线移动引起的均衡利率和均衡收入的变动

造成IS曲线移动的主要原因有政府支出的变化、消费的变化和投资的变化。当政府支出增加或税收减少时，将造成IS曲线向右上方移动；反之，造成IS曲线向左下方移动。当消费增加（相应的储蓄减少）时，将造成IS曲线向右上方移动；反之，造成IS曲线向左下方移动。当投资增加时，将造成IS曲线向右上方移动；反之，

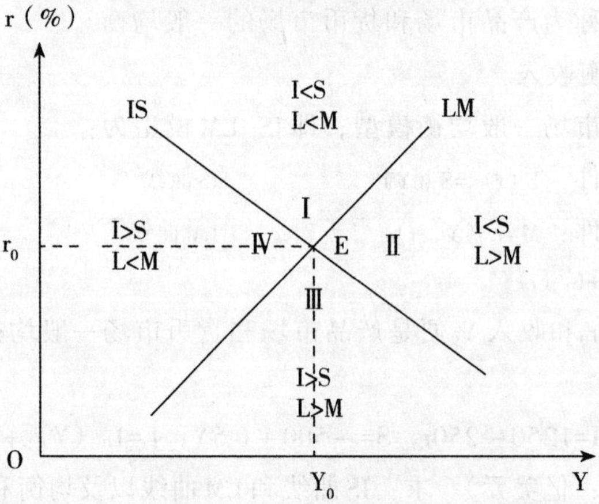

图4-12　产品市场和货币市场的一般均衡

表4-2　**产品市场和货币市场的失衡情况**

区域	产品市场	货币市场
Ⅰ	I<S，有超额产品供给	L<M，有超额货币供给
Ⅱ	I<S，有超额产品供给	L>M，有超额货币需求
Ⅲ	I>S，有超额产品需求	L>M，有超额货币需求
Ⅳ	I>S，有超额产品需求	L<M，有超额货币供给

造成IS曲线向左下方移动。

假设LM曲线不变，如果IS曲线向右上方移动，相应的均衡利率和均衡收入都将增加。这是因为IS曲线向右上方移动是由于投资、消费或政府支出增加了，即总支出增加了，从而使收入增加了，对货币的交易需求便增加，而货币供给不变（因为假设LM曲线不变），这就迫使人们出售有价证券来获取交易增加所需的货币，于是有价证券价格下降，利率上升；反之，如果IS曲线向左下方移动，则相应的均衡利率和均衡收入都将减少，如图4-13所示。

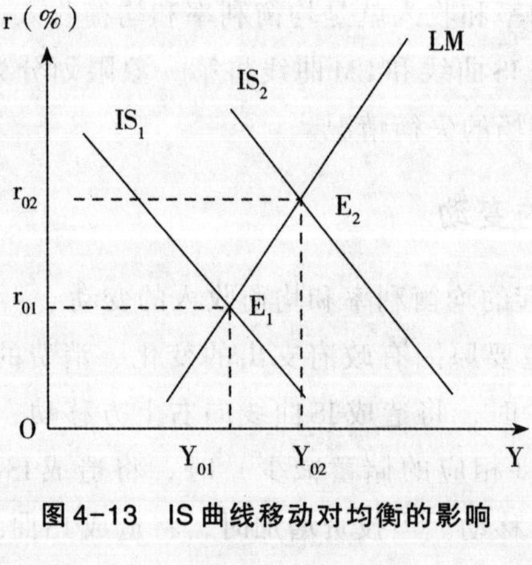

图4-13　IS曲线移动对均衡的影响

（二）LM曲线移动引起的均衡利率和均衡收入的变动

造成LM曲线移动的主要原因是货币供给的变化。实际货币的供给M增加，将造成LM曲线向右下方移动；反之，实际货币的供给M减少，将造成LM曲线向左上方移动。

假设IS曲线不变，如果LM曲线向右下方移动，是由于货币供给增加，货币市场出现了供过于求，这必然导致利率下降，利率下降将刺激消费和投资，从而使收入增加；反之，如果LM曲线向左上方移动，则相应的均衡利率将上升，而均衡收入将减少，如图4-14所示。

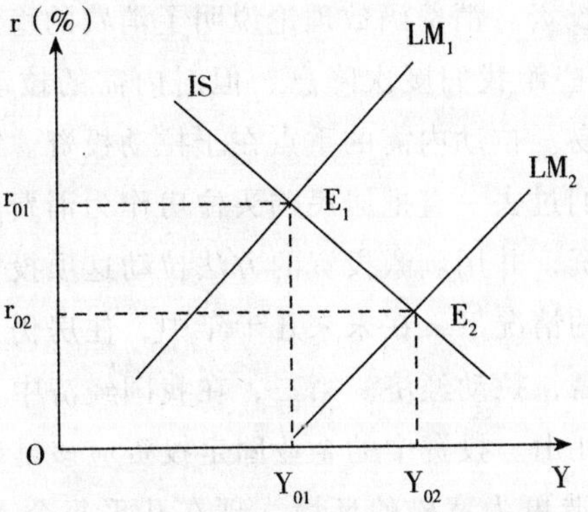

图4-14 LM曲线移动对均衡的影响

（三）IS曲线和LM曲线同时移动引起的均衡利率和均衡收入的变动

如果IS曲线和LM曲线同时移动，则均衡利率和均衡收入的变动情况要具体分析。

从图4-15可知，IS曲线向右上方移动，LM曲线向右下方移动，均衡收入增加，而（a）图中均衡利率上升，（b）图中均衡利率下降，（a）图中IS曲线向右上方移动得更为剧烈，（b）图中LM曲线向右下方移动得更为剧烈。在IS曲线与LM曲线的交点上，同时实现了产品市场和货币市场的均衡，然而这一均衡不一定是充分就业时的均衡，需要依靠国家用财政政策（支出和税收）或货币当局（中央银行）用货币政策进行调节，以实现充分就业均衡。

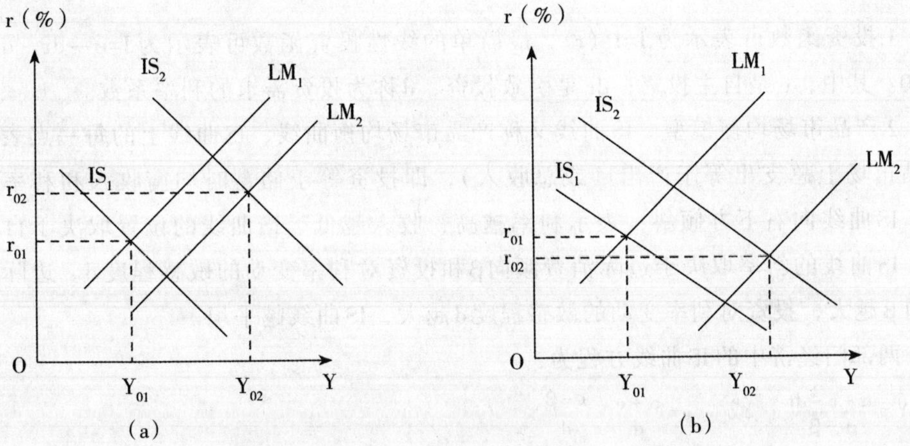

图4-15 IS曲线和LM曲线同时移动对均衡的影响

◆ 案例分析

刺激经济：消费还是投资

短期总需求分析尽管有其不现实的假设条件（总供给不变等），但对我们认识宏观经济问题、实现经济稳定仍然是有意义的。应该承认，总需求在短期中对宏观经济状况的确有重要的影响。我国政府近年来一直重视增加内需已说明需求成为经济稳定的一个重要因素。但如何增加内需呢？我们知道，就内需而言，如果不考虑政府支出，重要的在于消费和投资。消费函数理论说明了消费的稳定性，这就告诉我们，要刺激消费是困难的。前些年我们屡次降息，但对内需的拉动有限，居民储蓄一直增加，这说明拉动消费不易。拉动内需的重点在于拉动投资。第一，我们要区分投资与消费的差别。例如，我们过去一直把居民购买住房作为消费就是一个误区。应该把居民购买住房作为一种投资，并用刺激投资的方法拉动这项投资。应该说，在我国人口多而居住条件仍然较差的情况下，在未来几十年中，住房仍是投资的热点，只要政策得当，住房可以增加内需，拉动经济。第二，在我国经济中，私人经济已有了长足的发展，成为经济的半壁江山。投资中的企业固定投资应该是以私人企业投资为主。这就要为私人企业投资创造更为宽松的环境。现在几乎每个人都认识到了内需的重要性。学习宏观经济学可以为我们寻找增加内需的方法提供一个思路。

分析：构成总需求的有消费、投资、政府支出和净出口，其中消费占的比重最大，但消费是非常稳定的，每一年的消费水平变化非常小；投资仅次于消费，但投资不稳定，经济繁荣时投资增加，萧条时投资减少；政府行为是可以控制的，在经济繁荣时采取紧缩性的财政政策，在经济萧条时采取扩张性的财政政策。一个国家一般追求的是国际收支平衡即出口等于进口。因此，拉动内需的重点应放在投资上，但是国家应运用好调控政策预防投资过热和重复建设以及结构失衡。

◆ 本章小结

1.投资函数可表示为I=I（r）。最简单的线性投资函数可表示为$I=e-dr$，$d>0$，$e>0$。其中，e是自主投资；dr是引致投资，d称为投资需求的利率系数。

2.产品市场均衡模型。IS曲线又称产品市场均衡曲线，IS曲线上的每一点表示在产品市场上总支出等于产出（或总收入），即投资等于储蓄时均衡收入和利率的组合。IS曲线向右下方倾斜，表示利率越高，收入越低。IS曲线的位置取决于自发支出。IS曲线的斜率取决于边际消费倾向β和投资对利率变动的敏感程度d。边际消费倾向β越大，投资对利率变动的敏感程度d越大，IS曲线越平坦。

两部门经济中的IS曲线方程为：

$$Y=\frac{\alpha+e-dr}{1-\beta} \quad 或 \quad r=\frac{\alpha+e}{d}-\frac{1-\beta}{d}Y$$

三部门经济中的IS曲线方程为：

$$Y=\frac{\alpha+e+G-\beta T}{1-\beta}-\frac{d}{1-\beta}r$$

3.货币需求动机包括：交易动机、谨慎动机、投机动机。

交易动机和谨慎动机产生的对货币的需求，统称为货币的交易需求，可表示为：

$L_1=L_1(Y)$

最简单的线性关系为：

$L_1=kY$，$k>0$

其中，k为货币需求的收入系数。

货币的投机需求可表示为：

$L_2=L_2(r)$

最简单的线性关系为：

$L_2=-hr$，$h>0$

其中，h为货币需求的利率系数。

当利率极低时，人们愿意持有货币，出现凯恩斯陷阱或流动性陷阱。

货币需求函数为：

$L=L_1(Y)+L_2(r)$

最简单的线性关系为：

$L=kY-hr$，$k>0$，$h>0$

4.货币的供给。狭义的货币供给是指硬币、纸币和银行活期存款的总和。广义的货币供给是指在狭义的货币供给上加入定期存款。

5.货币市场的均衡模型。LM曲线又称为货币市场均衡曲线，LM曲线上的任一点都表示货币市场均衡时收入和利率的组合。LM曲线的斜率取决于货币需求对收入变动的敏感程度k和货币需求对利率变动的敏感程度h。当k为定值时，h越大，LM曲线越平坦。每一条LM曲线都对应于一条实际货币供给曲线，实际货币供给的变动会使LM曲线移动。

LM曲线的推导：

$L=L_1(Y)+L_2(r)$	货币的需求
$M=M_0/P$	货币的供给
$L=M$	货币市场均衡

$$Y=\frac{h}{k}r+\frac{M}{k},r=\frac{k}{h}Y-\frac{M}{h}$$

6.产品市场和货币市场的一般均衡模型，即IS-LM模型。IS-LM模型表示产品市场和货币市场的同时均衡。通过曲线相交、方程联立可以得到均衡收入和均衡利率。

产品市场均衡条件：$I(r)=S(Y)$　　IS曲线

货币市场均衡条件：$M=L(Y, r)$　　LM曲线

$L(Y, r)=L_1(Y)+L_2(r)$

由此得到的利率r_0和收入Y_0便是产品市场和货币市场一般均衡时的均衡利率和均

衡收入。当LM曲线不变时，政府实施增加政府购买或减税的政策，会使IS曲线向右上方移动，使均衡利率上升，均衡收入增加。由于利率上升，一部分私人投资会被挤出。当IS曲线不变时，中央银行增加货币供给量，会使LM曲线向右下方移动，使均衡利率下降，均衡收入增加。

◆ 课后习题

一、名词解释

投资函数　自主投资　IS曲线　货币的交易需求　货币的投机需求　货币需求　流动性陷阱　货币需求的收入系数　货币需求的利率系数　货币供给　狭义的货币供给　LM曲线　IS-LM模型

二、选择题

1.IS曲线表示满足（　　）关系。

A.收入-支出均衡　　B.总供给和总需求均衡

C.储蓄和投资均衡　　D.以上都对

2.自主投资支出增加10亿美元，会使IS曲线（　　）。

A.右移10亿美元　　B.左移10亿美元

C.右移支出乘数乘以10亿美元　　D.左移支出乘数乘以10亿美元

3.假定货币需求为$L=kY-hr$，货币供给增加10亿美元而其他条件不变，则会使LM曲线（　　）。

A.右移10亿美元　　B.右移k乘以10亿美元

C.右移10亿美元除以k（即$10\div k$）　　D.右移k除以10亿美元（即$k\div 10$）

4.当利率降到很低时，人们购买债券的风险将会（　　）。

A.变得很小　　B.变得很大

C.可能很大，也可能很小　　D.不发生变化

5.人们在（　　）情况下倾向于减少手持货币。

A.债券价格趋于下降　　B.债券价格趋于上升

C.债券收益率不变　　D.债券价格不变

6.利率和收入的组合点出现在IS曲线右上方、LM曲线左上方的区域中，则表示（　　）。

A.投资小于储蓄且货币需求小于货币供给

B.投资小于储蓄且货币需求大于货币供给

C.投资大于储蓄且货币需求小于货币供给

D.投资大于储蓄且货币需求大于货币供给

7.在IS曲线上存在储蓄和投资均衡的收入和利率的组合点有（　　）。

A.一个　　B.无数个

C.一个或无数个　　D.一个或无数个都不可能

8.货币供给增加使LM曲线右移，若要均衡收入变动接近于LM曲线的移动量，则必须是（　　）

A.LM曲线陡峭，IS曲线也陡峭　　B.LM曲线和IS曲线一样平坦

C.LM曲线陡峭，而IS曲线平坦　　D.LM曲线平坦，而IS曲线陡峭

三、简答题

1.什么是货币需求？人们需要货币的动机有哪些？

2.分析研究IS曲线和LM曲线的斜率及其决定因素有什么意义？

3.作图推导IS曲线。

4.作图推导LM曲线。

5.什么是LM曲线的三个区域，其经济含义是什么？

三、计算题

1.假定：

（a）消费函数为C＝50＋0.8Y，投资函数为I＝100-5r；

（b）消费函数为C＝50＋0.8Y，投资函数为I＝100-10r；

（c）消费函数为C＝50＋0.75Y，投资函数为I＝100-10r。

（1）求（a）、（b）、（c）的IS曲线。

（2）比较（a）和（b），说明投资对利率变动更敏感时，IS曲线的斜率发生什么变化。

（3）比较（b）和（c），说明边际消费倾向变动时，IS曲线的斜率发生什么变化。

2.假设一个只有家庭和企业的两部门经济中，消费C＝100＋0.8Y，投资I＝150－6r，实际货币供给M＝150，货币需求L＝0.2Y－4r（单位：亿美元）。

（1）求IS和LM曲线。

（2）求产品市场和货币市场同时均衡时的利率和收入。

3.假定收入恒等式为Y=C+I+G+NX，消费函数为C=100+0.9（1-t）Y，投资函数为I=200-500r，净出口函数为NX=100-0.12Y-500r，货币需求为L=0.8Y+200-2 000r，政府支出G=200，税率t=0.2，名义货币供给M_0=1 000，价格水平不变为P=1，试求：

（1）IS曲线。

（2）LM曲线。

（3）产品市场和货币市场同时均衡时的均衡利率和均衡收入。

（4）两个市场同时均衡时的消费、投资和净出口。

第五章

财政政策和货币政策

【学习目的】

通过本章的学习，要求了解宏观经济政策目标；了解财政政策的概念、政府预算的构成；掌握财政政策实施的效果；了解货币政策的概念、商业银行创造信用货币的功能；掌握货币政策的实施效果；了解财政政策、货币政策的局限性。

【开篇导读】

2009年财政预算编制和财政工作的指导思想是：实施积极的财政政策，扩大政府公共投资，实行结构性减税，调整国民收入分配格局，优化财政支出结构，切实保障和改善民生，推进财税制度改革，支持科技创新和节能减排，促进经济增长、结构调整和区域协调发展；加强财政科学管理，提高财政资金绩效，积极发挥财政职能作用，推动经济社会又好又快发展。实施积极的财政政策，主要体现在以下五个方面：一是扩大政府公共投资，着力加强重点建设。这是进一步扩大内需、保持经济平稳较快发展的重要措施。二是推进税费改革，实行结构性减税。结合改革和优化税制，实行结构性减税，减轻企业和居民税收负担，扩大企业投资，增强居民消费能力。三是提高低收入群体收入，大力促进消费需求。调整国民收入分配格局，提高居民收入在国民收入分配中的比重和劳动报酬在初次分配中的比重，增强居民消费能力，扩大消费对经济增长的拉动效应。充分发挥财税政策作用，增加财政补助规模，重点增加中低收入者收入。四是进一步优化财政支出结构，保障和改善民生。五是大力支持科技创新和节能减排，推动经济结构调整和发展方式转变。

知识点提示：财政政策

宏观经济学的任务是要说明国家为什么干预经济以及应该如何干预经济，即为国家干预经济提供理论依据与政策指导。经济政策问题在宏观经济学中占有重要的地位。本章首先介绍宏观经济的政策目标，然后在IS-LM理论的基础上重点阐述两大宏观经济政策，即财政政策、货币政策及其相应的政策效应。

第一节
宏观经济政策目标

当市场经济在短期内自发调节无法恢复均衡时，或者经济均衡时没有达到充分就业水平时，需要政府发挥积极的作用，帮助社会充分就业。由于政府的作用在短期内主要是对总需求产生影响，所以，政府可以通过对总需求加以管理和调节，使经济大致保持稳定状态。这就是凯恩斯所倡导的需求管理经济思想。在需求管理经济思想指导下，政府为增进社会经济福利而制定的解决经济问题的指导原则和具体措施即为宏观经济政策。这些政策的制定和实施是为了实现充分就业、物价稳定、经济增长和国际收支平衡四大经济目标。

一、经济增长

经济增长是指在一个特定时期内经济社会所生产的人均产量和人均收入的持续增长。它包括：一是维持高经济增长率；二是培育经济持续增长的能力。一般认为，经济增长与就业目标是一致的。经济增长通常用一定时期内实际国民生产总值年均增长率来衡量。经济增长会增加社会福利，但并不是增长率越高越好。这是因为经济增长一方面会受到各种资源条件的限制，不可能无限地增长，尤其是对于经济已相当发达的国家来说更是如此；另一方面，经济增长也要付出代价，如造成环境污染，引起各种社会问题等。因此，经济增长就是实现与本国具体情况相符的适度增长率。

二、充分就业

充分就业是指包含劳动在内的一切生产要素都以愿意接受的价格参与生产活动的状态。充分就业包含两种含义：一是指除了摩擦失业和自愿失业之外，所有愿意接受各种现行工资的人都能找到工作的一种经济状态，即消除了非自愿失业就是充分就业。二是指包括劳动在内的各种生产要素，都按其愿意接受的价格，全部用于生产的一种经济状态，即所有资源都得到充分利用。失业意味着稀缺资源的浪费或闲置，从而使经济总产出下降，社会总福利受损。因此，失业的成本是巨大的，降低失业率、实现充分就业就常常成为西方宏观经济政策的首要目标。

三、物价稳定

物价稳定是指物价总水平的稳定。一般用价格指数来衡量一般价格水平的变化。

物价稳定不是指每种商品价格的固定不变，也不是指价格总水平的固定不变，而是指价格指数的相对稳定。价格指数又分为消费物价指数（CPI）、批发物价指数（PPI）和国民生产总值折算指数（GNP deflator）三种。物价稳定并不是通货膨胀率为零，而是允许保持一个低而稳定的通货膨胀率。所谓低，就是通货膨胀率在1%～3%之间；所谓稳定，就是指在相当时期内能使通货膨胀率维持在大致相等的水平上。这种通货膨胀率能为社会所接受，对经济也不会产生不利的影响。

四、国际收支平衡

国际收支平衡具体分为静态平衡与动态平衡、自主平衡与被动平衡。静态平衡是指一国在一年的年末，国际收支不存在顺差，也不存在逆差；动态平衡则不强调一年的国际收支平衡，而是以经济实际运行可能实现的计划期为平衡周期，保持计划期内的国际收支均衡。自主平衡是指由自主性交易即基于商业动机，为追求利润或其他利益而独立发生的交易实现的收支平衡；被动平衡是指通过补偿性交易即一国货币当局为弥补自主性交易的不平衡而采取调节性交易而达到的收支平衡。

国际收支平衡的目标要求做到汇率稳定，外汇储备有所增加，进出口平衡。国际收支平衡不是消极地使一国在国际收支账户上经常收支和资本收支相抵，也不是消极地防止汇率变动、外汇储备变动，而是使一国外汇储备有所增加。适度增加外汇储备被看作改善国际收支的基本标志。同时，一国国际收支状况不仅反映了这个国家的对外经济交往情况，还反映出该国经济的稳定程度。

以上四大目标相互之间既存在互补关系，也有交替关系。互补关系是指一个目标的实现对另一个目标的实现有促进作用。如为了实现充分就业，就要维持必要的经济增长。交替关系是指一个目标的实现对另一个目标的实现有排斥作用。如物价稳定与充分就业之间就存在两难选择。为了实现充分就业，就必须刺激总需求，扩大就业量，这一般要实施扩张性的财政和货币政策，由此就会引起物价水平的上升。而为了抑制通货膨胀，就必须紧缩财政和货币，由此又会引起失业率的上升。又如经济增长与物价稳定之间也存在相互排斥的关系。因为在经济增长过程中，通货膨胀是难以避免的。再如国内均衡与国际均衡之间存在着交替关系。这里的国内均衡是指充分就业和物价稳定，而国际均衡是指国际收支平衡。为了实现国内均衡，就可能降低本国产品在国际市场上的竞争力，从而不利于国际收支平衡。为了实现国际收支平衡，又可能不利于实现充分就业和稳定物价的目标。

由此，在制定经济政策时，必须对经济政策目标进行价值判断，权衡轻重缓急和利弊得失，确定目标的实现顺序和目标指数高低，同时使各个目标能有最佳的匹配组合，使所选择和确定的目标体系成为一个和谐的有机整体。

第二节
财政政策

财政政策是指为促进就业水平提高，减轻经济波动，防止通货膨胀，实现稳定增长而对政府财政支出、税收和借债水平所进行的选择，或对政府财政收入和支出水平所作的决策。或者说，财政政策是指政府变动税收和支出以便影响总需求进而影响就业和国民收入的政策。变动税收是指改变税率和税率结构。变动政府支出指改变政府对商品与劳务的购买支出以及转移支付。它是国家干预经济的主要政策之一。

一、财政政策工具

财政政策工具主要由政府支出和政府收入两部分构成，其中政府支出包括政府购买和政府转移支付，而政府收入则包括税收和公债两部分。

（一）政府支出

政府支出是指整个国家中各级政府支出的总和，由具体的支出项目构成，主要可以分为政府购买支出和政府转移支付两类。政府购买支出是指政府对商品和劳务的购买，如军需品、机关办公用品的购买，以及政府雇员报酬、公共项目工程所需的支出等都属于政府购买。政府购买支出是决定国民收入大小的主要因素之一，其规模直接关系到社会总需求的增减。购买支出对整个社会总支出水平具有十分重要的调节作用。政府转移支付是指政府在社会福利保险、贫困救济和补助等方面的支出。转移支付不能算作国民收入的组成部分，它所做的仅仅是通过政府将收入在不同社会成员之间进行转移和重新分配。

（二）政府收入

政府收入是国家为了实现其职能而通过一定的形式和渠道组织起来的一定量的资金。政府收入按其来源主要包括税收收入和公债收入。税收是政府收入中最主要的部分，它是国家为了实现其职能按照法律预先规定的标准，强制地、无偿地取得财政收入的一种手段。与政府购买支出、转移支付一样，税收同样具有乘数效应，即税收的变动对国民收入的变动具有倍增作用。当政府税收不足以弥补政府支出时，就会发行公债，使公债成为政府财政收入的又一组成部分。公债是政府对公众的债务，或公众对政府的债权。它不同于税收，是政府运用信用形式筹集财政资金的特殊形式，包括中央政府的债务和地方政府的债务。

二、预算赤字与政府债务

政府预算是一国政府在一定时期内的财政收支安排，它是国家财政实现计划管理的工具。政府预算由政府支出和政府收入两部分构成，政府的预算赤字等于政府支出减去政府收入。如果政府出现预算赤字，可以通过发行公债的方式来弥补。

（一）政府债务

政府的预算盈余或预算赤字是指在某一特定时期内政府所得到的税收收入与政府支出之间的差额。政府的总支出是政府购买、转移支付与利息支付的总和。若政府总支出大于税收收入，政府就会有预算赤字。若预算盈余（赤字）为零，政府预算就是平衡的，即税收等于政府总支出，平衡的政府预算是指既无预算盈余又无预算赤字时的政府预算。

政府债务，又叫公债，是指政府为了融通预算赤字所进行的借款总量，即政府欠本国居民、企业或外国的债务总量。当政府出现预算赤字时，它就必须向公众借款以偿付其债务。政府借款的方式主要是发行各种债券。当政府出现赤字时，政府债务就会增加；当政府出现预算盈余时，政府债务就会减少。可见，政府债务是一种政府负债的存量，而预算赤字是一定时期内新出现的负债的流量。

政府债务包括内债和外债。内债是政府向本国居民、企业和各种金融机构发行的债务。外债是向外国举借的债务，包括向外国借款和发行外币债务。在西方国家，公债不仅是政府弥补财政赤字的手段，而且是配合货币政策通过影响货币供给以调节宏观经济活动的重要工具。内债完全不同于外债。外债无论从个人和国家角度来看都是一种真正的负担，因为外债的本金和利息必须使用本国人民生产的商品和劳务来偿还；而内债从个人和企业的角度来看，是入不敷出时的举债，但从整个国家角度来看，债权债务可以互相抵销，因为内债是政府欠人民的债，而内债的还本付息来自于课税，所以是人民“自己欠自己的钱”。但是政府举借内债会对收入分配和资源配置产生某种影响。

（二）赤字对宏观经济的影响

预算赤字或盈余的大小取决于两个因素：一是财政政策。因为税收的大小取决于国民生产总值和税率，税率的大小由财政政策决定。另外，政府购买支出和转移支付也属于财政政策的内容，也是由财政政策决定的。二是国民生产总值。当税率一定时，税收的大小就由国民生产总值决定。

传统的财政理论认为，最好的财政就是平衡财政。平衡财政政策就是先确定政府的各项支出，再用税收来为政府支出筹资，以实现财政收支平衡。后来，随着认识的深入，学者们陆续地形成了周期平衡预算、功能财政思想和充分就业财政盈余等思想。在这些思想指导下，许多国家为了实现宏观经济目标实行了大量的赤字政策。

赤字对宏观经济的影响在短期和长期有所不同。在短期内，政府债务存量是既定的，预算赤字对经济的短期影响被称为“挤出”效应。当然，这视社会是否达到充分就业状态而有所不同。

当社会尚未达到充分就业时，经济中存在着发展生产的潜在生产能力，投资并不取决于现有储蓄。政府举债支出时，扩大了社会的有效需求，并通过乘数作用多倍扩大收入，从而引致储蓄的增加。这时，消费与投资不是相互替代的关系而是互相促进的关系。也就是说，当经济中存在发展生产的潜在能力时，国家举债支出不仅不会增加人民的负担，还会通过经济增长，在提高人民生活水平的同时，增加一国财富的积累。例如，我国1997年以来，受东南亚经济危机影响，需求不足，政府实施了积极的财政政策，到2002年累计发行建设国债6 600亿元，虽然中央财政因此增加了赤字，但积极的财政政策保证了我国国民经济的稳定增长，尤其是建设国债带动了各方面的投资3.28亿元，为拉动经济长远发展打下了坚实的基础。

当社会已达到充分就业状态时，收入减去消费支出的余额即储蓄是既定的，根据S=I+（G–T），政府因支出大于税收收入而举债时，一定表现为私人投资等量的缩减，这就是所谓的“挤出”效应，即政府开支G挤占了私人投资I。

西方传统经济学反对财政赤字及公债的深层原因有：政府开支总是非生产性的，政府举债支出意味着政府的消费支出耗用了生产资金，从而减少了资本积累和资本形成。此外，持有公债收取利息的人属于食利阶级，他们手中的资本是由劳动人民创造的财富提供的，所以国家举债支出，通过税收的国民收入再分配效应，用劳动人民的血汗和贫困喂肥了食利阶级。

在长期内（经济处于充分就业状态），预算赤字会影响当前的资本形成和子孙后代的消费。学界把这一问题称为“政府债务负担”。如果政府借大量的外债，会导致债务国公民可支配的资源减少。20世纪80年代，许多大量举借外债的国家都陷入了严重的经济危机，不得不增加出口，减少进口，通过贸易顺差来偿还外债。例如，巴西、墨西哥等国家不得不拿出其出口收入的$\frac{1}{4}\sim\frac{1}{3}$来支付外债本息。这种沉重的外债利息负担，降低了本国的消费水平，减缓了经济发展。

三、财政政策的实施

财政通过参与国民收入分配和再分配，与社会供需总量和结构发生密切的联系，这就使国家能够运用财政政策对其实行有效的调节。根据财政政策具有调节经济周期的作用来划分，可以分为自动稳定的财政政策和相机抉择的财政政策。

（一）内在稳定器

所谓内在稳定器，是指这样一种宏观经济的内在调节机制：它能在宏观经济的不稳定情况下自动发挥作用，使宏观经济趋向稳定。财政政策的这种内在稳定器效应无须借助外力就可直接产生调控效果，财政政策工具的这种内在的、自动产生的稳定效果，可以随着社会经济的发展自行发挥调节作用，不需要政府专门采取干预行动。财政政策的内在稳定器效应主要表现在两个方面：累进的所得税制和公共支出尤其是社会福利支出的作用。

1.政府税收

当整个经济处于衰退状态时，国民收入水平下降，人们的收入减少，这时即使税率不变，政府的税收收入也会自动减少。在实行累进所得税制的情况下，特别是公司所得税和累进的个人所得税，对经济活动水平变化的反应相当敏感。如果当初政府预算收支平衡，税率没有变动，而经济活动出现不景气，国民生产就会减少，致使税收收入自动降低；如果政府预算支出保持不变，则由税收收入的减少导致预算赤字发生，从而“自动”产生刺激需求的力量，以抑制国民生产的继续下降。

2.政府转移支付

政府转移支付包括失业救济和其他社会福利支出。在健全的社会福利、社会保障制度下，各种社会福利支出，一般会随着经济的繁荣而自动减少，这有助于抑制需求的过度膨胀，也会随着经济的萧条而自动增加，这有助于阻止需求的萎缩，从而促使经济趋于稳定。如果国民经济出现衰退，就会有很多人具备申请失业救济金的资格，政府必须对失业者支付津贴或救济金，以使他们能够维持必要的开支，从而使国民经济中的总需求不致下降过多；同样，如果经济繁荣来临，失业者可重新获得工作机会，在总需求接近充分就业水平时，政府就可以停止这种救济性的支出，使总需求不致过旺。

3.农产品价格支持制度

当经济不景气时，国民收入水平下降，一般物价降低，农产品的价格随之降低。这时政府根据农产品的价格支持制度，按照农产品的保护价格收购，使农民收入和消费维持在一定的水平，从而抑制经济的衰退。当经济过热时，国民收入水平、农产品价格随着一般物价水平的上升而上升，这时可以减少收购甚至抛售农产品，抑制经济繁荣。由此可见，农产品价格支持制度与政府税收和政府转移支付一样，都是宏观经济的稳定因素，都是财政制度的内在稳定器。

（二）相机抉择的财政制度

相机抉择的财政政策是指政府根据一定时期的经济社会状况，主动、灵活地选择不同类型的反经济周期的财政政策工具，干预经济运行，实现财政政策目标。在20世纪30年代的世界经济危机中，美国实施的罗斯福–霍普金斯计划（1929—1933年）、日本实施的时局匡救政策（1932年）等，都是相机抉择财政政策选择的范例。相机抉择财政政策具体包括汲水政策和补偿政策。汲水政策是指经济萧条时期进行公共投资，以增加社会有效需求，使经济恢复活力的政策。汲水政策有三个特点：第一，它以市场经济所具有的自发机制为前提，是一种诱导经济恢复的政策；第二，它以扩大公共投资规模为手段，启动和活跃社会投资；第三，财政投资规模具有有限性，即只要社会投资恢复活力，经济实现自主增长，政府就不再投资或缩小投资规模。补偿政策是指政府有意识地从当时经济状况反方向上调节经济变动的财政政策，以达到稳定经济波动的目的。在经济萧条时期，为缓解通货紧缩影响，政府通过增加支出、减少收入政策来增加投资和消费需求，增加社会有效需求，刺激经济增长；反之，在经济繁荣时期，为抑制通货膨胀，政府通过增加收入、减少支出等政策来抑制和减少社会过剩需求，稳定经济波动。

根据财政政策在调节国民经济总量方面功能的不同，可以分为扩张性财政政策、紧缩性财政政策和中性财政政策。

（1）扩张性财政政策（又称积极的财政政策）是指通过财政分配活动来增加和刺激社会的总需求，主要措施有增加国债、降低税率、增加政府购买和转移支付。

（2）紧缩性财政政策（又称适度从紧的财政政策）是指通过财政分配活动来减少和抑制总需求，主要措施有减少国债、提高税率、减少政府购买和转移支付。

四、财政政策效果

（一）财政政策效果的IS-LM图形分析

从IS-LM模型看，财政政策效果的大小是指政府收支变化使IS变动对国民收入变动产生的影响。显然，从IS-LM图形看，这种影响的大小，随IS曲线和LM曲线的斜率不同而有所不同。

在LM曲线不变时，IS曲线的斜率的绝对值越大，即IS曲线越陡峭，则移动IS曲线时收入变化越大，即财政政策效果越大；反之，IS曲线越平坦，则IS曲线移动时收入变化越小，即财政政策效果越小，如图5-1（a）和（b）所示。

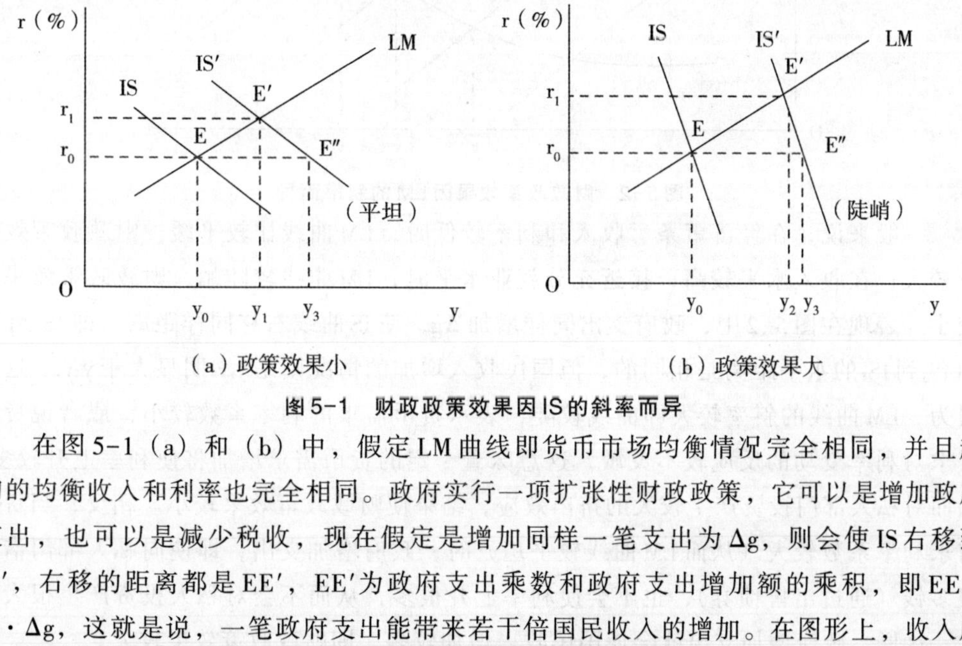

图5-1　财政政策效果因IS的斜率而异

在图5-1（a）和（b）中，假定LM曲线即货币市场均衡情况完全相同，并且起初的均衡收入和利率也完全相同。政府实行一项扩张性财政政策，它可以是增加政府支出，也可以是减少税收，现在假定是增加同样一笔支出为Δg，则会使IS右移到IS′，右移的距离都是EE′，EE′为政府支出乘数和政府支出增加额的乘积，即$EE' = k_g \cdot \Delta g$，这就是说，一笔政府支出能带来若干倍国民收入的增加。在图形上，收入应从y_0增到y_3，$y_0y_3 = \Delta y = k_g \times \Delta g$，但实际上收入不可能增加到$y_3$，因为如果收入要增加到$y_3$，则必须假定利率$r_0$不上升。可是，利率不可能不上升，因为IS向右上方移动时，国民收入增加了，因而对货币的交易需求增加了，但货币供给未变动（LM未变），因而人们用于投机需求的货币必须减少，这就要求利率上升。因此，无论是图（a）还是图（b）中，均衡利率都上升，利率的上升抑制了私人投资，这就是所谓的“挤出效应”。由于存在政府支出“挤出”私人投资的问题，因此新的均衡点只能处于E′点，收入不可能从y_0增加到y_3，而分别只能增加到y_1和y_2。

从图5-1（a）和（b）可见，$y_0y_1 < y_0y_2$，也就是说图（a）表示的政策效果小于

图（b），原因在于图（a）中的IS曲线比较平坦，而图（b）中的IS曲线比较陡峭，IS曲线的斜率大小主要由投资的利率系数所决定。IS越平坦，表示投资的利率系数越大，即利率变动一定幅度所引起的投资变动的幅度越大。若投资对利率变动的反应较敏感，一项扩张性财政政策使利率上升，就会使私人投资下降很多，即"挤出效应"较大。因此，IS越平坦，实行扩张性财政政策时被挤出的私人投资就越多，从而使国民收入增加得越少，即政策效果越小。

在IS曲线的斜率不变时，财政政策效果随LM曲线的斜率不同而不同。LM曲线的斜率越大，即LM越平坦，则财政政策效果就越大，如图5-2所示。

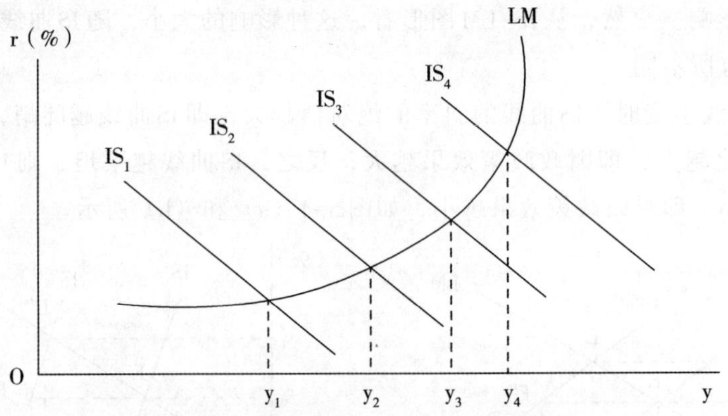

图5-2 财政政策效果因LM的斜率而异

一般来说，在经济萧条、收入和利率较低时，LM曲线比较平缓，财政政策效果就较大；在收入水平较高，接近充分就业水平时，LM曲线较陡峭，财政政策效果就较小。表现在图5-2中，政府支出同样增加Δg，使IS曲线右移同样距离，即IS_1到IS_2和IS_3到IS_4的水平距离是相同的，但国民收入增加的情况则是y_1y_2明显大于y_3y_4。这是因为，LM曲线的斜率较大即曲线较陡，表示货币需求的利率系数较小，或者说货币需求对利率变动的反应较不灵敏，这意味着一定的货币需求增加将使利率上升较多，从而对私人部门投资产生较大的挤出效应，结果使财政政策效果较小。相反，当货币需求利率系数较大（从而LM曲线较平坦）时，政府增加支出，即使向私人部门借了很多钱（通过出售债券），也不会使利率上升很多，从而不会对私人投资产生很大影响。这样，政府增加支出就会使国民收入增加较多，即财政政策效果较大。

财政政策效果也可以用财政政策乘数来表示和计量。所谓财政政策乘数，是指在实际货币供应量不变时，政府收支的变化能使国民收入变动多少，比方说增加1美元的政府购买能使国民收入变动多少，用公式表示如下：

$$\frac{dy}{dg}=\frac{1}{1-b(1-t)+\frac{dk}{h}} \tag{5.1}$$

其中，b为边际消费倾向；t为税收函数中的边际税率；d为投资需求函数I=e-dr中投资对利率变动的敏感程度；k和h分别为货币需求函数中货币需求对收入和利率变动的敏感程度。

从上述财政政策乘数表达式可知，当b、d、t、k既定时，h越大，即货币需求对利率变动越敏感，LM曲线越平缓，财政政策乘数就越小，即财政政策效果越大。如果h→∞，LM曲线为一水平线，财政政策效果就极大。相反，若h越小，财政政策乘数就越小，即财政政策效果就越小。

同样，若其他参数既定，d越大，即投资对利率变动越敏感，IS曲线越平缓，财政政策乘数就越小，即财政政策效果越小。边际消费倾向b、边际税率t以及货币需求对收入变动的敏感程度k的大小，也会影响上述乘数，即影响财政政策效果。

需要指出的是，财政政策乘数和前面说过的政府购买支出乘数、转移支付乘数及税收乘数是不同的概念。例如，政府购买支出乘数是在没有考虑政府购买支出对利率的影响的前提下分析政府购买如何影响国民收入变动。财政政策乘数则是考虑加进货币市场均衡以后政府购买支出对利率会有影响的情况下分析政府购买支出影响国民收入变动的程度。一般来说，由于存在挤出效应，财政政策乘数小于简单的政府购买支出乘数。只是在流动性陷阱的特殊情况下，即LM曲线呈水平状的情况下，财政政策乘数才等于政府购买支出乘数。

（二）凯恩斯主义的极端情况

如果LM曲线越平坦，或IS曲线越陡峭，则财政政策效果越大，货币政策效果越小。如果出现一种IS曲线为垂直线而LM曲线为水平线的情况，则财政政策将十分有效，而货币政策将完全无效。这种情况被称为凯恩斯主义的极端情况，如图5-3所示。

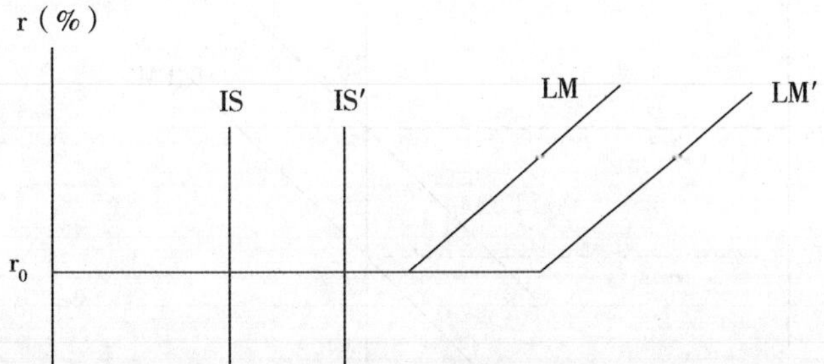

图5-3　凯恩斯极端

一方面，LM为水平线，说明当利率降到r_0这样的低水平时，货币需求利率弹性已成为无限大。这时候人们持有货币而不买债券的利息损失是极小的。可是，如果去买债券，则资本损失的风险极大（由于利率极低时债券价格极高，高债券价格只会下跌而不会上涨，从而买债券的资本损失风险极大），因此，这时候人们不管有多少货币都只想保持在手中。这样，如果货币当局想用增加货币供给来降低利率刺激投资，是不可能有效果的，即出现“凯恩斯陷阱”。这时候政府用增加支出或减税的财政政策来增加总需求，则效果十分大，因为政府实行这类扩张性财政政策向私人部门借钱（出售公债券），并不会使利率上升，从而对私人投资不产生“挤出效应”。这就是说，在凯恩斯陷阱中，即使IS不垂直而向右下方倾斜，政府实行财政政策也会十分有效，如图5-4所示。

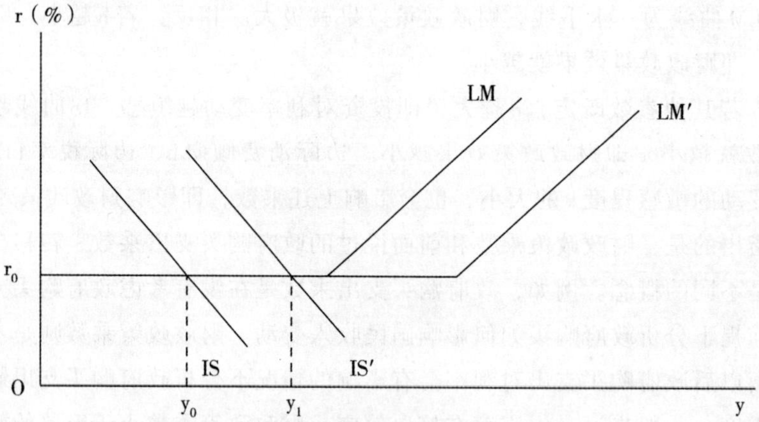

图5-4　IS曲线在凯恩斯陷阱中的移动

另一方面，IS为垂直线，说明投资需求的利率系数为零，即不管利率如何变动，投资都不会变动。在投资需求“呆滞”时，利率即使发生了变化，也不能对投资产生明显的影响。在经济比较萧条的20世纪30年代初，有关英国商业行情的研究也说明，信贷成本对投资决策没什么作用，垂直的投资需求曲线产生垂直的IS曲线，这时，即使货币政策能改变利率，但对收入仍没有作用，如图5-5所示。

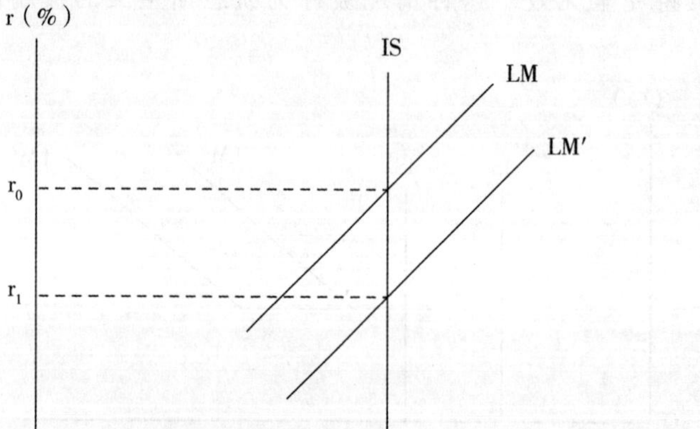

图5-5　IS垂直时货币政策完全无效

如果LM是水平的，IS是垂直的，则必然是财政政策完全有效，而货币政策完全无效，这种情况之所以被称为凯恩斯极端，是因为凯恩斯认为，当利率较低，而投资对利率的反应又不是很灵敏时，只有财政政策才能克服萧条，增加就业和收入，而货币政策效果很小。

（三）挤出效应

所谓“挤出效应”，是指政府支出增加所引起的私人消费或投资降低的作用。在一个充分就业的经济中，政府支出增加会以下列方式使私人投资出现抵消性的减少：

由于政府支出增加，商品市场上购买产品和劳务的竞争会加剧，物价就会上涨，在货币名义供给量不变的情况下，实际货币供给量会因为价格上涨而减少，进而使可用于投机目的的货币量减少。结果，债券价格就下跌，利率上升，进而导致私人投资减少。投资减少了，人们的消费随之减少。这就是说，政府支出增加“挤占”了私人投资和消费。

在政府支出增加而引起价格上涨时，名义工资虽未变，但实际工资下降了。在短期内，由于企业对劳动需求增加，就业和产量将会增加，然而在长期内，如果经济已经处于充分就业状态，则增加政府支出就会完全挤占私人的投资和消费支出。

在非充分就业的经济中，政府推行增加支出的扩张性财政政策，同样对私人投资有“挤出”效应。这是因为政府支出增加使总需求水平提高，产出水平相应提高，从而使货币需求大于货币供给（货币交易需求增加了，但货币的名义供给量不变），因而利率会上升，并导致投资水平下降。但一般来说，不可能对私人投资支出产生完全的“挤出效应”，因为这种政策多少能使生产和就业增加一些。

政府支出在多大程度上“挤出”私人支出取决于以下因素：

1.支出乘数的大小

乘数越大，政府支出所引起的产出增加固然越多，但利率提高使投资减少所引起的国民收入减少也越多，即“挤出效应”越大。

2.货币需求对产出水平的敏感程度

货币需求函数中的k越大，政府支出增加所引起的一定量产出水平增加所导致的对货币的需求的增加也越大，因而使利率上升也越多，从而“挤出效应”也就越大。

3.货币需求对利率变动的敏感程度

货币需求函数中的h越小，说明货币需求稍有变动，就会引起利率大幅度变动，因而对投资的“挤占”也就越多；相反，如果h越大，则“挤出效应”就越小。

4.投资需求对利率变动的敏感程度（即投资的利率系数的大小）

投资的利率系数越大，则一定量利率水平的变动对投资水平的影响就越大，因而“挤出效应”就越大；反之，则“挤出效应”越小。

在上述因素中，支出乘数主要取决于边际消费倾向b，而边际消费倾向一般被认为是比较稳定的。货币需求对产出水平的敏感程度k主要取决于支付习惯和制度，一般也被认为比较稳定。因此，“挤出效应”大小的决定性因素是货币需求及投资需求对利率的敏感程度，即货币需求的利率系数及投资需求的利率系数的大小。在凯恩斯极端情况下，货币需求的利率系数无限大，而投资需求的利率系数等于零，因此，政府支出的“挤出效应”为零，财政政策效果极大；反之，在古典主义极端情况下，货币需求的利率系数为零，而投资需求的利率系数极大，因此，“挤出效应”是完全的，即政府支出增加多少，私人投资支出就被“挤出”多少，因而财政政策毫无效果。

第三节
货币政策

货币政策（monetary policy）是货币当局即中央银行通过银行体系变动货币供给量来调节总需求的政策。货币政策主要是通过银行体系来实行的，因此本节首先介绍一下有关西方的银行制度。

西方的银行机构主要包括中央银行和商业银行。中央银行是一国最高的金融当局，它统筹管理全国金融活动，实施货币政策以影响经济。例如，英国的英格兰银行、美国的联邦储蓄体系（简称美联储）和我国的中国人民银行都是中央银行。中央银行一般具有三个职能：作为发行的银行，发行本国的货币；作为银行的银行，既为商业银行提供贷款，又为商业银行集中保管存款准备金；作为国家的银行，代理国库，提供政府所需资金，执行货币政策，监督和管理全国的金融市场活动。

商业银行的主要业务是负债业务、资产业务和中间业务。负债业务主要是吸收存款；资产业务主要包括放款和投资业务；中间业务是为客户办理支付事项并从中收取手续费。

一、货币供给

（一）银行的存款创造过程

作为信用中介和支付中介的商业银行，在调剂资金余缺和组织客户相互结算的过程中发挥着重要作用，同时商业银行还发挥着创造信用货币的功能。商业银行一方面吸收存款，另一方面又将吸收的存款以贷款的形式发放出去。银行发放出去的贷款经过一系列市场活动，又会以银行存款的形式进入银行体系，这些存款将再次以贷款的形式发放出去。这样资金反复进出银行体系，使银行存款数量不断扩张，从而存款货币也就被银行体系创造出来。

1.存款的多倍扩张过程

在现代银行制度中，银行必须保留一部分吸收的存款以应付存款客户提取现金的要求，这部分存款被称为准备金存款（reserve）。银行的存款准备金与吸收银行存款的比率是由国家规定的，这一比率被称为法定准备金率。按法定准备金率提取的准备金叫法定准备金。商业银行都想尽可能把法定准备金以上部分的存款贷出去或用于短期投资以赚取利润。由于各种原因没有贷出去的存款就形成了超额准备金，即超过法定准备金要求的准备金。超额准备金对存款的比率称为超额准备金率。正是银行这种以比较小的比率的准备金来支持活期存款的能力，使得银行体系得以创造货币，下面举例说明这一点。

假设A银行吸收到甲客户交来的一张1 000万元的支票，则该银行的存款准备金就增加1 000万元。假定法定准备金率为20%，则该银行最多可贷资金为800万元。如果A银行贷出800万元给乙客户，乙用来支付在B银行开户的客户丙。同理，B银行收到存款后，可发放贷款为640万元……以此类推，从A银行开始到B银行、C银行、D银行……连续不断地存款贷款、贷款存款，总的结果如表5-1所示。

表5-1　**银行存款货币的创造**　单位：万元

银行	存款	存款准备金	贷款
A	1 000	200	800
B	800	160	640
C	640	128	512
D	512	102.4	409.6
⋮	⋮	⋮	⋮
合计	5 000	1 000	4 000

从表5-1中可以看出，当中央银行的法定准备金率为20%时，最初1 000万元的存款，可以使银行体系产生4 000万元的贷款。因为4 000万元是由于有了最初的1 000万元存款才产生的，因此，通常把最初的存款称为“原始存款”，把在此基础上扩大的存款称为“派生存款”。若用ΔD代表经过派生的存款总额的增量，ΔR代表原始存款的增量，r_w代表法定准备金率，则三者的关系如下：$\Delta D=1/r_w \cdot \Delta R$。

由存款的多倍扩张过程可以看出，银行体系的储备增加，会引起银行体系中银行存款的成倍扩张，这个扩张倍数就叫作存款创造乘数。它是法定存款准备金率的倒数，用k来表示，即：

$$k=1/r_w \tag{5.2}$$

在上例中，法定准备金率为20%，存款创造乘数为5。

当然，存款的多倍扩张过程还可以起反向作用，即中央银行可以使商业银行的准备金减少，这样商业银行在法定准备金率的约束下，就会发生存款货币的多倍收缩过程。

2.制约银行存款创造的因素

以上讨论的银行存款货币创造过程是一个简单的模型，现实中有许多制约银行存款派生能力的因素。

（1）存在超额准备金。在现实中，银行往往出于谨慎保守的经营原则或者发放贷款有困难等原因而持有超过法定准备金率要求的准备金，即超额准备金。那么，整个银行体系的存款货币规模将缩小。

（2）存在现金漏损。在现实中总有一部分贷款会以现金的形式被提走，所以这一部分从银行体系中流出的现金，就不能用来发放贷款来创造存款货币。现金漏损对银行的存款货币创造也起到了收缩的作用。

(3) 活期存款转向其他存款。在现实中，总会有相当一部分活期存款转化成定期存款或储蓄存款，这部分非交易存款并没有退出存款货币的创造过程，仍然保留在银行手中，银行除了要为它保留少量的准备金外，其余的可用来发放贷款。因为非交易存款比较稳定，中央银行一般对其制定了比活期存款稍低的法定准备金率。

综上所述，银行存款创造能力要受到法定准备金率、现金漏损率、超额准备金率及活期存款转化等因素的影响。若用e′表示银行的超额准备金率，c′表示现金漏损率，即现金漏损占活期存款余额的比率，r_t表示非交易存款的法定准备金率，t′表示非交易存款与活期存款的比例，则存款创造乘数就变为公式（5.3）：

$$k=\frac{1}{r_d+e'+r_t\times t'} \tag{5.3}$$

（二）基础货币与货币乘数

各国的货币发行权都集中在中央银行手中，中央银行不仅通过发行货币直接控制货币供给量，而且还通过控制商业银行的存款准备金间接地影响货币供给量。

1.基础货币

基础货币（monetary base），又称高能货币（high powered money）或强力货币，通常是指流通于银行体系之外的通货和商业银行在中央银行的存款准备金之总和。流通中的通货（currency）是货币供给量的一个重要组成部分，它相当于中央银行资产负债表中的货币发行量。中央银行是通过发放贷款或证券投资等资产业务将创造的货币投放到流通领域中的。存款准备金包括商业银行持有的库存现金、在中央银行的法定存款准备金以及超额准备金。为获得利息收入，商业银行总要尽力将这部分资金以贷款或证券投资的形式加以利用。一般来说，商业银行准备金的增加量往往等于贷款和投资的增加量。基础货币可以用下式来表示：

$$B=C+R$$

其中，B为基础货币；C为流通中的通货；R为商业银行的存款准备金。

基础货币具有一定的稳定性。因为当银行存款转化为流通中的通货时，银行要用拥有的银行存款准备金来支付，这样银行储备减少的量正好等于流通中通货增加的量，从而基础货币保持不变。相反，当流通中的通货转化为银行存款时，银行准备金增加，其数量等于流通中通货减少的数量，基础货币仍未发生变化。正是因为基础货币具有一定的稳定性，中央银行才把控制基础货币作为控制货币供给量的重点，并且基础货币的变化将会引起整个货币供给量的成倍变化。

2.货币乘数

货币乘数（money multiplier）是指货币供给量与基础货币之比，用公式（5.4）表示如下：

$$m=\frac{M}{B} \tag{5.4}$$

其中，m为货币乘数；M为货币供给量；B为基础货币。于是，货币供给量与基础货币之间的关系就变为：

$M=m\times B$

该公式表示基础货币一定程度的变化会带来货币供给量的成倍变化，这个倍数即为货币乘数。正因为如此，人们才把基础货币称为高能货币或强力货币。

用C来表示流通中的通货，用R来表示银行的存款准备金，用RR来表示法定存款准备金，用ER来表示超额存款准备金，用D来表示银行存款总量。将流通中的通货与银行存款总量之比C/D称为通货比率，记为r_c；将法定存款准备金与银行存款之比RR/D称为法定准备金率，记为r_d；将超额准备金与银行存款之比ER/D称为超额准备金率，记为r_e，即：

$$r_c=\frac{C}{D}\quad r_d=\frac{RR}{D}\quad r_e=\frac{ER}{D}$$

如果这些比率都是常数，就意味着流通中的通货、法定存款准备金和超额存款准备金都与银行存款同比例变化，即：

$$C=r_c\times D\quad RR=r_d\times D\quad ER=r_e\times D$$

下面以基础货币的构成为起点来推导货币乘数。基础货币可表示为：

$$B=C+R=C+RR+ER=r_c\times D+r_d\times D+r_e\times D=(r_c+r_d+r_e)\times D$$

进一步得到：

$$D=\frac{1}{r_c+r_d+r_e}\times B$$

根据狭义货币的定义，货币供给量应为流通中的通货与银行存款之和，所以：

$$M=M_1=C+D=r_c\times D+D=(1+r_c)\times D=\frac{1+r_c}{r_c+r_d+r_e}\times B$$

该公式表示货币供给量与基础货币以及货币乘数之间的具体关系，从而可推导出货币乘数的计算公式：

$$m=\frac{1+r_c}{r_c+r_d+r_e}\tag{5.5}$$

（三）货币乘数的变动

根据货币乘数的计算公式可知，影响货币乘数大小的因素有通货比率、法定准备金率和超额准备金率。下面分析这些因素的变化对货币乘数产生的影响。

（1）通货比率的变化。通货比率的上升意味着人们将部分银行存款转化为流通中的通货，虽然基础货币量保持不变，但是，由于货币乘数变小而导致货币供给量减少；反之，当通货比率下降时，由于货币乘数变大而使货币供给量增加。

（2）法定准备金率的变化。提高法定准备金率，虽然对基础货币没有影响，但由于使货币乘数变小而使货币供给量减少；相反，降低法定准备金率，会使货币乘数变大，从而使货币供给量增加。

（3）超额准备金率的变化。超额准备金率的提高会导致货币乘数变小，从而使货币供给量减少；相反，超额准备金率的下降会使货币乘数变大，从而使货币供给量增加。

（四）基础货币的决定

基础货币是中央银行发行的货币，基础货币与中央银行的各项资产业务是相对应的，中央银行资产总额的变化，会引起基础货币总量的变化。一般而言，中央银行的贴现贷款、证券持有量、黄金与外汇储备的持有量以及其他资产的持有量，都是基础货币的重要影响因素，基础货币与这些因素正相关，即它们增加会使基础货币等量地增加。

二、货币政策的目标与工具

货币政策的最终目标是实现充分就业、物价稳定、经济增长和国际收支平衡。货币政策最终目标的实现，需要经历一个较长的时期，所以中央银行在执行货币政策时还需要一些可以量化的、可以操作的经济指标，作为实现货币政策的中介桥梁。这些中间目标有利率、货币供应量、基础货币和超额准备金。中央银行通过运用货币政策工具首先影响货币政策的中间目标，再由中间目标变量的变动实现货币政策的最终目标，从而达到金融调控的目的。货币政策工具是指中央银行为实现货币政策目标所运用的策略手段。一般性政策工具包括法定存款准备金政策、再贴现政策、公开市场业务。

（一）法定存款准备金率政策

法定存款准备金率政策是指存款货币银行按法律规定存放在中央银行的存款与其吸收存款的比率。

法定存款准备金率政策的真实效用体现在它对存款货币银行的信用扩张能力、货币乘数的调节。由于存款货币银行的信用扩张能力与中央银行投放的基础货币存在乘数关系，而乘数的大小与法定存款准备金率成反比，因此，若中央银行采取紧缩政策，提高法定存款准备金率，则限制了存款货币银行的信用扩张能力，降低了货币乘数，最终起到收缩货币供应量和信贷量的效果；反之亦然。

法定存款准备金率政策存在三个缺陷：

一是当中央银行调整法定存款准备金率时，存款货币银行可以变动其在中央银行的超额存款准备金，从反方向上抵消法定存款准备金率政策的作用。

二是法定存款准备金率对货币乘数的影响很大，作用力度很强，往往被当作一剂“猛药”。

三是调整法定存款准备金率对货币供应量和信贷量的影响要通过存款货币银行的辗转存、贷，逐级递推而实现，成效较慢、时滞较长。因此，法定存款准备金率政策往往是作为货币政策的一种自动稳定机制，而不将其当作适时调整的经常性政策工具来使用。

（二）再贴现政策

再贴现是指存款货币银行持客户贴现的商业票据向中央银行请求贴现，以取得中央银行的信用支持。就广义而言，再贴现政策并不单纯指中央银行的再贴现业务，也包括中央银行向存款货币银行提供的其他放款业务。

再贴现政策的基本内容是中央银行根据政策需要调整再贴现率（包括中央银行掌

握的其他基准利率，如其对存款货币银行的贷款利率等)。当中央银行提高再贴现率时，存款货币银行借入资金的成本上升，基础货币得到收缩；反之亦然。与法定存款准备金率工具相比，再贴现工具的弹性相对要大一些，作用力度相对要缓和一些。但是，再贴现政策的主动权操纵在存款货币银行手中，因为向中央银行请求贴现票据以取得信用支持，仅是存款货币银行融通资金的途径之一，存款货币银行还有其他的诸如出售证券、发行存单等融资方式。因此，中央银行的再贴现政策是否能够获得预期效果，还取决于存款货币银行是否采取主动配合的态度。

(三) 公开市场业务

中央银行可以通过在公开市场上的证券买卖活动来扩大或收缩信用，调节货币供应量。当金融市场上资金缺乏时，中央银行通过公开市场业务买进有价证券，实际上是向社会投入一笔基础货币，直接增加社会货币供应量或使商业银行信用扩张；反之，当金融市场上资金过多时，则卖出有价证券，使信用规模收缩，货币供应量减少。金融创新所带来的证券化趋势和金融市场的全球一体化为中央银行的公开市场业务提供了极大的便利，增强了这一货币政策工具的作用。金融创新给国际金融市场带来的一个重大变化是信贷流量从银行放款转为可上市买卖的债务证券。证券日益成为公众及经济实体所持有的重要资产形式。其中，政府债券因兼备良好的流动性、安全性和盈利性而成为重要的流动资产，其收益率和价格成为其他证券的标准。于是中央银行的公开市场业务就可以通过变动政府债券的收益率和价格来影响一般证券的收益率和价格，调控货币供应量和信用总量，继而调节整个经济。此外，金融创新也为中央银行的业务操作提供了大量的可供买卖的工具，使其吞吐基础货币的能力加强。

三、货币政策的传导机制

货币政策的传导机制是指中央银行根据货币政策目标，运用货币政策工具，通过金融机构的经营活动和金融市场传导至企业和居民，对其生产、投资和消费等行为产生影响的过程。一般情况下，货币政策的传导是通过信贷、利率、汇率、资产价格等渠道进行的。

金融创新正在使货币政策的传导机制逐步发生深刻的变化。按照凯恩斯学派的货币政策传导机制理论，货币政策的传导机制可表述为：中央银行货币政策的实施，首先是引起商业银行准备金数量发生增减变化，然后引起货币供应量发生增减变动，市场利率相应发生变动，继而引起投资发生增减变动，通过乘数效应，最终影响总收入和总支出的变动。金融创新部分地改变了货币政策的传导机制，使传统的传导机制受阻。首先，金融市场的创新(如欧洲货币市场的建立)使中央银行执行货币政策的难度加大。例如，一国拟实行紧缩性的货币政策，但国内金融机构可以通过欧洲货币市场筹措资金，扩大信用规模，这就抵消了紧缩性货币政策效应；当一国实行扩张性的货币政策时，国内金融机构则可能将资金转移到欧洲货币市场，回避中央银行的货币控制。其次，金融创新使得商业银行的存款结构发生了很大变化，大量的非银行金融机构分流了商业银行的资金来源，使商业银行的存款，尤其是活期存款大幅度下降，这就使中央银行通过增减法定存款准备金数量来控制信贷规模的货币政策作用力降低，使存款准备金率传导机制部分失效，货币政策的力度减弱。最后，金融创新使货币创造的主体多元化，使中央银行控制货币的能力减弱。中央银行传统的控制货币的方法主要是通过控制商业银行的派生存款来控制货币的供应量，但金融创新使非银行的金融机构越来越多，其经营业务的范围越来越广，大量的活期存款涌入这些机构，创造出了大量的派生存款，使中央银行的货币控制能力降低。

四、货币政策的效果

（一）货币政策效果的IS-LM图形分析

货币政策的效果指变动货币供给量的政策对总需求的影响。假定增加货币供给能使国民收入有较大的增加，则货币政策效果就大；反之，就小。货币政策效果同样取决于IS和LM曲线的斜率。

在LM曲线形状基本不变时，IS曲线越平坦，LM曲线移动对国民收入变动的影响就越大；反之，IS曲线越陡峭，LM曲线移动对国民收入变动的影响就越小，如图5-6所示。

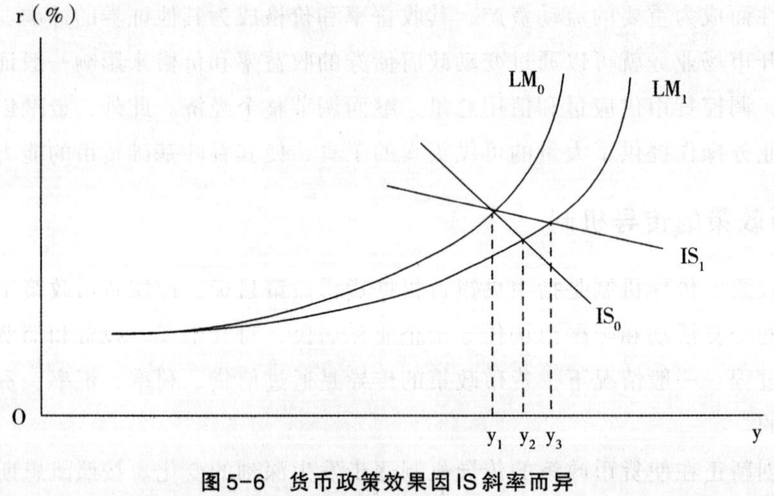

图5-6 货币政策效果因IS斜率而异

图5-6中有两条IS曲线，IS_0较陡峭，IS_1较平坦。当货币供给量增加使LM从LM_0右移到LM_1而IS较陡峭时，国民收入增加较少，即货币政策效果较小；而IS较平坦时，国民收入增加较多，即货币政策效果较大。这是因为，IS较陡峭时，表示投资的利率系数较小（支出乘数较小也会使IS较陡峭，但IS曲线的斜率主要决定于投资的利率系数），即投资对利率变动的敏感程度较差，因此，LM曲线由于货币供给增加而向右移动使利率下降时，投资不会增加很多，从而国民收入也不会有较大的增加；反之，IS较平坦时，表示投资的利率系数较大，因此，货币供给增加使利率下降时，投资和收入会增加较多。

当IS曲线斜率不变时，LM曲线越平坦，货币政策效果越小；反之，则货币政策效果越大，如图5-7所示。图中IS_0和IS_1斜率相同，货币供给增加使LM从LM_0右移到LM_1，当LM曲线较平坦时，收入增加很少；当LM曲线较陡峭时，收入增加较多。

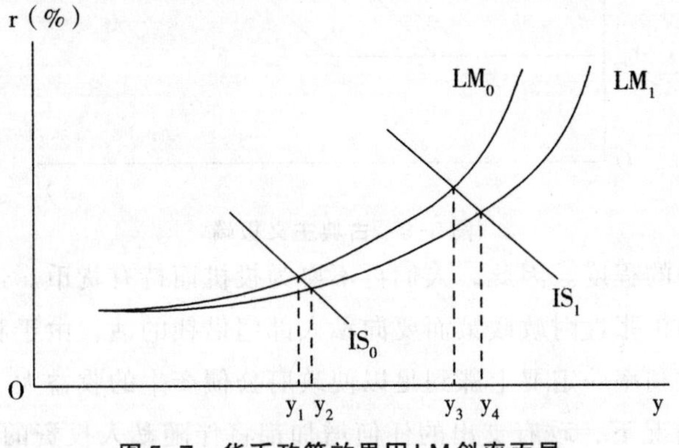

图5-7　货币政策效果因LM斜率而异

这是因为，LM曲线较平坦，表示货币需求受利率的影响较大，即利率稍有变动就会使货币需求变动很多，因而货币供给量变动对利率变动的作用较小，从而增加货币供给量的货币政策就不会对投资和国民收入有较大的影响；反之，LM曲线较陡峭，表示货币需求受利率的影响较小，即货币供给量稍有增加就会使利率下降较多，因而对投资和国民收入有较大的影响，即货币政策的效果较大。

总之，一项扩张性货币政策如果能使利率下降较多（LM曲线较陡峭时就会这样），并且利率的下降能对投资有较大的刺激作用（IS曲线较平坦时就会这样），则这项货币政策的效果就较大；反之，货币政策的效果就较小。

货币政策的效果也可用货币政策乘数来表示和计量。所谓货币政策乘数，是指当IS曲线不变或者说产品市场均衡情况不变时，实际货币供给量变化能使均衡收入变动多少，用公式表示为：

$$\frac{dy}{dm}=\frac{1}{\left[1-\beta\left(1-t_p\right)\right]\frac{h}{d}+k}$$

从上式可知，当β、t_p、d、k既定时，h越大，即货币需求对利率越敏感，亦即LM曲线越平坦，则货币政策的效果越小；当其他参数既定时，d越大，即投资需求对利率越敏感，亦即IS曲线越平坦，则货币政策的效果越大。同样，β、t_p、k的大小也会影响dy/dm的大小，即货币政策效果。

（二）古典主义的极端情况

如果水平的IS曲线和垂直的LM曲线相交，则会出现所谓的古典主义的极端情况，如图5-8所示。在出现这种古典主义的极端情况时，财政政策就完全无效，而货币政策十分有效。

一方面，LM曲线垂直，说明货币需求的利率系数等于零，也就是说，利率已高到如此地步，使人们持有货币的成本或者说损失极大，也使人们看到债券价格低到只

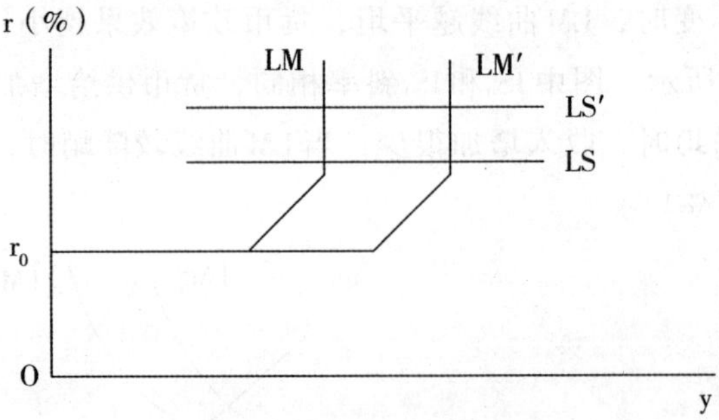

图5-8 古典主义极端

会上涨而不会再跌的程度。因此，人们再不愿为投机而持有货币。这时候，政府如推行一项增加支出的扩张性财政政策而要向私人部门借钱的话，由于私人部门没有闲置货币，则政府借款利率一定要上涨到足以使政府公债产生的收益大于私人投资的预期收益。在这样的情况下，政府支出的任何增加都将伴随私人投资的等量减少，显然，政府支出对私人投资的“挤出”就是完全的，扩张性财政政策并没有使收入水平有任何改变。

另一方面，IS曲线呈水平状，说明货币需求的利率系数达到无限大，利率稍有变动，就会使投资大幅度变动。因此，政府因支出增加或税收减少而需要向私人部门借钱时，利率只要稍有上升，就会使私人投资大大减少，使“挤出效应”达到完全的地步。

总之，在古典主义的极端情况下，财政政策完全无效。可是，如果实行增加货币供给的政策，则效果会很大。这是因为，当政府货币当局准备用购买公债的办法来增加货币供给量时，公债价格必须上升到足够的高度，人们才肯售出公债以换回货币。由于人们对货币没有投机需求，他们将用这些出售公债而所得的货币购买其他生息资产，这些其他生息资产可以是新的资本投资（新证券），也可以是现有的生息证券。新的资本投资将提高生产或者说收入水平，从而提高货币的交易需求量，人们手中只要还有超过交易所需的闲置货币，总会竞相争购生息资产。于是，公债价格将继续上升，即利率继续下跌，直到新投资（购买生息资产）把收入水平提高到正好把所增加的货币额全部吸收到交易需求中。

假定政府货币当局增加的货币供给量是Δm，k是交易所需货币占收入的比例，即k=m/y，则均衡收入必定要增加到Δy=Δm/k。上述货币供给量增加所带来的实际经济生活的变化其实只是说明：由于LM曲线垂直，人们对货币没有投机需求，因此，增加的货币供给将全部用来增加交易需求。为此，它要求国民收入增加Δm的1/k倍。

IS曲线呈水平状，也可说明货币政策效果极大。因为IS曲线的斜率为零，说明投资对利率极为敏感。因此，货币供给增加使利率哪怕稍有下降，就会使投资极大地增加，从而使国民收入有很大增加。

图5-8所示情况之所以被称为古典主义的极端情况，是因为古典学派认为，货币需求只同产出水平有关，同利率没有多大关系。货币需求对利率极不敏感，货币需求

的利率系数几乎近于零。因此，当LM曲线是一条垂直线时，货币供应量的任何变动都对产出有极大影响，货币政策是唯一有效的政策。

西方学者认为，无任是凯恩斯主义极端，还是古典主义极端，在现实生活中都极少见。真正常见的是LM曲线向右上方倾斜而IS曲线向右下方倾斜，水平的和垂直的LM和IS曲线充其量只是这些曲线斜率变化过程中的一个极端的阶段或者说区域，介于这两种极端情况之间的是中间区域。在大多数情况下，IS和LM曲线的交点在中间区域。现在许多经济学家认为，在衰退时期，要多用些财政政策，而在通货膨胀时期，应多用些货币政策，政策效果较为明显。

（三）货币政策的局限性

在实践中，货币政策经常存在一些局限性，影响了货币政策的效果。

（1）通货膨胀时期实行紧缩的货币政策可能效果比较显著，但在经济衰退时期，实行扩张性货币政策效果就不明显。那时候，厂商对经济前景普遍悲观，即使中央银行松动银根，降低利率，投资者也不肯增加贷款从事投资活动，银行为安全起见，也不肯轻易贷款。特别是由于存在流动性陷阱，不论银根如何松动，利息率都不会降低。这样，货币政策作为对付经济衰退的政策，其效果就相当微弱。

（2）从货币均衡的情况来看，增加或减少货币供给要影响利率的话，必须以货币流通速度不变为前提。如果这一前提不存在，货币供给变动对经济的影响就要打折扣。在经济繁荣时期，中央银行为抑制通货膨胀需要紧缩货币供给，或者说放慢货币增长率，然而，货币流通速度在增加，这时候，即使中央银行把货币供给减少，也可能无法使通货膨胀率降下来；反过来说，在经济衰退时期，货币流通速度下降，这时中央银行增加货币供给对经济的影响也就可能被货币流通速度所抵消。货币流通速度加快，意味着货币需求增加；货币流通速度放慢，意味着货币需求减少。如果货币供给增加量和货币需求增加量相等，LM曲线就不会移动，因而利率和收入也不会变动。

（3）货币政策作用的时滞也影响政策效果。中央银行变动货币供给量，要通过影响利率，再影响投资，然后再影响就业和国民收入，因此，货币政策作用要经过相当长时间才会充分得到发挥。尤其是，当市场利率上升后，厂商缩小生产规模更不是一件容易的事。总之，货币政策即使一开始采用时没有花很长时间，但执行后到产生效果要有一个相当长的过程，在此过程中，经济情况有可能发生和人们原先预料的相反变化。比方说，经济衰退时中央银行扩大货币供给，但未到这一政策效果完全发挥出来经济就已经转入繁荣，物价已经开始较快地上升，则原来的扩张性货币政策不是反衰退，而是加剧了通货膨胀。

（4）货币政策的效果因资金在国际上流动而受到影响。例如，一国实行紧缩性货币政策，利率上升，国外资金会流入，如汇率浮动，本币会升值，出口会受抑制，进口会受刺激，从而使本国总需求比在封闭经济情况下有更大的下降。若实行固定汇率，中央银行为使本币不升值，势必抛出本币，按固定汇率收购外币，于是货币市场上本国货币供给增加，使原先实行的紧缩性货币政策效果大打折扣。

基于各种局限性，货币主义者反对凯恩斯相机抉择的货币政策，强调应以价格稳定为主要目标，建议实行单一规则的货币政策来调控经济。

第四节
财政政策和货币政策的相互配合

由于财政政策和货币政策会对国民收入和利率产生不同的影响，对总需求产生不同的影响，因此，当对总需求进行调节时，常常需要把两种政策搭配起来使用。例如，当经济处于萧条状态时，政府既可采用扩张性财政政策，也可采用扩张性货币政策，还可以将两种政策结合起来使用，如图5-9所示。

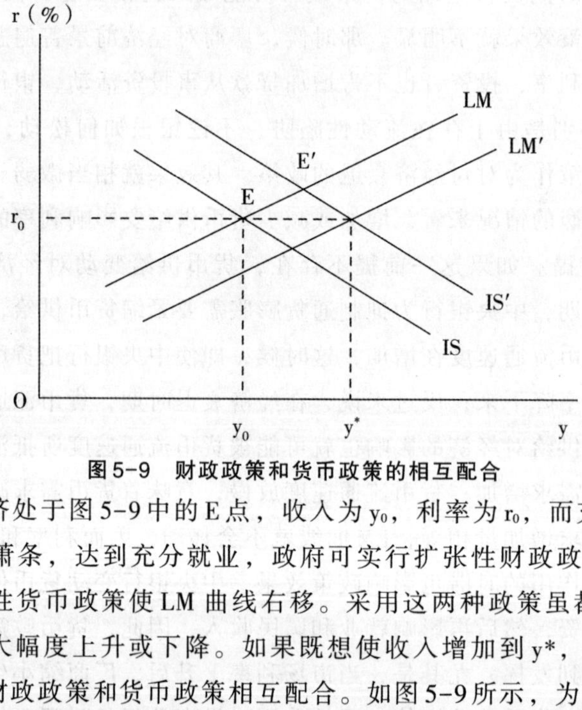

图5-9　财政政策和货币政策的相互配合

假定期初经济处于图5-9中的E点，收入为y_0，利率为r_0，而充分就业水平的收入为y^*。为克服萧条，达到充分就业，政府可实行扩张性财政政策使IS曲线右移，也可以采用扩张性货币政策使LM曲线右移。采用这两种政策虽都可以使收入达到y^*，但是使利率大幅度上升或下降。如果既想使收入增加到y^*，又不使利率变动，则可采用扩张性财政政策和货币政策相互配合。如图5-9所示，为了将收入从y_0提高到y^*，可实行扩张性财政政策，使产出水平上升，但为了使利率不由于产出上升而上升，可相应实行扩张性货币政策，增加货币供应量，使利率保持原有水平。从图5-9中可见，如果仅实行扩张性财政政策，使IS移到IS′，则均衡点为E′，利率上升到r_0之上，发生“挤出效应”，产量不可能达到y^*，如果采用“适应性”的货币政策，即按利率不上升的要求增加货币供给，使LM移到LM′，则利率可保持不变，投资不被“挤出”，产量就可达到y^*。

财政政策和货币政策可有多种配合，这种配合的政策效应，有的事先可预计，有的则必须根据财政政策和货币政策何者更强有力而定，因而是不确定的。例如，图5-9中IS和LM移动幅度相同，因而产出增加时利率不变。若财政政策影响大于货币政策，IS右移距离超过LM右移距离，则利率就会上升；反之，则会下降。可见，这两种政策配合使用时对利率的影响是不确定的。表5-2给出了各种政策相互配合的效应。

表5-2　**财政政策和货币政策配合使用的政策效应**

	政策混合使用	产出	利率
1	扩张性财政政策和紧缩性货币政策	不确定	上升
2	紧缩性财政政策和紧缩性货币政策	减少	不确定
3	紧缩性财政政策和扩张性货币政策	不确定	下降
4	扩张性财政政策和扩张性货币政策	增加	不确定

政府和中央银行可以根据具体情况和不同目标，选择不同的政策组合。当经济萧条但又不太严重时，可采取第一种组合，用扩张性财政政策刺激总需求，又用紧缩性货币政策控制通货膨胀；当经济发生严重通货膨胀时，可采用第二种组合，用紧缩货币来提高利率，降低总需求水平，又紧缩财政，以防止利率过分提高；当经济中出现通货膨胀又不太严重时，可采用第三种组合，用紧缩财政压缩总需求，又用扩张性货币政策降低利率，以免财政过度紧缩而引起衰退；当经济严重萧条时，可采用第四种组合，用扩张性财政政策增加总需求，又用扩张性货币政策降低利率，以克服“挤出效应”。

例如，在金融“海啸”影响下，2008年全球经济发展放慢，出现经济萧条和通货膨胀，各国政府纷纷出台宏观经济政策来应对危机。美国总统奥巴马宣布总额高达7 750亿美元的一揽子财政刺激方案；同时，美联储不断降息，大规模注资和放松银根，以防止经济继续下滑。中国政府也在2008年11月推出了4万亿元的救市计划，主要投向公共投资项目。中国人民银行也一改年初的紧缩货币政策取向，转而采取适度宽松的货币政策，并在3个月内连续5次下调利率，4次下调存款准备金率，以刺激总需求。除中、美之外，欧盟、日本、印度、俄罗斯、韩国等国家和地区也实行了不同的财政政策和货币政策刺激方案，尽管侧重点不完全一样，但许多国家和地区都倾向于实行多样化的政策配合，而非仅仅“抱住”减税或扩大政府支出中的一端不放。

一般而言，财政政策侧重于结构调节，而货币政策侧重于总量调节；财政政策侧重于调节收入分配，而货币政策侧重于保持币值稳定；财政政策对治理通货紧缩作用明显，而货币政策对治理通货膨胀作用明显。在考虑如何配合使用两种政策时，除了考虑到不同的经济影响，还要考虑政治上的需要，因为不同政策的后果对不同的人群产生不同的影响。因此，政府在作出配合使用各种财政政策和货币政策的决策时，必须考虑各行业、各阶层的利益，既要促进效率，又要兼顾公平。

◆ 案例分析

美国的财政政策

美国作为一个市场经济体制比较完善的国家，也很重视微观调节。特别是在20世纪70年代后期，在经济陷入“滞胀”的情况下，用宏观政策进行总量调节已经遇到了很大的难题，于是，美国政府扩大了财政政策的使用范围，强调以宏观政策与微观政策的配合来解决经济发展中的问题。

美国财政政策工具的运用主要表现在以下方面：

1.利用大幅度优惠，减轻企业、居民的负担，鼓励私人投资和消费，刺激供给和内需有效增长

1981年，美国经济处于严重衰退之中。为了实现经济的复兴，里根政府奉行了以刺激供给、调动企业积极性为主要目标的新经济政策，其重大举措是《经济复兴税法》的实施。该税法在大幅降低公司所得税税率的同时，把加速折旧制度推进到了一个新的高度，即把资产的使用年限与专为征税目的而折旧的周期之间的联系切断，如规定建筑物的折旧年限为10年，而实际平均使用年限为37年。这样，固定资产的加速折旧进一步加快，公司可以在短期内获得大笔固定资产的重置资金，从而为扩大投资迅速积累资金。另外，为了使无利或低利企业享受投资税收抵免，即企业资本投资额的一部分可从当年应纳税额中扣除，美国政府出台了“安全港租赁”条款。该条款允许低利或无利企业可向别的企业租赁设备。这样，作为出租方的高利企业因购入设备可享受投资抵免的好处，而作为租用方的低利或无利企业不仅获得了设备，而且还可以与出租方“共享”投资抵免的好处，再加上投资在享受投资抵免后仍可按全额计算折旧，由此有力地激发了企业投资的积极性，维持了企业在经济衰退时适当的投资规模。

为了刺激国人消费，美国政府同样运用税收优惠政策鼓励居民消费。例如，美国政府运用减免税“引诱”人们购买房地产。住宅购买者在计算自己当年度的应税收入时，可以扣除购买第二栋住宅支付的地产税和住宅贷款利息；住宅购买者如因购买新宅而将旧宅出售，可以将出售旧宅所得不计入当年的应税收入总额中，享受延税优惠。另外，美国政府还向高收入者征收高税，再以转移性支付的方式向低收入家庭提供贷款利息补贴、租金利息补贴、食品补贴等，减轻他们的消费开支负担。类似的税收优惠和补贴极大地刺激了人们消费的积极性，保证了国内需求对经济增长的推动力。

2.政府自身投入高新技术开发与研究，带动了高新技术产业的发展

随着信息技术革命的到来，美国政府提出了以信息产业发展为基础的信息高速公路计划，旨在发展高新技术产业。但是，由于技术投资风险大，收益不确定，私人企业对技术开发与研究往往不会投入足够的资金。这就要求政府在鼓励私人投资高新技术产业的同时，必须自身投入技术开发与研究，在推动高新技术产业发展中扮演重要

角色。

首先，美国政府大幅度压缩军事开支，减少军事产业在国民经济中的比重，并向民用产业转移。据统计，1991—1995年与1981—1990年相比，联邦军事开支占总支出的比例由24.2%降到了19.3%。同时，1994年8月，美国政府推出了“技术新投资计划”，鼓励国防部门与有关的民用企业一起合作进行技术开发，加快了国防技术向民用技术的转移，为美国经济的持续发展创造了良好条件。

其次，美国政府还选择了信息、生物技术、特种材料等10个部门作为优先发展的重点领域，在税收、补贴等方面实施产业倾斜政策，包括：(1) 税收支持。设立专项税收信贷基金，支持企业进行技术改造；降低资本收益税率，鼓励风险资本家投资于技术创新型公司；不断延长“科技换税法”的实施期限，降低科研和实验费用。(2) 鼓励多方合作研究。美国政府放松了反托拉斯法的管制，有助于各公司共同发展高技术；增设了90个新的制造技术推广站，以加强政府与产业界的合作，加速新技术的发明和推广。(3) 直接提供科研补助。美国政府每年都向国家科学基金委员会提供2 000万美元的专款，用于资助大学和工业的合作研究；每年以签订合同的方式向工业企业所属的科研单位提供科研费用等。1993年，美国政府的研究与开发开支达715.48亿美元。

美国政府对科研等的极大支持有力地推进了美国新技术产业的迅速发展。据统计，在美国经济增长中，有27%归属于通信和信息技术产业。这样，随着产业结构的升级和劳动生产率的提高，高新技术的开发与研究自然就得到了恢复和加强。

3.政府融入市场，引入竞争机制，提高国家开支效率

随着市场的不断完善，美国政府作为市场经济中的重要组成部分，早已纳入市场运行之中。同时，政府对企业的非行政性干预也要求美国政府参与市场运行，以市场化的政策手段实现其影响经济的目标。目前，美国政府参与市场活动最显著的代表是政府采购活动。

在政府采购活动中，美国政府本着公平竞争、等价交换的原则，以招标等竞争手段参与市场活动。美国政府制定了维护采购信誉的行为准则，捍卫采购的公正与道德；设立了抗议程序，保持采购制度的透明度；增加了商业操作，变换采购技巧，在众多的厂商之间展开竞争，以获得价格最低、质量最好的商品或服务。另外，在政府采购活动中，美国政府也会给予中小企业帮助。小企业管理局通过拆散合同、颁发能力证书，以及在二级合同中推动政府机构或大企业向小企业订货等方式，帮助小企业尽可能多地得到合同。

随着采购制度的不断完善和政府采购数额的不断增加，美国政府的采购支出已经构成了美国经济中社会需求的一个重要组成部分。美国政府以其作为一个超级公司所购买的商品或服务的数量影响市场价格，从而间接地影响其他市场参与者的行为，最终调节市场经济的运行，包括增加就业、增加市场需求、带动新兴产业的发展等。

分析：政府对经济的干预不仅可以涉及属于宏观的经济领域、涉及总量平衡和收

入的再分配等，而且可以在属于微观范畴的生产和消费等方面发挥作用。现代市场经济中的国家具有双重身份：首先，它是一个微观经济的引导者、管理者，担负着干预、调节微观经济运行过程的任务；其次，它又作为市场主体之一，直接参与经济运行过程，通过提供产品等微观活动，对供给和需求都有重大影响作用。

美国政府通过财政政策工具引导企业和居民的生产与消费，是政府干预微观经济的典型事例。当经济处于衰退时，政府运用税收优惠来减轻企业、居民的负担，可以有效地刺激私人投资和消费，拉动经济的复苏和增长；反之，当经济过热时则可以加大税收力度，抑制私人投资和消费，避免经济发生波动。政府投入高新技术开发与研究，则直接弥补了市场中的不足，推动了高新技术产业的发展。同样，政府通过采购活动，间接影响市场微观主体的经济行为，达到调节市场经济运行的目的。

◆ 本章小结

1.宏观经济政策的目标有充分就业、物价稳定、经济增长和国际收支平衡，不同政策目标之间有时存在两难选择。

2.财政政策是通过政府税收以及支出的行为，影响社会的有效需求，促进就业水平的提高，并避免通货膨胀或紧缩的发生，从而实现经济增长的一种政策。

3.当社会已达到充分就业状态时，财政赤字及其公债会产生“挤出效应”；当社会尚未达到充分就业时，国家举债支出不仅不会增加人民的负担，还可能会推动经济的增长。

4.“挤出效应”是指政府支出增加所引起的私人消费或投资降低的作用。支出乘数、货币需求对产出水平的敏感程度、货币需求对利率变动的敏感程度、投资需求对利率变动的敏感程度等因素对“挤出效应”有较大的影响。

4.商业银行具有创造信用货币的功能，使银行存款数量成倍扩张。基础货币的变化会带来货币供给量的成倍变化，该倍数被称为货币乘数。

5.财政政策和货币政策都存在一定的局限性，单独使用影响政策效果的发挥。因此，在实践中，财政政策和货币政策一般互相配合使用，往往可以成功应对经济中的不同情况。

◆ 课后习题

一、名词解释

经济政策　自动稳定器　公开市场业务　贴现率　财政政策　挤出效应　货币政策　相机抉择

二、选择题

1.随着（　　），总需求曲线向右移动。

A.政府支出或税收的增加　　　B.政府支出的增加或税收的削减

C.政府支出和税收的等量削减　　　D.政府支出的削减或税收的增加

2.如果经济低于充分就业水平，价格水平固定，（　　）能使经济更接近于充分就业水平。

A.政府支出的削减或税收的增加　　B.政府支出或税收的削减

C.政府支出或税收的增加　　D.政府支出的增加或税收的削减

3.货币供给增加使LM曲线右移，若要均衡收入变动接近于LM曲线的移动量，则必须是（　　）。

A.LM曲线陡峭，IS曲线也陡峭　　B.LM曲线和IS曲线一样平缓

C.LM曲线陡峭，而IS曲线平缓　　D.LM曲线平缓，而IS曲线陡峭

4.如果中央银行采取扩张性货币政策，可以（　　）。

A.在公开市场买入债券，以减少商业银行的准备金，促使利率上升

B.在公开市场卖出债券，以增加商业银行的准备金，促使利率下跌

C.在公开市场买入债券，以增加商业银行的准备金，促使利率下跌

D.在公开市场卖出债券，以减少商业银行的准备金，促使利率上升

5.如果中央银行认为通胀压力太大，其紧缩政策为（　　）。

A.在公开市场出售政府债券　　B.迫使财政部购买更多的政府债券

C.在公开市场购买政府债券　　D.降低法定准备金率

6.（　　）通常被认为是紧缩性货币政策。

A.增加货币供给　　B.提高贴现率

C.降低法定准备金率　　D.央行增加购买政府债券

7.在其他条件相同的情况下，（　　）对扩张经济的作用最小。

A.降低贴现率　　B.央行增加购买政府债券

C.增加货币需求　　D.降低法定准备金率

8.假定货币需求不变，紧缩性货币政策将导致（　　）。

A.利率和货币存量都下降　　B.利率下降，货币存量增加

C.利率上升，货币存量下降　　D.利率和货币存量都上升

9.内在稳定器的功能（　　）。

A.旨在减少周期性的波动　　B.旨在稳定收入，刺激价格波动

C.旨在保持经济的充分稳定　　D.旨在推迟经济的衰退

10.货币政策比财政政策更为有利，这是因为（　　）。

A.货币政策的效果比财政政策更容易预期

B.货币政策比财政政策有更直接的影响

C.货币政策能够均衡地影响经济的各个方面

D.货币政策比财政政策实行起来更快

三、简答题

1.财政政策效果与IS和LM曲线的斜率有什么关系？为什么？

2.货币政策效果与IS和LM曲线的斜率有什么关系？为什么？

3.不同的政策工具有哪些主要标准？

四、论述题

1.宏观财政政策的主要内容是什么？

2.试用IS-LM模型分析财政政策效果。

3.论述宏观货币政策及其手段。

五、计算题

1.假定货币需求为L=0.2Y，货币供给为M=200，消费C=90+0.8Y_d，税收T=50，投资I=140-5r，政府支出G=50，求：

（1）均衡收入、利率和投资。

（2）若其他情况不变，政府支出G增加20，那么收入、利率和投资有什么变化？

（3）是否存在“挤出效应”？

2.已知消费函数、投资函数分别为C=130+0.6Y 和 I=750-2 000 r，设政府支出为G=75。试计算：

（1）若投资函数变为I=750-3 000 r，请推导投资函数变化前和变化后的IS曲线并比较斜率。

（2）增加政府支出时，投资函数在变化前和变化后哪种情况对收入的影响大？为什么？

（3）增加货币供给时，投资函数在变化前和变化后哪种情况对收入的影响大？为什么？

第六章

总需求与总供给模型

【学习目的】

通过本章的学习，要求了解总需求和总供给的含义、决定总需求和总供给的要素有哪些；理解短期和长期总供给曲线形状相异的经济学解释；理解总需求和总供给是如何决定宏观经济均衡的；熟练掌握和运用总需求和总供给模型来理解和分析总需求和总供给变动时的经济波动。

【开篇导读】

蜜蜂的寓言与总需求决定理论

18世纪初，一个名叫孟迪维尔的英国医生写了一首题为“蜜蜂的寓言”的讽喻诗。这首诗叙述了一个蜂群的兴衰史。最初，蜜蜂们追求奢侈的生活，大肆挥霍浪费，整个蜂群兴旺发达。后来它们改变了原有的习惯，崇尚节俭，结果蜂群凋敝，终于被敌手打败而逃散。

这首诗所宣扬的“浪费有功”在当时受到指责。英国中塞克斯郡大陪审团委员们就曾宣判它为“有碍公众视听的败类作品”。但在200多年之后，这部当时声名狼藉的作品却启发凯恩斯发动了一场经济学上的“凯恩斯革命”，建立了现代宏观经济学和总需求决定理论。

在20世纪30年代之前，经济学家信奉的是萨伊定理。萨伊是18世纪法国经济学家，他提出供给决定需求，有供给就必然创造出需求，所以，不会存在生产过剩性经济危机。这种观点被称为萨伊定理。但20世纪20年代英国经济停滞以及30年代全世界普遍的生产过剩和严重失业打破了萨伊定理的神话。凯恩斯在批判萨伊定理的基础上建立了以总需求分析为中心的宏观经济学。

凯恩斯认为，在短期中决定经济状况的是总需求而不是总供给。这就是说，由劳动、资本和技术所决定的总供给，在短期中是既定的，这样，决定经济状况的就是总需求。总需求决定了短期中国民收入的水平。总需求增加，国民收入增加；总需求减少，国民收入减少。引起20世纪30年代大危机的正是总需求不足，或者用凯恩斯的话来说是有效需求不足。凯恩斯把有效需求不足归咎于边际消费倾向下降引起的消费需求不足和资本边际效率（预期利润率）下降与利率下降有限度引起的投资需求不足。解决的方法则是政府用经济政策刺激总需求，包括增加政府支出的财政政策和降低利率的货币政策，凯恩斯强调的是财政政策。

在凯恩斯主义经济学中，总需求分析是中心。总需求包括消费、投资、政府购买和净出口（出口减进口）。短期中，国民收入水平由总需求决定。通货膨胀、失业、经济周期都是由总需求的变动所引起的。当总需求不足时就出现失业与衰退；当总需求过大时就出现通货膨胀与扩张。从这种理论中得出的政策主张被称为需求管理，其政策工具是财政政策与货币政策。当总需求不足时，采用扩张性财政政策（增加政府各种支出和减税）与货币政策（增加货币供给量以降低利率）来刺激总需求。当总需求过大时，采用紧缩性财政政策（减少政府各种支出和增税）与货币政策（减少货币量以提高利率）来抑制总需求。这样就可以实现既无通货膨胀又无失业的经济稳定。

总需求理论的提出在经济学中被称为一场“革命”（凯恩斯革命）。它改变了人们的传统观念。例如，如何看待节俭。在传统观念中，节俭是一种美德。但根据总需求理论，节俭就是减少消费。消费是总需求的一个重要组成部分，消费减少就是总需求减少。总需求减少则使国民收入减少，经济衰退。由此看来，对个人是美德的节俭，对社会却是恶行。这就是经济学家经常说的“节约的悖论”。“蜜蜂的寓言”所讲的也是这个道理。

知识点提示：总需求理论

在前面的国民收入决定模型的分析中，我们假设总供给和价格水平不变，即总供给可以适应总需求的增加而增加，价格水平被视为模型的外生变量，它不能由模型本身的因素加以确定，因此也就没有分析总供给对均衡收入决定的影响以及价格水平的决定。进一步的分析，必须考虑总供给和价格水平的变动对均衡收入的影响。因为在现实中，总供给是有限的，价格水平通常是不断变动的，而均衡收入和价格水平的变动是决定宏观经济状况的主要因素。因此，一个能够把总需求分析与总供给分析结合起来，将价格水平和均衡收入同时加以确定的模型，对于分析宏观经济中的各种问题，说明整体经济的运行规律是非常必要的，也是更有吸引力的。本章即将讨论的AD-AS模型便是这样的一个模型，这一模型是短期宏观经济波动的重要分析工具。

第一节
总需求曲线

一、总需求及其构成

总需求（aggregate demand，AD）是社会在一定价格水平下所愿意并能够购买的所有最终产品和劳务的总量，记作AD。它衡量的是个人、企业、政府等经济主体的总支出，通常用国民收入水平来表示。在微观经济学中，需求量是指单个产品的产量；在宏观经济学中，一个社会的总需求不能把物品和劳务的数量简单地相加，本章的总需求反映了价格水平和总需求量之间的关系。

总需求是由消费需求（C）、投资需求（I）、政府购买需求（G）、净出口需求（NX）构成的，可以用公式表示为：AD=C+I+G+NX。可以看出，总需求实际上是经济社会的总支出，是一种均衡意义上的需求，其中净出口需求是由外贸环境和国际环境决定的，政府需求主要是一个政策变量，因此，消费需求和投资需求是决定总需求的基本因素。

二、总需求函数

总需求函数是一个多元函数，表示的是国民收入与其影响因素之间的函数关系。我们把国民收入看作因变量，其自变量为价格水平、人们的收入、对未来的预期、财政政策和货币政策等。通常，我们假定其他因素不变，仅仅分析国民收入与价格水平之间的关系，它表示在某一价格水平下，经济社会需求的产出数量。如果用P表示价格水平，则总需求函数可写成：

AD＝AD（P）

总需求函数的几何表示就是总需求曲线。它表明了在产品市场和货币市场同时实现均衡时国民收入与价格水平的结合，因此，可以由IS-LM模型推导出来。

三、总需求曲线的形状

在图6-1中，当价格为P_1时，LM曲线与IS曲线相交于E_1，便有一个均衡点（Y_1，r_1），对应地在图的下半部分有一点（Y_1，P_1）。假设P由P_1下降到P_2，由此引起LM（P_1）移至LM（P_2）的位置，便有一个新的均衡点（Y_2，r_2），相应地在图的下半部分有一点（Y_2，P_2）。如此反复，可得到总需求曲线AD。

如图6-1的下半部分所示，在以总产量Y为横坐标、价格水平P为纵坐标的坐标系中，总需求曲线是一条向右下方倾斜的曲线。其经济含义是：在其他条件不变时，总需求与价格水平之间是逆向关系，即价格水平下降导致总需求增加，价格水平上升

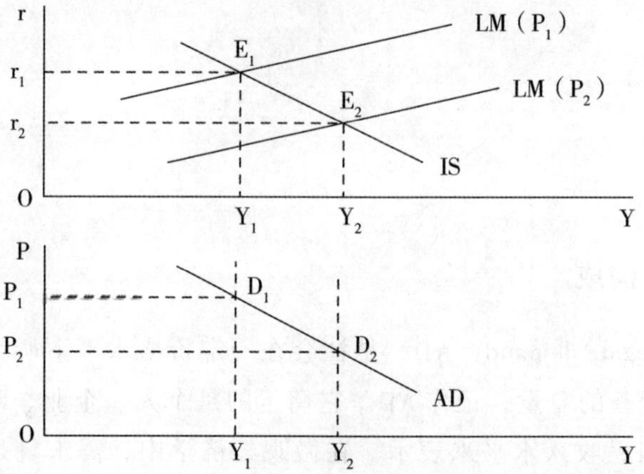

图6-1　总需求曲线的推导

导致总需求减少。

为什么AD曲线向右下方倾斜？宏观经济学家对这一问题已经达成了共识。在回答这一问题之前，我们先回顾一下已学的知识。总支出是度量总需求的指标，用总支出度量总需求，包括消费（C）、投资（I）、政府购买（G）与净出口（NX）。总支出每一部分的变动都会影响物品和劳务的总需求。在总支出的四个组成部分中，政府购买是由政府政策决定的，其他三个组成部分——消费、投资和净出口则取决于经济状况，特别是取决于价格水平。因此，为了说明总需求曲线的形状，我们必须考察价格水平如何与消费、投资和净出口等支出之间存在负相关关系。

（一）财富效应

财富效应说明价格水平会通过影响人们的实际财富而影响消费支出。我们知道，消费取决于收入，也取决于人们拥有的财富，如货币、基金、股票、债券等。人们的财富可分为名义财富和实际财富。名义财富是用货币数量表示的财富，实际财富是用货币购买力表示的财富，它取决于名义财富和价格水平，即实际财富=名义财富/价格水平。当名义财富不变时，实际财富和价格水平呈反方向变动，即价格水平上升时，人们手中名义财富的数量不会改变，但以货币购买力衡量的实际财富会减少，因为既定的货币这时只能买到较少的物品和劳务，人们变得比较“穷”了，因而会减少支出，消费支出减少则意味着物品和劳务的总需求减少；反之，价格水平下降，实际财富增加，因为这时人们可以用既定货币买到更多的物品和劳务，人们感觉比过去“富裕”了，这会鼓励他们更多地支出，消费支出增加则意味着物品和劳务的总需求增加。因此，价格水平变动引起实际财富的反方向变动，从而导致消费支出的反方向变动，这就是财富效应。财富效应的结果使得总需求曲线向右下方倾斜。

（二）利率效应

利率效应通过对价格水平影响利率进而影响投资的论证，说明了价格水平与总需求之间呈负相关关系。我们可以很直观地体会到，价格水平上升以后，我们去超市买东西需要支付更多的货币，因而使人们的货币交易需求上升，如果货币供给量不变，货币需求上升会导致利率上升。利率上升意味着投资成本增加，企业会削减计划的投资规模，使企业的投资需求下降，因而使总支出水平和总收入水平下降。在宏观经济学中，由价格变动引起货币交易需求和利率变动，进而导致投资的反向变动，称为利率效应。由于利率效应的存在，价格水平上升，由于货币交易需求上升和利率的上升，企业的投资支出会减少；而随着价格水平的下降，由于货币交易需求下降和利率的下降，企业的投资支出会增加。利率效应也会导致总需求曲线向右下方倾斜。

（三）国际替代效应

当一个国家的价格水平上升而其他国家的价格水平不变时，本国生产的物品和劳务的价格相对于外国生产的物品和劳务变得昂贵，这种相对价格的变化鼓励本国居民减少购买本国产品，而更多地购买外国生产的产品。例如，如果中国的价格水平相对于越南的价格水平上升，越南人购买中国生产的大米少了，这意味着中国出口减少，而中国人购买越南人生产的大米多了，这意味着中国进口增加，中国的净出口减少了。所以，一个国家的价格水平上升使得国内物品变得昂贵，这会减少净出口，从而减少物品和劳务的购买支出；反之，若价格水平下降使得国内物品变得便宜，这会增加净出口，从而增加物品和劳务的购买支出。由价格水平变动导致国内与国外物品的相对价格的变动，从而使净出口产生反向变动，就是国际替代效应。国际替代效应构成了总需求曲线向右下方倾斜的另一个原因。

以上分析说明，在其他条件不变时，有三个效应成为使总需求曲线向右下方倾斜的原因。

四、总需求曲线的移动

向右下方倾斜的总需求曲线表明，在其他条件不变时，越高的价格水平会导致越低的支出和产出水平。但是，即使价格水平保持稳定，总支出和产出水平也会改变，这是因为在价格水平之外，还有其他会引起购买支出变动的因素。下面主要介绍引起总需求曲线移动的两种因素。

（一）预期

人们对未来收入、利润和通货膨胀的预期都会影响到今天的购买支出。例如，金融危机使人们对经济的未来变得悲观，人们预期未来收入将会下降而减少现期消费支出（特别是汽车和住房这类大件物品）。在任何一个既定的价格水平下消费支出的减少，会使AD曲线向左移动，从AD_0到AD_2，表示总需求减少了，如图6-2所示。

如果企业预期未来利润增加，就会增加今天计划的投资支出，或者，如果预期未来通货膨胀率上升，人们会在今天以较低的价格多购买物品和劳务。这两种情况都会增加总需求，用图形表示，AD曲线向右移动，从AD_0到AD_1，如图6-2所示。

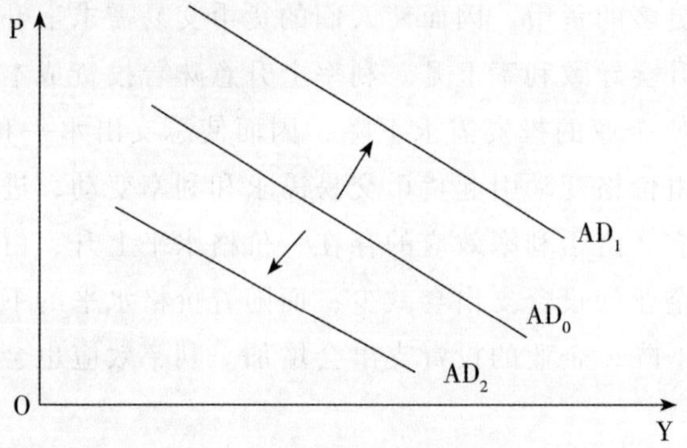

图6-2　总需求曲线的移动

（二）财政政策和货币政策

财政政策是指政府通过确定和改变购买支出和税收来影响经济的努力。假设一个经济正在经历一场严重而持久的经济衰退，为确保经济增长，政府选择实施扩张性财政政策，增加政府购买或者减税。政府对物品和劳务的购买是总支出的一部分，因此，政府计划多修建铁路、高速公路，会使总支出增加。税收减少会通过增加个人可支配收入而起作用，可支配收入越多，家庭计划购买的物品和劳务的数量越多，企业也会增加对新资本的投入，总需求也越大。图6-2表明，当政府购买支出增加或者税收减少时，总需求曲线向右移动，从AD_0到AD_1。货币政策是指经济中货币供给量和利率的变动。如前所述，经济中的货币供给量是由中央银行决定的。经济中货币供给量增加，会增加总需求。假设为了摆脱经济衰退，中央银行印刷钞票并用飞机把它们撒到全国各地，人们捡到这些货币后，会把其中的一些花出去，这样经济中对物品和劳务的需求量就多了。由于货币供给量增加了，利率会下降。在较低的利率水平上，人们会购买更多的耐用消费品，企业也会计划增加投资，总需求曲线会从AD_0移动到AD_1，如图6-2所示。

以上的例子表明，总需求曲线的移动既可以由消费者或企业支出计划的变动所引起，也可以由政府的财政政策或货币政策的变动所引起。在现实经济生活中，总需求曲线的移动有时产生于私人行为，而有时产生于公共政策。

第二节
总供给曲线

总供给（aggregate supply，AS）表示在任何一个既定的价格水平下企业生产并销售的物品与劳务量。由于在长期与短期中，总供给量和价格水平之间的关系不同，总供给曲线按照时间的长短分为长期总供给曲线和短期总供给曲线。

一、长期总供给曲线

（一）长期总供给曲线是垂线

在长期中，价格和工资有充分的伸缩性，它们的充分调整可以保证劳动和其他生产要素被充分利用。或者说，只要价格和工资是自由升降的，经济的产出水平总会处在充分就业状态。因此，在长期中，决定经济总产出的是劳动和其他生产要素（如资本）的数量，以及把劳动和资本变为物品和劳务的技术水平和制度。长期总供给曲线可以由全社会的总体生产函数来表示，即：

$Y_f=f(N, \cdots)$

其中，Y_f为充分就业产出水平（潜在产量、自然产量），它是长期中经济所趋向的产出水平；N为劳动力供给；f（）为总产出与劳动及其他生产要素之间的函数关系。在长期中，经济中的产出水平不随价格水平的变动而变动，提高价格不能增加总供给，降低价格也不能减少总供给。

如图6-3所示，长期总供给曲线是一条垂线，这条垂线位于充分就业的产出水平，或失业率为自然失业率或正常失业率的产出水平。它表明长期中一个经济的资本、劳动、技术和制度决定了物品和劳务的供给量，无论价格水平如何变动，长期总供给都是相同的。

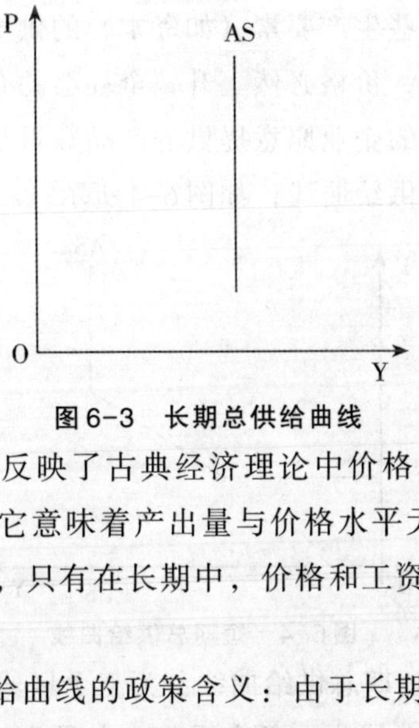

图6-3　长期总供给曲线

垂直的长期总供给曲线反映了古典经济理论中价格和工资具备完全伸缩性的假设，因而被称为古典模型。它意味着产出量与价格水平无关。大多数经济学家认为，这一理论只适用于长期分析，只有在长期中，价格和工资具备充分的灵活性，总供给曲线才是一条垂线。

图6-3显示了长期总供给曲线的政策含义：由于长期总供给曲线是垂直的，政府即使通过增加总需求的政策使总需求曲线的位置移动，也不能改变产量，而只能造成价格水平的上涨，甚至通货膨胀。因为总产出是由全社会可以利用的所有生产要素的水平决定的。

（二）长期总供给曲线的移动

经济中任何改变充分就业产出的因素的变动都会使长期总供给曲线产生移动，有许多使长期总供给曲线产生移动的事例，下面是几个例子：

技术人员开发出了生产物品的新设备，经济中资本存量增加并提高了劳动生产率，充分就业产量即物品和劳务的供给量增加，长期总供给曲线向右移动。

高等职业教育的普及提高了劳动者的文化素质和工作技能，这对总供给有重要影响，劳动效率提高了，充分就业产出增加，长期总供给曲线向右移动。

发明了新的更好的生产方法可以在投入既定的情况下增加产量。即使资本存量与劳动不变，技术进步也会增加充分就业产出，长期总供给曲线向右移动。

家庭联产承包责任制的建立保证了农民努力劳动的成果可以排他性地由自己占用，这就激励了农民努力从事农业生产活动；专利制度保护了发明者的权益，推动了产业革命和技术创新；按效益分配的制度催生了企业家；现代企业制度使企业家有了用武之地。上述种种制度都会增加充分就业产出，长期总供给曲线向右移动。

以上事例都能够增加一个经济的长期供给。当然，如果经济中发生了自然灾害和战争引起资源减少，或者不合理的制度减少了人们的储蓄和投资，充分就业产出就会减少，长期总供给曲线向左移动。

二、短期总供给曲线

（一）短期总供给曲线的三个区段

在短期中，总供给曲线不是垂直的，这是因为价格水平提高会刺激全社会的企业增加总供给。在短期中，一些生产要素（如资本）的供给是固定的。随着产量和劳动投入的增加，边际成本上升，价格必然上升，全社会的企业也才有动力增加生产，但在不同价格水平下，全社会的企业愿意提供的产品数量是不同的。不同价格水平与产出量之间的关系就是短期总供给曲线，如图6-4所示。

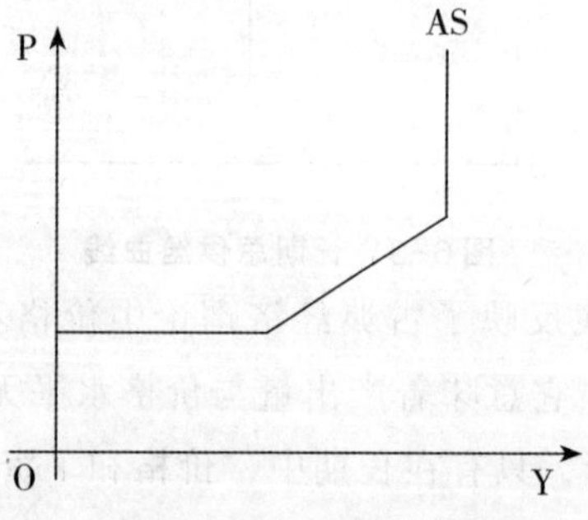

图6-4　短期总供给曲线

从图6-4中可以看出，短期总供给曲线分为三个区段。

左边区段：短期总供给曲线为一条水平线，表明此时产量远离充分就业水平，经济中存在大量闲置资源，很多工人失业。由于价格和工资完全不具备伸缩性，在达到充分就业之前，经济社会能够在既定的价格下提供任何数量的总产出，也就是说，企业不必提高工资就能雇用到失业工人，通过雇用失业工人和利用闲置的机器，就能够增加产量。这一区段的情况在逻辑上是可能的，但实际上只在特殊条件下存在。

右边区段：短期总供给曲线是垂直的，表明由于价格和工资具备完全的伸缩性，即市场具有充分的自我调节力量，经济中的资源已经得到充分利用，无论价格如何上升，也不会使产出增加。需要注意的是，短期总供给曲线垂直的区段在长期总供给曲线的右方，表示短期中经济可以产生超过正常水平的生产能力。这可以通过工人加班或推迟机器维修来实现。长期总供给曲线的位置代表正常的生产能力。

中间区段：以上两个区段可以看作分析意义上的极端情况，实际情况是在水平的和垂直的短期总供给曲线之间，在这一区段，短期总供给曲线是向右上方倾斜的，表示价格水平上升可以使企业生产更多的产品，即价格水平与总供给之间正相关。为什么短期总供给曲线向右上方倾斜呢？宏观经济学家提出了三种理论加以解释：黏性工资理论、黏性价格理论和错觉理论。

（1）黏性工资理论。该理论认为，短期总供给曲线向右上方倾斜是因为工人名义工资调整缓慢，或者说在短期中是“黏性的”。也就是说，工人的名义工资是由劳资双方为期多年（如3年）的合约确定的。在合约期内，合约中规定的名义工资不随劳动供求关系的变动而变动。在工人与企业进行工资谈判时，双方根据的是未来预期的物价水平，这种预期物价水平为双方认可，成为决定某一工资的基础。如果3年中实际物价水平高于预期的水平而名义工资不变，那么，名义工资除以价格水平得出的实际工资就下降了。由于工资是企业生产成本的主要部分，较低的工资意味着企业的实际成本下降，以及企业的实际利润增加，这时企业的反应是多雇用劳动，并生产较多的物品和劳务。换句话说，由于工资不能根据价格水平迅速调整，较高的价格对就业与生产是有利的，这就引起企业增加物品和劳务的供给量。如果每个企业都增加生产，整个经济的总供给就增加了。价格水平与短期总供给同方向变动。

（2）黏性价格理论。一些经济学家还提出了解释短期总供给曲线的黏性价格理论。黏性工资理论强调名义工资在某一时期内调整缓慢。黏性价格理论则强调，一些物品与劳务的价格调整也是缓慢的。这是因为企业调整价格是有成本的，例如，企业重新印刷、分发价格目录的成本和改变价格标签所需要的时间。这种成本类似于餐馆在改变饭菜价格时需要重印菜单的成本，称为菜单成本。由于有菜单成本，当企业根据预期价格水平确定了自己的产品价格后，如果经济经历了未曾预期到的货币供给扩张，这会提高长期的价格水平，而企业不想增加额外的菜单成本，暂时不调整价格，从而这些企业的相对价格下降，产品的销售增加，这引起企业增加生产和就业。换句话说，由于并不是所有企业的物品或劳务的价格都根据价格水平的变动而迅速调整，未预期的价格水平上升使一些企业的物品或劳务价格低于合意水平，而低于合意水平的价格增加了销售，并引起企业增加它所生产的物品或劳务的供给量。如果每个企业都增加生产，整个经济的总供给就增加了。因此，价格水平与短期总供给同方向变动。

（3）错觉理论。错觉理论是解释短期总供给曲线的第三种解释。该理论认为，价格水平的变动会暂时误导企业对自己出售的产品的市场发生变动的看法。也就是说，当价格水平上升到高于企业预期水平时，企业可能只看到自己的产品的价格上升，而没有关注到整个价格水平的情况，从而错误地认为自己的产品的相对价格上升了，并作出增加生产的反应。总之，高价格水平引起对相对价格的错觉，这一错觉引起企业对较高价格的反应是增加物品和劳务的供给量。如果每个企业都产生这样的错觉，并增加自己的生产，整个经济的总供给就增加了，因此，价格水平与短期总供给同方向变动。

显然，黏性工资、黏性价格或"错觉"越严重，总供给对价格水平的变动越敏感，短期总供给曲线就越接近水平区段；反之，总供给对价格水平变动的敏感性下降，短期总供给曲线就越接近垂直区段。当然，"黏性"与"错觉"都是短期内存在的现象。在长期中，随着人们预期的价格水平与实际价格水平的一致，名义工资会得到调整，不存在黏性；企业会调整自己的产品的价格，也不存在黏性；错觉也会得到纠正。因此，在长期中，价格水平的变动不会影响总供给，长期总供给曲线是垂直的，而不是向右上方倾斜。

短期总供给曲线不同区段的形状具有重要的政策含义。水平的短期总供给曲线意味着，只要国民收入或产出处在小于充分就业的水平，那么，政府实施增加总需求的政策可使总需求曲线向右移动，并且最终会使经济达到充分就业状态。经历了20世纪30年代初期经济大萧条的凯恩斯倾向于认为，这一水平的或比较平缓上升的短期总供给曲线比较接近于实际情况。当经济中存在大量过剩生产能力时，由于价格"刚性"，市场不能自动将均衡产出恢复到充分就业产出水平，经济中的产出主要由总需求决定，总需求的增加会带来产出和就业的增加，价格水平不会上升。因此，凯恩斯主张利用财政政策手段影响总需求，从而可保持一个较高的产出和就业水平。

垂直的短期总供给曲线意味着，政府增加总需求的政策使总需求曲线往右移动，产出没有增加，只能使价格水平上升。这是因为经济中已经没有任何过剩生产能力可以利用，总需求的增加只会引起价格上涨。古典经济学派的经济学家倾向于认为，这一垂直的或比较陡峭的短期总供给曲线比较接近于实际情况。由于价格的完全弹性，生产能力总是能够达到或接近充分利用水平，经济中的产出主要由供给方面的因素决定，采用增加总需求的政策只能导致价格水平上升，并不能影响就业和产出水平。

当短期总供给曲线向右上方倾斜时，政府增加总需求的政策使总需求曲线往右移动，会使产出增加，同时也使价格水平上升。这是由于必须提高价格水平，才能使企业增加产量。以新凯恩斯主义学派为代表的大多数宏观经济学家认为，向右上方倾斜的短期供给曲线是常见的短期经济状态。这是因为，当经济处于非充分就业均衡时，由于工资和价格黏性，市场缺乏充分的自我调节或自我矫正的力量，市场不能连续出清，经济可能出现持续的非均衡状态或无效率的均衡状态。如果没有政府干预，经济恢复有效率的均衡是一个漫长的痛苦过程，失业和通货膨胀会更加恶化。因而，新凯恩斯主义者主张政府可以在必要的时候采取扩张性财政政策或货币政策，提高总需求水平，虽然可能会带来轻微的通货膨胀压力，但是能够有力地促进经济增长。

由于通常情况下短期总供给曲线位于两个极端之间，为了分析的简便，我们把短期总供给曲线表达为一条向右上方倾斜的直线。

（二）短期总供给曲线的移动

短期总供给曲线也会移动，许多使长期总供给曲线移动的因素也会使短期总供给曲线移动。例如，当经济中资本存量增加、就业率提高或技术进步时，长期总供给增加，长期总供给曲线向右移动时，短期总供给曲线也向右移动，表示在短期中，当价格水平不变时，总供给增加了。

但是，还有两种因素只影响短期总供给，而不影响长期总供给。这就是人们对价格水平的预期与原材料价格的变动。人们对价格水平的预期会影响短期总供给曲线的位置。例如，当人们预期价格水平高时，他们就倾向于把工资定得高一些。高工资会增加企业的成本，在任何一种价格水平上，企业会减少物品与劳务的供给量。因此，高预期的价格水平减少了物品与劳务的供给量，并使短期总供给曲线左移；相反，低预期的价格水平增加了物品与劳务的供给量，并使短期总供给曲线右移。

在短期中，如果原材料价格上升，企业的成本增加，从而在每一个价格水平上，企业会减少物品与劳务的供给量，短期总供给曲线向左移动；反之，如果原材料价格下降，企业成本减少，从而在任一价格水平上，企业会增加物品与劳务的供给量，短期总供给曲线向右移动。引起原材料价格变动的往往是外部冲击。例如，石油价格上升使成本增加，短期总供给曲线向左移动，表示在价格水平不变时，总供给减少。20世纪70年代石油危机引起了这种变动。

第三节
总需求-总供给模型

在宏观经济中，最重要的是国民收入和价格水平。总需求-总供给模型就是从总需求和总供给相互作用的角度来说明国民收入和价格水平的决定的。将总需求曲线和总供给曲线描绘在同一个图上，当总需求量和总供给量相等时就实现了宏观经济均衡。但要注意的是，宏观经济均衡不一定是充分就业均衡，也就是说，均衡的国民收入并不必然是充分就业的国民收入。

一、均衡产出和价格水平的决定

如图6-5所示，我们用一条总需求曲线AD概括产品市场和货币市场的情况，其中包括人们的消费、投资态度、政府的财政收支、对外贸易的情况、货币市场上的供求等。我们用一条总供给曲线AS概括劳动市场和其他要素市场的情况。两者结合起来，即两者的交点代表整个经济的一般均衡状态，相应决定既定条件下的均衡产出和价格水平。

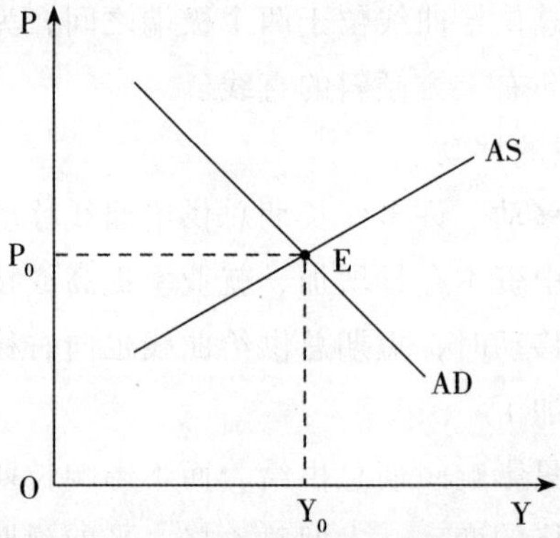

图6-5　均衡产出和价格水平的决定

如图6-6所示，AD和AS的交点意味着多个市场即产品市场、货币市场和劳动市场的同时均衡，从而也意味着产出、利率、货币工资率、实际工资和就业水平的同时决定。

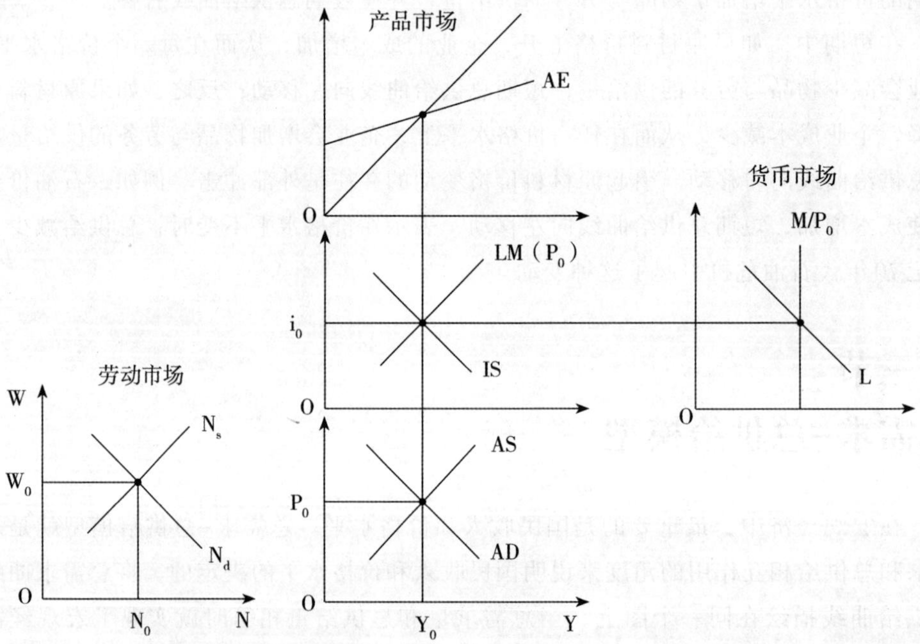

图6-6　多个市场同时均衡

二、均衡产出和价格水平的变化

一条AD曲线和一条AS曲线决定一个均衡状态。当AD或AS背后的决定因素发生变化时，AD或AS曲线就会发生移动，均衡产出和价格水平相应发生变化。比如，当消费支出因为消费者的乐观而增加时，如图6-7所示，AD增加，短期内，经济从E_0移动到E_1，产出增加，价格水平上升。

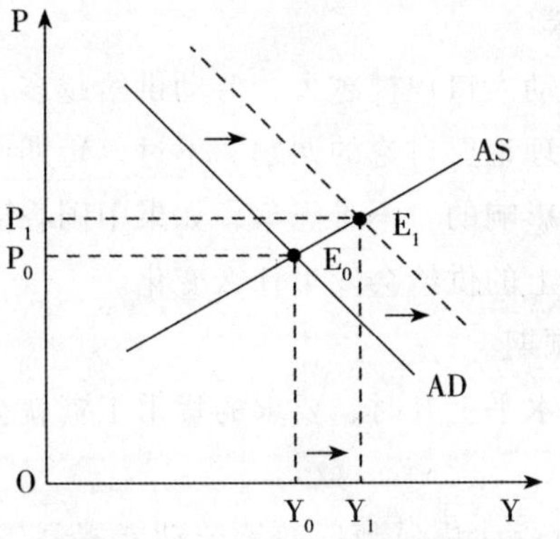

图6-7　总需求曲线移动的后果

三、需求管理政策

根据对总需求的分析，财政政策、货币政策和贸易政策都是需求管理政策。要增加总需求，政府可以采取扩张性财政政策、货币政策或鼓励出口。

四、供给的变动及其决定因素

如图6-8所示，当总供给减少时，均衡产出减少，且价格水平上升。哪些因素会导致总供给减少呢？根据对总供给的分析，一条总供给曲线描述的是给定技术水平和其他资源状况，价格变化如何影响就业和产出，或产出变化如何影响价格水平。在一定价格水平上，劳动市场的就业水平取决于需求和供给。在给定技术水平的情况下，就业水平尤其依赖于劳动供给。劳动供给的决定因素有：

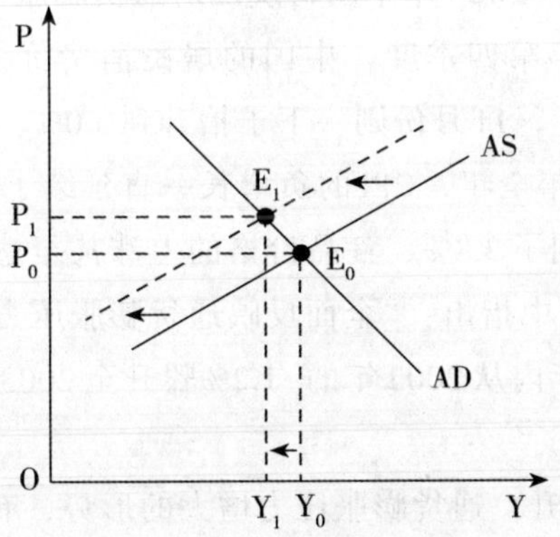

图6-8　总供给曲线移动的后果

(一) 习俗

其他相同，如果一个社会的习俗是崇尚劳动的，那么，劳动供给较多。如果劳动者的时间有劳动之外的其他用途，比如闲暇和宗教活动，那么，劳动供给较少。其他相同，如果按照习俗和法规，一个社会中的成年人必须每天拿出1个小时的时间祈祷，那么，劳动供给减少。

（二）劳动人口的规模

显然，其他相同，劳动人口规模越大，劳动供给越多。人口的增长所带来的劳动人口的变化不是收入决定理论要讨论的课题。不过，短期内，有关移民的法规变化对一个地区的劳动供给是有影响的。不难想象，如果中国香港取消对内地居民在香港就业的限制，香港劳动市场上的供给会发生什么变化。

（三）对价格水平的预期

当劳动者预期的价格水平上升时，要求的货币工资就会提高，劳动供给减少。

（四）劳动法规

首先，当一个社会用劳动法强制厂商给劳动者提高工资或提供优越的劳动条件时，厂商的成本上升，对劳动的需求减少，就业减少。类似地，在合法工会的力量强大的情况下，工资上升较快，就业会减少。

其次，在劳动市场条件相同的情况下，厂商的产出水平如何还要看其他要素的情况。如果其他要素价格上升了，那么，产出将会减少，即总供给减少。比如，2007年石油和铁矿石等原材料价格上升，使我国经济在供给方面受到巨大压力。地震、台风和洪涝等自然灾害会破坏生产条件，从而使总供给减少。

最后，微观资源配置制度的改善使总供给增加。经济制度的改革能够大大提高人们的生产积极性，提高管理水平及微观层面的资源配置效率，从而提高整个经济的生产力和产出水平。

◆ 案例分析

2004年中国再次应对通货膨胀

据官方统计，2003年第四季度，中国的居民消费价格指数（CPI）开始迅速上扬：10月份增长变为1.8%，11月份则一下子抬升到3.0%，12月份是3.2%。而此前从2001年11月开始到2002年全年，CPI的负增长一直延续了14个月。2004年第一季度CPI继续攀升，4月份达到了3.8%，食品价格的上涨甚至达到了两位数。中央银行在2003年货币政策执行报告中指出："全面反映通货膨胀压力的GDP缩减指数变动率在2003年高达4.5%，在一年内从2002年的-1.2%骤升至2003年的4.5%，表明通货膨胀的形势不容乐观。"

面对物价指数不断攀升，通货膨胀压力增大的形势，有些专家和学者认为"当前中国并不存在通货膨胀问题"，一般民众对通货膨胀也并未感到特别担心，但还是有许多人对通货膨胀心存忧虑，因为经济已经明显地表现出投资过热。在2004年5月21日首届中国基金经理峰会大会开幕式上，国务院副总理曾培炎坦承：目前"投资规模偏大，部分行业过度的投资和低水平的扩张现象比较严重"。而这种投资过热是建立在"高投入、高消耗、高排放、不协调、难循环、低效率"这样一种粗放式的经济增长方式上的。

根据中国人民银行2004年第一季度的全国城镇储户问卷调查，有31.4%的储户认为物价将上涨，60.3%的储户认为物价将基本不变，只有8.3%的储户认为物价将下降。人们对通货膨胀的预期不统一，是因为在此之前，中国经历了两次大的经济过热，其表现都是全面过热和通货膨胀，而这一次，却是部分过热、部分偏冷，通货膨胀的走向也似乎游移不定，因此让人们十分迷惑。

尽管如此，央行在2004年第一季度中国货币政策执行报告中还是提出了近期采取适度从紧的货币政策取向，并决定从2004年4月25日起再次将法定存款准备金率提高0.5%，即由7%提高到7.5%，同时实行差别存款准备金率制度和再贷款浮息制度，通过将金融机构适用的存款准备金率与其资本充足率、资产质量状况等指标挂钩，并将用于金融机构头寸调节和短期流动性支持的再贷款利率统一加0.63%，再贴现利率加0.27%，以抑制信贷过快扩张。

5月份以后，当国家统计局对通货膨胀的统计数字逼近了5%的"警戒线"时，"过热"二字被人们用得越来越多。人们开始认识到，中国新一轮的通货膨胀可能真的来临了。第二季度物价指数上升似乎证实了人们的担心，CPI保持了快速上涨的态势。上半年，CPI同比上涨3.6%，其中第一季度同比上涨2.8%，第二季度同比上涨4.4%，6月份上涨高达5%。生产和投资价格指数继续攀升。6月份，工业企业原材料购进价格指数同比上涨11.8%，工业品出厂价格同比上涨6.4%；农业生产资料价格同比上涨10.8%，农产品生产价格同比上涨10.9%。上半年，固定资产投资价格同比上涨6.8%。主要商品价格继续上涨：6月份，原油上涨20.9%，汽油上涨13.2%，柴油上涨18.1%；原煤出厂价格比上年同月上涨18.2%。钢材价格在4月份和5月份连续两月下降后也出现明显回升。

第三季度国际石油价格的不断走高加剧了通货膨胀压力并抑制了经济增长势头，成为影响世界经济稳步增长最主要的风险因素。中国是仅次于美国的石油消费大国，2004年进口石油超过1.2亿吨，对外依存度达到40%左右，石油价格上涨对中国经济造成了很大的影响。原油价格的上涨在一定程度上抑制了物价涨幅的回落，成为我国第三季度物价居高不下的重要原因。据央行2004年第三季度货币政策执行报告，前三季度中国CPI同比上涨4.1%，其中9月份上涨5.2%。9月份，我国粮食价格基本保持平稳；肉禽及其制品价格开始"补涨"，涨势高于粮价，创近年新高，9月份当月肉禽及其制品价格同比涨幅达到22.4%，影响CPI上涨1.7%；受能源价格上涨的直接影响和食品价格上涨向非食品价格扩散的间接影响，9月份，非食品价格上涨达1.3%。2004年前三季度，工业原材料、燃料、动力购进价格同比上涨10.8%，其中9月份同比上涨13.7%；工业品出厂价格同比上涨5.5%，其中价格在原材料价格大幅上涨的推动下，呈现不断上升的趋势，表明通货膨胀已经开始从上游向下游传导。

然而，第四季度通货膨胀并没有如许多人担心的那样继续加速。由于中国当年粮食取得好收成增加了粮食的供给，粮食价格保持了平稳。国际市场上石油价格的回落也抑制国内油价的上涨。经过宏观调控，国内部分行业投资过热受到遏制，中国固定资产投资增速已经从年初的48.7%回落到10月底的26.4%，预计全年增长约25%。通过提高存款准备金率，提高利率等手段，社会资金流动性过多的局面得到控制，10月底中国货币供应量M1、M2增速回落到12.6%和13.5%，已经处于国家17%的宏观调控目标之内。各项价格指数在经历了第三季度的高位后也出现回落，10月份生产资料价格指数（PPI）和居民消费物价指数（CPI）同比涨幅双双回落为13.9%和4.3%。11月份，CPI同比涨幅进一步下降0.3%；能源、原材料和燃料购进价格上涨13.7%，涨幅比10月份下降0.5%，首次出现回落。物价水平同比大幅回落，环比呈现负增长，说明在国家宏观调控政策的作用下，通货膨胀的压力有所减小，物价指标在向好的方向转变。

资料来源　曹龙骐．金融安全与分析［M］．北京：高等教育出版社，2005.

分析：

1.中国经济在2004年经历了一场有惊无险的轻度通货膨胀。诱发通货膨胀的原因主要是粮食价格上涨带动食品价格上涨，国际石油价格上涨和国内投资（主要是房地产）过热导致工业原材料、燃料价格上涨和部分工业品出口价格上涨。此外，人民币升值预期导致大量外资流入，使央行不得不投放大量人民币进行对冲操作，土地市场化政策的出台等也是通货膨胀的重要原因。为了防止通货膨胀进一步恶化，政府在年中及时采取了适度的宏观经济调控措施，主要是控制固定资产投资、紧缩房地产信贷、小幅度提高存款准备金率和贷款基准利率。10月份以后，在国内粮食增收和国际市场石油价格企稳回落等因素的配合下，终于使通货膨胀率回落到5%的“警戒线”以内。

2.由于经济运行中的不稳定、不健康因素还没有完全消除，人们仍普遍担心2005年价格总水平还会大幅上涨，主要基于如下考虑：一是物价上涨的“翘尾”因素的持续作用；二是服务价格上涨的压力较大；三是农副产品价格可能还会上涨；四是生产资料成本大幅上扬可能成为涨价“新军”；五是国际油价上涨“输入”的通货膨胀能否“消肿”；六是人民币汇率升值预期和国家收支顺差也形成了很大的物价上涨压力等。不过，不太可能出现全国通货膨胀的情况。首先，物价走势呈现出上游产品价格涨幅远高于下游产品的现象，说明在中国上游产品价格涨幅对下游产品价格影响的传导机制还不够顺畅。其次，工资收入未出现明显上升的现象，而通货膨胀的形成和恶化，必须是以工资和物价轮番上涨为基本特征和条件的，这一特征和条件在我国还不存在。

3.总的来看，此次通货膨胀的特点是“冷热兼有、结构差异”，表现为结构性而不是全面的物价上涨。其根本原因在于，从总体上来讲，中国经济处于总供给大于总需求的状况，居民的消费能力相对不足抑制了物价全面上升的趋势。但是，如果让物价上涨持续下去，一旦通货膨胀预期形成，潜伏的货币储蓄转变成商品需求，则总需求和总供给的形势也可能反转。因此，国家的及时调控是非常必要的。根据中国通货膨胀的特色，中国政府宏观调控的任务是既要防止通货膨胀，又要兼治通货紧缩，不宜采取“一刀切”和“快刀斩乱麻”的全面性、大幅度紧缩措施，而应采取外科手术式的调节措施，针对不同的产业部门应有不同的政策。

◆ 本章小结

1.总需求是指国民经济中对各种产品（物品和服务）的有效需求的总和，用统计指标总支出来度量，用AD来表示。总需求曲线是一条向右下方倾斜的曲线。

无论是扩张性财政政策还是扩张性货币政策都会使总需求曲线向右上方移动；无论是紧缩性财政政策还是紧缩性货币政策都会使总需求曲线向左下方移动。

2.总供给是指在某段时期内生产出来的所有的产品（物品和服务）的数量，是可供该社会支配的总量，可以用来消费、投资或者出口，用统计指标总产出即国民收入来度量，用AS来表示。

总供给函数是总产出与价格水平之间的对应关系。在以总产出为横轴、价格水平为纵轴的坐标系中，总供给函数的图像就是总供给曲线。根据货币工资率和价格水平是否具有伸缩性，有短期总供给曲线和长期总供给曲线之分；按照货币工资率和价格水平调整所需要时间的长短，又分为古典总供给曲线、凯恩斯总供给曲线和常规总供给曲线。

3.总需求-总供给模型，即AD-AS模型为：

$Y_d=f(P)$	总需求
$Y_s=f(P)$	总供给
$Y_d=Y_s$	均衡条件
$I(r)=S(Y)$	产品市场均衡条件
$M_0/P=L_1(Y)+L_2(r)$	货币市场均衡条件
$L_d(W/P)=L_s(W/P)$	劳动市场均衡条件
$Y=F(L)$	短期宏观生产函数

联立求解，可得到（P^*，Y^*）便是宏观经济管理的短期目标，Y^*就是达到充分就业的国民收入水平。

4.总需求曲线移动或者总供给曲线移动都可能偏离宏观经济管理的短期目标，宏观经济政策就是使总需求曲线或总供给曲线移动到接近或达到宏观经济管理的短期目标。

◆ 课后习题

一、名词解释

总需求　总需求曲线　总供给　利率效应　长期总供给曲线　AS-AD模型

二、选择题

1.总需求曲线向右下方倾斜是因为（　　）。

A.价格水平上升时，投资会减少　　B.价格水平上升时，消费会减少

C.价格水平上升时，净出口会减少　　D.以上几个因素都是

2.水平区域的劳动供给曲线表示（　　）。

A.工资不影响劳动供给　　B.工资对劳动供给影响很大

C.劳动供给不影响工资　　D.劳动供给对工资影响很大

3.假定经济实现了充分就业，总需求曲线向右移动会增加（　　）。

A.实际工资、就业量和实际产出　　B.名义工资、就业量和实际产出

C.劳动生产率和实际产出　　D.劳动力需求、就业量和实际工资

4.在其他条件不变时，价格水平下降，则实际消费需求（　　）。

A.增加　B.减少　C.不变　D.不确定

5.下列说法不正确的是（　　）。

A.宏观的总供给和总需求就是微观的供给和需求的加总

B.总供给就是实际GDP的供给量

C.总需求是指个人、企业、政府和外国人计划购买的一国生产的产品和劳务的总量

D.总需求就是实际消费、投资、政府购买和净出口之和

6.向上倾斜的总供给曲线表明（　　）。

A.名义工资不变　B.技术不变

C.边际产量递减　D."A＋B＋C"

7.短期总供给曲线反映了物价水平与实际国民生产总值之间的关系，它的假设条件是（　　）。

A.生产要素（投入品）的价格不变　　B.生产要素的数量不变

C.政府的支出水平不变　　D.物价水平不变

8.技术进步会引起（　　）。

A.短期总供给曲线和长期总供给曲线都向右方移动

B.短期总供给曲线和长期总供给曲线都向左方移动

C.短期总供给曲线向右方移动，但长期总供给曲线不变

D.长期总供给曲线向右方移动，但短期总供给曲线不变

三、计算题

1.如果总供给曲线为$Y_s=500$，总需求曲线为$Y_d=600-50P$。求：

（1）供求均衡点。

（2）如果总需求上升10%，新的供求均衡点。

2.某经济存在以下关系，消费：$C=800+0.8Y_d$；税收：$T=0.25Y$；投资：$I=200-50r$；政府购买支出：$G=200$；货币需求：$L=0.4Y-100r$；名义货币供给：$MS=900$。求：

（1）总需求函数。

（2）价格水平$P=1$时的收入和利率。

四、简答题

1.为什么总需求曲线向右下方倾斜？

2.简述扩张性财政政策对需求曲线的影响。

3.简述凯恩斯效应与庇古效应的含义及其比较。

4.总需求曲线和单个商品的需求曲线有什么不同？

5.主流学派经济学家是怎样用总供求分析法说明经济“滞胀”状态的？

第七章

失业与通货膨胀

【学习目的】

通过本章的学习，要求掌握失业的概念、失业的类型和失业的影响；掌握通货膨胀的概念、产生的原因和造成的影响；掌握失业与通货膨胀的关系。

【开篇导读】

从2008年开始，中国的物价经历了一路的全面上涨，从建筑业、服务业、大宗原材料，到日常用品、普通食品都经历了一定幅度的上涨，极大地影响了经济的发展和广大人民的生活。

我们感触最实在的通胀是日常生活中青菜、肉、油等价格都翻倍上涨，面对生活成本上涨而工薪小幅度上升的压力，广大人民群众有很多的不满和恐慌。普遍的大众心态是从刚开始的抱怨到现在能够容忍这种物价的上涨。政府部门和专家一直在寻找物价上涨的原因，改善的措施、政策等。

中国人民银行综合运用公开市场业务操作、存款准备金率、利率等多种工具来抑制通货膨胀，稳定经济的发展。

知识点提示：通货膨胀

从长期来看，一个经济社会应该处于充分就业、物价稳定的均衡状态，但是在短期内，由于各种因素的影响，宏观经济均衡经常会打破，出现高于或者低于充分就业水平的非均衡状态，这种短期的波动是经济的常态，最主要的表现就是失业与通货膨胀。很多国家均出现过失业与通货膨胀的现象。尤其是20世纪70年代，世界主要发达国家普遍出现高通货膨胀和高失业并存的滞胀现象。我国曾是一个失业率和物价较为稳定的国家，然而在改革开放的快速发展时期，中国经济也受到失业与通货膨胀的影响，在20世纪80年代末至90年代初，通货膨胀率曾达到两位数，90年代后失业问题又成为困扰我国经济发展的“疾病”。

由于失业和通货膨胀对一国经济和政治会带来广泛而严重的影响，因此无论是经济学家还是决策者都对它们给予极大的关注。失业和通货膨胀理论是宏观经济学的重要组成部分。本章将在前述各章理论的基础上，分析失业和通货膨胀理论以及两者之间的相互关系。

第一节
失业概述

一、失业的含义与度量

（一）失业的含义

失业是指处于法定劳动年龄阶段、具有劳动能力且有工作意愿的劳动者找不到工作岗位的经济现象。在对失业进行统计时，并不是把每一个没有工作的人都看作失业者。在统计失业时，经济学家通常会将社会人群细分为四类：就业人群、失业人群、非劳动力和劳动力。

就业人群是指正在从事有报酬工作的人群，因生病、假期或者罢工而缺勤者也算是就业者。

失业人群是指那些未被雇用而又正在主动寻找工作，或者正在等待重返工作岗位的人。一个人要被算成失业，不能只是想着要得到工作，他还要去努力寻找工作。比如，一个刚毕业的大学生向某家公司投出简历申请，在他签订劳动合同之前，就属于失业人员。

劳动力是指就业人群和失业人群数量之和。

非劳动力是指在校学生和退休人员、家庭主妇等。

（二）失业的度量

计量失业的指标通常有两个：一个是失业人数；另一个是失业率。失业率是失业者在劳动力中的比重，即：

失业率=失业人数/劳动力×100%

失业率揭示出劳动力市场上闲置的劳动力数量的情况。与失业率对应的指标是就业率，就业率与失业率之和为1。也就是说，如果知道两者之中的一个，就可以算出另一个。

失业率的高低是衡量一国经济健康程度的一个指示器。各国政府常常会为高失业率感到担忧，这是因为高失业率意味着该国会有许多人找工作非常困难，将有许多人不能养活自己，进而许多劳动者不能为国家产出作出贡献。失业率还可以衡量企业雇用劳动者时面临的困难程度。这一困难程度也被称为劳动力市场紧张程度。

表7-1给出了部分西方国家1960—2005年年均失业率的情况。

表7-1　　部分西方国家1960—2005年年均失业率（%）

	法国	德国	意大利	日本	英国	美国
1960—1969	1.5	0.9	5.1	1.3	2.2	4.1
1970—1979	3.7	2.3	6.4	1.7	4.5	6.1
1980—1989	9.0	5.9	9.5	2.5	10.0	7.2
1990—1999	10.6	7.7	10.4	3.7	8.1	5.8
2000—2005	9.2	8.9	9.0	5.0	5.1	5.3

资料来源　斯罗曼．经济学［M］．郭庆旺，等，译．6版．北京：经济科学出版社，2008.

从表7-1可以看出，英国在20世纪80年代、法国和意大利在20世纪90年代都曾经历了失业率达到两位数的情况；德国和日本的年均失业率呈现出逐步上升的趋势。

表7-2显示的是中国城镇登记失业率的情况。

表7-2　　中国的城镇登记失业率

年份	1990	1996	1998	2001	2007	2009
失业率(%)	2.5	3.0	3.1	3.6	4.0	4.3

从表7-2可以看出，中国从20世纪90年代开始，城镇登记失业率呈现逐年上升态势。

二、失业的分类与成因

在现代经济学中，按照劳动力市场的结构和它们的形成因素，经济学家把失业分为不同的类型：摩擦性失业、结构性失业和周期性失业。

（一）摩擦性失业

摩擦性失业是指人们在转换工作过程中的失业，是指在生产过程中由于难以避免的摩擦而造成的短期、局部的失业。这种失业在性质上是过渡性的或短期性的。它通常起源于劳动力供给方。摩擦性失业是由国家经济制度的动态结构造成的。它的规模决定于失业工人和他寻找的工作碰到一起时所遇到的结构上的困难。这种结构上的困难，主要是指缺乏就业机会的信息、缺乏就业的知识，以及缺乏迅速移动必须具备的先决条件。摩擦性失业也和工人自由寻找新工作和随意变换工作有关。在自由经济中，摩擦性失业是一种经常性的失业，并非周期性的。

（二）结构性失业

结构性失业是指由于经济结构、体制、增长方式等的变动，使劳动力在技能、经验、工种、知识、年龄、性别、主观意愿、地区等方面的供给结构与需求结构不相一致而导致的失业。这一定义既指出了结构性失业的形成根源，又较全面地概括了结构性失业的种种状况，因而较为完整。结构性失业的产生必须同时具备两个条件：一是由于经济变动使社会对劳动力的需求结构发生了变化（这是必要条件）；二是由于种种条件的限制使劳动力的供给结构满足不了需求结构的变化（这是充分条件）。满足不了需求结构变化的那部分劳动者便成了失业人员，得不到满足的工作岗位则成了空位，这就构成了结构性失业的重要特征：失业和空位并存。

（三）周期性失业

周期性失业是指经济周期波动所造成的失业，即经济衰退或萧条时，因需求下降而导致的失业。当经济中的总需求减少，降低了总产出时，会引起整个经济体系的普遍失业。当经济发展处于一个周期中的衰退期时，社会总需求不足，因而厂商的生产规模也缩小，从而导致较为普遍的失业现象。周期性失业对于不同行业的影响是不同的，一般来说，需求的收入弹性越大的行业，周期性失业的影响越严重。也就是说，人们收入下降，产品需求大幅度下降的行业，周期性失业情况比较严重。

三、自然失业率与充分就业

自然失业率是指经济在正常情况下的失业率，即劳动力市场处于供求稳定状态时的失业率。这时经济既没有通货膨胀也没有通货紧缩。在一个富有活力的经济中，产出的构成在不断变化，各个企业对劳动力数量和技能的需求也在不断变化，同时，劳动力市场上供求信息的传递也不可能十分完备。因此，摩擦性失业和结构性失业是不可避免的，也就是自然的。正是在这种意义上，摩擦性失业和结构性失业才被称为自然失业。与自然失业相对应的失业率就是自然失业率。

自然失业率的高低取决于各国的制度和人口的因素。政府改进劳动力市场的服务、提供就业培训、降低最低工资、改进失业保障制度等，都能够减少自然失业人口，但不可能消灭自然失业。所以，宏观经济学分析的重点以及宏观经济政策所要解决的是周期性失业问题。

当劳动力市场处于自然失业的状态时，如果政府使用财政或货币政策增加总需求，会使实际失业率小于自然失业率，经济出现过度就业。在过度就业时期，往往伴随着工资水平的上升。反之，当实际失业率大于自然失业率时，经济就会出现需求不足的失业（周期性失业）。因此，自然失业率可以被看成是实际失业率围绕其波动的平均失业率，也是经济在长期中趋近的失业率。

与自然失业率相联系的一个概念是充分就业。充分就业不是指人人都有工作，如前所述，失业可以分为由于需求不足而造成的周期性失业与经济中由于某些不可避免的原因造成的自然失业。当实际失业率为自然失业率时，经济就实现了充分就业。或者说，充分就业是消灭周期性失业时的就业状态。实现了充分就业时的失业率即是自然失业率，也称为充分就业的失业率，或长期均衡的失业率。

第二节
失业的影响和奥肯定律

过高的失业率会带来一系列的经济、社会、个人和家庭问题，影响经济正常发展，甚至引起社会的不稳定。

一、失业的影响

（一）经济影响

失业对经济的影响主要表现在实际GDP的下降。这是因为劳动力是最重要的生产要素，失业或劳动力的闲置本身就是资源的巨大浪费，而且劳动力这种资源具有其自身的特点：本期可利用的劳动力不能移至下期使用，本期可利用劳动力的闲置就是这部分资源永久性的浪费。在劳动者失业的同时，生产设备以及其他生产要素也常常会大量“赋闲”，如同经济扔掉了那些本可以由失业的工人们生产的商品和服务，这直接减少了社会产品，降低了实际GDP。

（二）社会影响

失业也会带来严重的社会影响。失业率的上升往往会引起犯罪率的上升，高犯罪率也是高失业率的代价，虽然很难从数字上确定失业与犯罪和堕落现象之间的关系，但它们之间的正相关关系是每一个人都承认的。此外，当失业问题严重、社会收入分配悬殊、失业者感到心理极度不平衡时，他们会采取抗议、示威的方式表达对社会和政府的不满，甚至引起社会动荡。

（三）个人和家庭影响

失业对个人和家庭的影响首先是给个人带来人力资本的损失。人力资本是受到的教育和获得的技能的价值，人力资本来源于所受的教育和工作中获得的经验。失业一方面使失业者已有的人力资本得不到运用，另一方面使失业者无法通过工作增加自己的人力资本。长期失业会降低人力资本的价值，因为人力资本闲置不用同样会折旧，即劳动技能因下降或过时而失去其原有的价值。

失业还会使失业者的自尊心受到伤害。失业不仅意味着生活水平的下降，对未来的担忧，还会造成失业者个人心理伤害，使当事人承受沉重的心理压力，这会引起诸如自杀、离婚、吸毒等问题，影响家庭成员之间关系的和谐与稳定。

二、奥肯定律

失业会导致实际GDP的下降，即失业率与实际GDP之间存在负相关关系。失业率与GDP是否有一定的定量关系，美国经济学家阿瑟·奥肯对此进行了研究，结果他发现了周期波动中经济增长率和失业率之间的经验关系，即当实际GDP增长相对于潜在GDP增长（美国一般将之定义为3%）下降2%时，失业率上升大约1%；当实际GDP增长相对于潜在GDP增长上升2%时，失业率下降大约1%，即失业率的变动是实际GDP增长率的一半，这条经验法则以其发现者为名，称之为奥肯定律。这个定律用公式表示如下：

$$失业率变动百分比=-\frac{1}{2}\times（GDP变动百分比-3\%）$$

根据这个公式，当实际GDP的平均增长率为3%时，失业率保持不变。

当经济扩张快于3%时，失业率下降的幅度等于经济增长率的一半。例如，如果GDP第二年度增长5%（高出正常水平2%），奥肯定律预期失业率下降1%。当GDP下降或增长不到3%时，失业率上升。例如，如果GDP第二年度下降1%，奥肯定律预期失业率上升2%。

奥肯定律的一个重要结论是：为防止失业率上升，实际GDP增长必须与潜在GDP增长同样快，如果想要使失业率下降，实际GDP增长必须快于潜在GDP增长。

需要注意的是，奥肯所提出的经济增长与失业率之间的具体数量关系只是对美国经济所作的描述，而且是特定历史时期的描述，不仅其他国家未必与之相同，而且今日美国的经济也未必仍然依照原有轨迹继续运行。因此，奥肯定律的意义在于揭示了经济增长与就业增长之间的关系，而不在于其所提供的具体数值。

第三节 通货膨胀概述

一、通货膨胀的概念

经济学界对于通货膨胀的解释并不完全一致，一般经济学家认可的概念是：在信用货币制度下，流通中的货币数量超过经济实际需要而引起的货币贬值和物价水平全面而持续的上涨。

定义中的物价上涨不是指一种或几种商品的价格上升，也不是价格水平一时的上升，一般指物价水平在一定时期内持续普遍的上升过程，或者说货币价值在一定时期内持续的下降过程。可见，通货膨胀不是指这种或那种商品及劳务的价格上涨，而是物价总水平的上升。

二、通货膨胀的度量

通货膨胀幅度的高低可以用通货膨胀率来度量。通货膨胀率的定义为：

$$\pi=\frac{P_t-P_{t-1}}{P_{t-1}}$$

其中，π为t时期的通货膨胀率；P_t和P_{t-1}分别表示t时期（代表报告期）和t-1时期（代表基期）的价格水平。用文字表述为：通货膨胀率等于报告期的物价水平减去基期的物价水平之差再除以基期的物价水平。也可以这么说，通货膨胀率是一个时期（基期）到另一个时期（报告期）物价水平变动的百分比。

公式中的物价水平可以用物价指数来表示，物价指数通常采用若干种选定商品的价格的加权平均数。选定商品涵盖范围不同，物价指数的种类也就不同，比较常用的物价指数有消费者物价指数和生产者物价指数。

消费者物价指数（consumer price index，CPI）是一个反映居民家庭一般所购买的商品和服务价格水平变动情况的宏观经济指标。它是度量一组代表性商品及服务的价格水平随时间而变动的相对数，用来反映居民家庭购买商品及服务的价格水平的变动情况。

消费者物价指数统计调查的是社会产品和服务项目的最终价格，一方面同人民群众的生活密切相关，另一方面在整个国民经济价格体系中也具有重要的地位。它是进行经济分析和决策、价格总水平监测和调控及国民经济核算的重要指标。其变动率在一定程度上反映了通货膨胀或紧缩的程度。一般来讲，物价全面地、持续地上涨就被认为发生了通货膨胀。

生产者物价指数（producer price index，PPI），也称批发物价指数，是衡量各个时期生产资料与消费资料批发价格变化的指数。

作为衡量生产原材料和中间投入品等价格平均水平的价格指数，生产者物价指数是对给定的一组商品的成本的度量。它包括原材料和中间品，这使得PPI成为表示一般价格水平变化的一个符号，被当作经济周期的指示性指标之一，受到政策制定者的密切关注。

根据价格传导规律，PPI对CPI有一定的影响。PPI反映生产环节的价格水平，CPI反映消费环节的价格水平。整体价格水平的波动一般首先出现在生产领域，然后通过产业链向下游产业扩散，最后波及消费品。产业链可以分为两条：一是以工业品为原材料的生产，存在原材料→生产资料→生活资料的传导；二是以农产品为原材料的生产，存在农业生产资料→农产品→食品的传导。

三、通货膨胀的分类

根据不同的区分标准，一般可以将通货膨胀划分为不同的类型，具体有以下几种类型：

（一）按照价格上升的速度加以区分

按照价格上升速度的快慢，可以将通货膨胀分为如下三种类型：第一，温和的通货膨胀，指每年物价上升的比例在10%以内。目前，许多国家都存在这种温和类型的通货膨胀。一些乐观的经济学家并不十分害怕温和的通货膨胀，甚至有些人还认为这种缓慢而逐步上升的价格对经济和收入的增长有积极的刺激作用。第二，奔腾的通货膨胀，指年通货膨胀率在10%以上和100%以内。这时，货币流通和货币购买力下降均具有较快的速度。一般当奔腾的通货膨胀发生以后，由于价格上涨率高，公众预期价格还会进一步上涨，因而采取各种措施来保护自己，以免受通货膨胀之害，这又会使通货膨胀更为加剧。第三，恶性通货膨胀，亦称超级通货膨胀，指通货膨胀率在100%以上。发生这种通货膨胀时，价格持续猛涨，人们都尽快地使货币脱手，从而大大加快了货币流通速度。其结果是，人们对货币完全失去信任，货币的购买力猛降，各种正常的经济联系遭到破坏，以至于货币体系最后完全崩溃，在严重的情况下，还会出现社会动乱。这种通货膨胀在经济发展史上是很少见的，通常发生于战争或社会大动乱之后，公认的恶性通货膨胀在世界范围内只出现过数次。第一次恶性通货膨胀发生在1923年的德国，当时第一次世界大战刚结束，德国的物价在一个月内上涨了2 500%，一个马克的价值下降到仅及战前价值的一万亿分之一。第二次恶性通货膨胀发生于第二次世界大战后，旧中国、希腊和匈牙利都陷入了货币混乱中，它创下了世界史上最严重的恶性通货膨胀的纪录——连续一年多物价平均每月通货膨胀率达19 800%。第三次恶性通货膨胀发生于20世纪80年代，阿根廷、玻利维亚、巴西、秘鲁等国的外债危机导致了金融混乱。

（二）按照人们预期程度加以区分

按照这种区分方法有两种类型的通货膨胀：一种是未预期的通货膨胀，即价格上升的速度超出人们的预料，或者人们根本没有想到价格会上涨。例如，国际市场原料价格的突然上涨所引起的国内价格的上升。另一种为预期到的通货膨胀。例如，当某一国家物价水平年复一年地按4%的速度上升时，该国的人便会预计到，物价水平将以同一比例继续上升。既然物价按4%的比例增长成为意料之中的事，则该国居民在日常生活中进行经济核算时会把物价的这一比例上升考虑在内。例如，银行贷款的利息率肯定会高于4%，因为4%的利率仅能起到补偿通货膨胀的作用。由于每个人都把4%的物价上涨考虑在内，所以每个人所索取的价格在每一时期中都要上升4%，因此，预料之中的通货膨胀具有自我维持的特点，有点像物理学上的运动中的物体的惯性。因此，预期到的通货膨胀有时又被称为惯性的通货膨胀。

（三）按照对不同商品的价格影响的大小加以区分

按照这种区分方法存在两种通货膨胀类型：第一种为平衡的通货膨胀，即每种商品的价格都按相同比例上升。这里所指的商品价格包括生产要素以及各种劳动的价格，如工资率、租金、利率等。第二种为非平衡的通货膨胀，即各种商品价格上升的比例并不完全相同。例如，甲商品价格的上涨幅度大于乙商品价格的上涨幅度，利率上升的比例大于工资上升的比例等。

第四节
通货膨胀的原因

经济学家们对通货膨胀的原因进行过深入研究，给出了各种解释，大体上通过货币数量论、总需求与总供给以及经济结构因素变动等来解释。

一、作为货币现象的通货膨胀

货币数量论在解释通货膨胀方面的基本思想是：每一次通货膨胀背后都有货币供给的迅速增长。可从货币交换方程开始分析。先定义货币流通速度v：名义国民收入与名义货币量之比，即$v=PY/M_0$，其中，Y、M_0和P分别是实际国民收入、名义货币量和价格水平，这样PY就是名义国民收入。于是得到的货币交换方程为$M_0v=PY$，则可得到通货膨胀率公式：

$$\pi = \Delta M_0/M_0 - \Delta Y/Y + \Delta v/v$$

通货膨胀率等于名义货币增长率减去实际国民收入增长率再加上货币流通速度增长率。因此，当货币流通速度不变、国民收入处于潜在的水平上时，通货膨胀率的产生主要来自于货币供给的增加。换言之，货币供给的迅速增加是通货膨胀的基本原因。

二、需求拉上型通货膨胀

需求拉上型通货膨胀是指一段时期内物价水平持续上涨是由于总需求的过度增加，结果导致总需求超过总供给所致，也就是对产品的需求超过了现行价格水平下所能够提供的最大产出从而导致物价水平的上升，它是需求方面的因素造成的。用通俗的话讲，就是太多的货币追逐较少的货物，或者是因为物品与劳务的需求超过按现行的价格可得到的供给，所以一般物价水平便上涨。

总需求的增加可能是由于消费者需求增加、政府支出水平提高、企业投资增加或本国产品出口增加所引起的，也可能是这四个因素中部分或所有因素共同作用的结果。

图7-1常常用来解释需求拉上型通货膨胀。

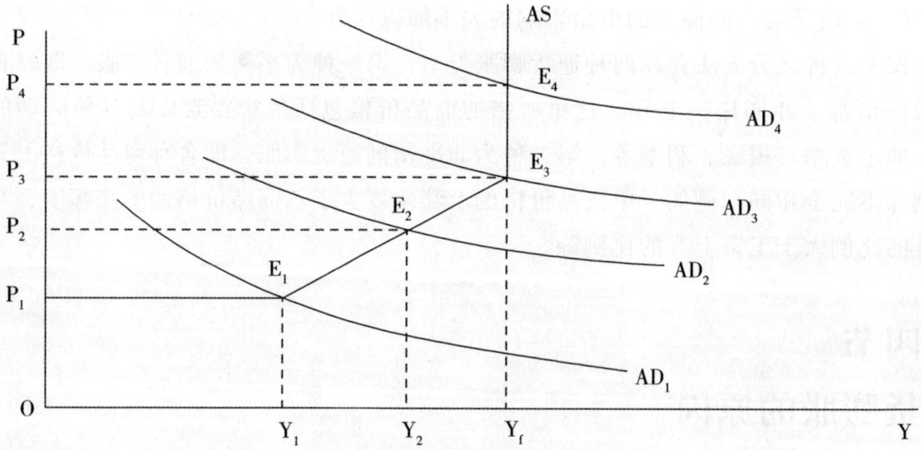

图7-1　需求拉上型通货膨胀

在图7-1中，纵轴P表示物价水平，横轴Y表示产量水平。总需求的增加表现为总需求曲线向右上方移动，从AD_1依次平移至AD_2、AD_3时，相应的价格水平从P_1依次上升到P_2、P_3，国民收入从Y_1依次提高到Y_2、Y_3，这里Y_f为潜在国民收入水平。当总需求曲线从AD_3移动到AD_4时，价格水平从P_3上升到P_4，但是国民收入不变，仍然是Y_f。可见，随着总需求曲线不断向右上方移动，总供给曲线越陡峭，价格上升越多，国民收入增加得越少。当总需求曲线移至AD_3时，国民收入已达到充分就业水平Y_f，AS曲线呈垂直线，所以在从AD_3移动到AD_4时，只有价格水平的上升，而没有收入的变化。此时，经济发展到达顶峰，总需求扩大不会引起国民收入提高，只会引起价格水平按同比例上涨，这就是需求拉上型通货膨胀。

三、成本推动型通货膨胀

成本推动型通货膨胀是指价格水平上升是由于生产成本提高推动的，是由供给方面的因素造成的。即使没有过度总需求的存在，也会由于生产成本提高从而引起通货膨胀。

图7-2常常用来解释成本推动型通货膨胀。

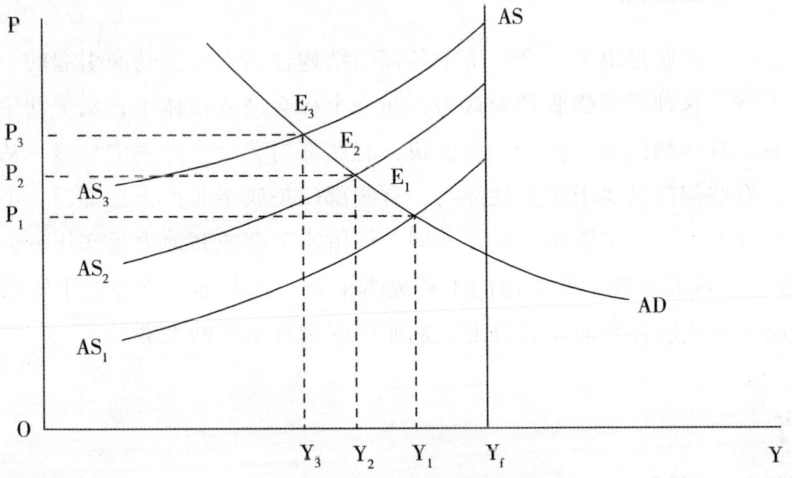

图7-2　成本推动型通货膨胀

在图7-2中，总需求曲线AD是既定的，不会发生变动。由于工资、税收等提高而导致生产成本提高，总供给曲线从AS_1向左上方移动至AS_2，再移动到AS_3，相应地国民收入水平从Y_1下降到Y_2，再下降到Y_3，而价格水平则从P_1上升到P_2，再上升到P_3。

成本推动型通货膨胀按成因来划分，大致包括三种：工资推动型通货膨胀、利润推动型通货膨胀和进口商品价格推动型通货膨胀。

工资推动型通货膨胀是指由于劳动力市场上的不完全竞争造成工资率的增长超过劳动生产率的提高，从而引起一般物价水平上涨的现象。劳动力市场的不完全竞争往往是由于存在具有强大谈判能力的工会组织，操纵工人的工资水平，它可以将工资提高到由市场竞争力量所形成的货币工资水平之上，并使工资增长率超过生产增长率。

企业将工资的上升打入成本转嫁至消费者身上，导致产品价格上涨，而在物价上涨之后，工人又要求提高工资，再度引起物价上涨，如此循环，就形成了一种所谓的工资-价格螺旋上升势头。

利润推动型通货膨胀是指由于市场上具有垄断地位的厂商对较高利润的追逐，通过利润加成从而造成产品价格上涨。在不完全竞争市场上，具有垄断地位的厂商有某种程度操控价格的能力，可以通过削减产量减少供给来提高产品价格，如果这一过程扩大到普遍的程度，就将发生利润推动型通货膨胀。

进口商品价格推动型通货膨胀是指由于进口商品价格上涨导致物价水平上涨而引起的通货膨胀现象。石油输出国组织（OPEC）在1973—1974年将石油价格提高了4倍，从而使石油进口国引发通货膨胀。

在所有这些情况中，通货膨胀的发生都是由一个或多个集团操纵经济权力而引发的。由此，随着时间的推移，如果经济权力越集中即市场垄断程度越高，这个问题就越严重。

四、结构性通货膨胀

结构性通货膨胀是由于社会经济中各部门结构性因素的变动而引起的一般物价水平的持续上涨。这种通货膨胀理论认为，在一个社会经济整体中，从劳动生产率增长的快慢来看，有些部门劳动生产率增长快，有些部门劳动生产率增长慢；从经济发展过程来看，有些部门是属于扩张性部门，有些部门是属于非扩张性部门。不同部门由于经济发展状况不同，工资水平应该不同，但由于工会或其他力量作用，会出现工资"攀比"效应，从而导致一些部门的工资成本上升。这些部门增加的工资成本通过提高产品价格的方式转移到消费者身上，从而引起物价水平的上涨。

第五节
通货膨胀的影响

通货膨胀会对社会经济生活的各个方面产生程度不同的影响作用，我们可以称之为通货膨胀的经济效应，主要包括收入分配效应、财富分配效应、产出效应、就业效应等。一般来说，如果通货膨胀率相当稳定，人们可以完全预期，那么通货膨胀对经济的影响很小。因为在这种可预期的通货膨胀之下，各种名义变量（名义工资、名义利息率等）都可以根据通货膨胀率进行调整，从而使实际变量（实际工资、实际利息率等）不变。这时，通货膨胀的唯一影响是人们将减少他们所持有的现金量。在通货膨胀不能完全预期的情况下，通货膨胀将影响经济活动。因为这时人们无法准确地根据通货膨胀率来调整各种名义变量以及相应的经济行为。下面我们将分别予以说明。

一、通货膨胀对收入的影响

未预期到的通货膨胀将使一部分人受害、一部分人得益，从而带来收入分配的变化，这可以从以下三个方面来分析：

第一，在债务人与债权人之间，通货膨胀将有利于债务人而不利于债权人。这是因为，债务契约是根据签约时的通货膨胀率来确定名义利息率的。当发生了未预期到的通货膨胀之后，债务契约无法更改，从而就使实际利率下降，债务人受益，而债权人受损。

第二，在雇主与工人之间，通货膨胀将有利于雇主而不利于工人。这是因为，在不可预期的通货膨胀之下，工资不能迅速地根据通货膨胀率来调整，从而就在名义工资不变或略有增长的情况下使实际工资下降。实际工资的下降就会使利润增加，而利润增加是有利于刺激投资的。这正是一些经济学家主张以通货膨胀来刺激经济发展的理由。

第三，在政府与公众之间，通货膨胀将有利于政府而不利于公众。这是因为，在不可预期的通货膨胀之下，名义工资总会有所增加（尽管并不一定能保持原有的实际工资水平），随着名义工资的提高，达到纳税起征点的人增加了，还有许多人进入更高的纳税等级，这样，政府的税收增加了，而公众纳税数额增加，实际收入减少。政府从这种通货膨胀中所得到的税收被称为“通货膨胀税”。这实际上是政府对公众的掠夺。这种通货膨胀税的存在，不利于储蓄的增加，也影响了私人与企业的投资积极性。

二、通货膨胀对财富的影响

居民有两类资产：一类是价格可变的资产，如土地、房屋、汽车等实物资产和股票等金融资产。它们随时都可以按照现行价格出售，因而它们的价格是可变的。另一类是金额固定的资产，如存在银行中的存款、买下的政府债券和公司债券等。不论是本金和利息，它们的金额都是固定的。现金虽然不是资产，但它的金额也是不变的，为分析方便起见，也可以把它算作金额固定的资产。

居民的债务与资产不同，它的金额全部是固定的。居民的债务有银行贷款、房产抵押贷款、汽车抵押贷款、各种耐用消费品的分期付款等。居民偿还这些债务时按原来的数额和商定的利息率付款。

每一户居民的财产净值就是其资产价值和债务价值的差额。

某户居民在通货膨胀中是受害还是受益，主要取决于其价格可变的资产、金额固定的资产和债务的构成情况。假定有三户居民，一户居民债务大于资产，财产净值为负数；一户居民有中等财产净值；一户居民有高额财产净值。他们的具体情况如表7-3所示。

如果价格水平上涨1倍，假定价格可变的资产的价格同比例上升，它的价格水平

表 7-3　　　　通货膨胀发生前居民的财产净值　　　　单位：美元

项目	财产净值为负值的居民	有中等财产净值的居民	有高额财产净值的居民
金额固定的资产	100	1 000	30 000
价格可变的资产	2 900	14 000	70 000
债务	3 500	10 000	15 000
财产净值	−500	5 000	85 000

上涨，实际价值将保持不变。但是，金额固定的资产和债务的实际价值减少一半。在通货膨胀发生后，这三户居民的财产实际价值如表 7-4 所示。

表 7-4　　　　通货膨胀发生后居民的财产净值　　　　单位：美元

项目	财产净值为负值的居民	有中等财产净值的居民	有高额财产净值的居民
金额固定的资产	50	500	15 000
价格可变的资产	2 900	14 000	70 000
债务	1 750	5 000	7 500
财产净值	1 200	9 500	77 500

比较表 7-3 和表 7-4 可以发现，别的事情什么也没发生，仅仅是价格水平的变化，原财产净值为负数的居民摆脱了债务多于资产的困境，他的财产净值涨了，按实际价值计算从−500美元升至1 200美元。有中等财产净值的居民的财产按实际价值计算也从5 000美元跃至9 500美元。但是，有高额财产净值的居民的财产净值按实际价值计算反而从85 000美元降至77 500美元。

上述分析表明：第一，因为在通货膨胀过程中，价格可变的资产的实际值没有变化，而金额固定的资产的实际价值发生下降，所以在资产构成中，金额固定的资产越多，居民受通货膨胀的损害就越大。第二，由于债务按固定的金额偿还，债务的实际价值随着价格的上升而减少，因此，债务越多，居民从通货膨胀中得益就越大。

三、通货膨胀对产出的影响

经济学家认为，在通货膨胀未被预期的情况下，物价水平的上涨会高于货币工资的增长幅度，因而生产者将可以从商品价格提高快于工资成本提高的过程中获得较多的利润，于是就会增加生产和就业，即产生正的产出效应。

一般来说，通货膨胀如果要对社会经济生活产生正的产出效应，必须具备以下三个条件：

第一，社会经济生活中要有闲置资源存在，否则社会经济生活中货币数量的增加和总需求的扩张就失去了物质基础的保证，不仅不会使产量和就业有实际增加，反而只会引起物价水平上涨。如果闲置资源只存在于某些生产部门，且在生产部门间不具有流动性，则货币数量的增长和总需求的扩张必须具有针对性，否则也不会有任何正的产出效应产生。

第二，通货膨胀必须是未被预期到的，当通货膨胀完全被预期到时，货币工资的上涨率将与物价水平的上涨幅度保持一致，生产者就无法从通货膨胀过程中得到额外的盈利，也就不会扩大产量和增加就业。

第三，通货膨胀必须是“温和的”，在恶性通货膨胀的条件下，货币价值遭受到严重的贬值，货币在很大程度上丧失了其作为交易媒介的职能。在此种情形中，整个社会经济生活会发生严重的紊乱，甚至会部分地演变成物物交换经济，结果是生产大幅度下降，失业率提高。

第六节
失业与通货膨胀的关系

众所周知，通货膨胀和失业是宏观经济中两个最重要的问题。那么，这两者之间有什么关系呢？本节在前面对两种现象分析的基础上，引入一个新的概念——菲利普斯曲线，深入分析两者之间的关系。

菲利普斯曲线是用来说明货币工资变动率（通货膨胀）与失业率之间关系的曲线，因最初由经济学家菲利普斯提出而得名。

一、菲利普斯曲线的提出

1958年，英国经济学家菲利普斯在研究了英国1861—1957年间货币变动率和失业率的统计资料后，提出了一条用以表示货币工资变动率和失业率之间交替关系的曲线。这条曲线表明：当失业率较低时，货币工资增长率较高；当失业率较高时，货币工资增长率较低，甚至是负数。把这种关系描绘在图上就是原始的菲利普斯曲线，如图7-3所示。

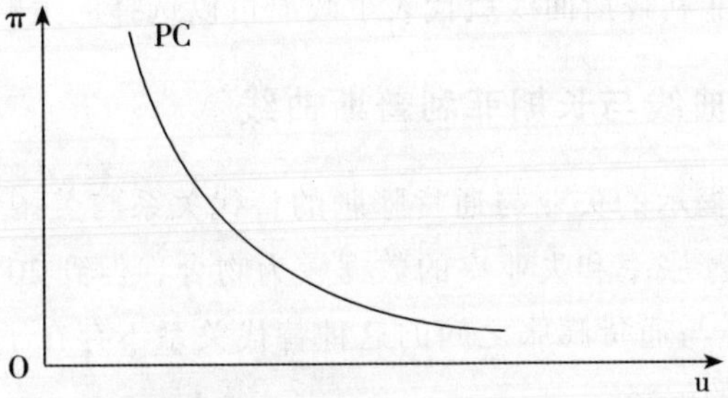

图7-3　最初的菲利普斯曲线

在图7-3中，菲利普斯曲线为一条向右下方倾斜的曲线，表明货币工资变动率与失业率之间的负相关关系。这种负相关关系可以理解为：当失业率较低时，意味着劳动力市场上对劳动的需求较多，在劳动供给相对稳定的情况下，势必引起劳动的价格——货币工资上升；反之，当失业率较高时，意味着对劳动的需求较少，货币工资下降。

假定工资成本构成产品价格的一个固定比例，则货币工资变动率可以等同于产品价格的变动率（即通货膨胀率）。美国经济学家萨缪尔森和索洛正是根据这一假定，将货币工资变动率与失业率之间的交替关系转换成通货膨胀率与失业率之间的交替关系。因此，一般我们说的菲利普斯曲线都是反映这两者之间的关系。菲利普斯曲线的中心思想是：在其他条件不变的情况下，通货膨胀率越低，失业率越高，通货膨胀率与失业率之间存在着反方向的变动关系。图7-4为菲利普斯曲线。

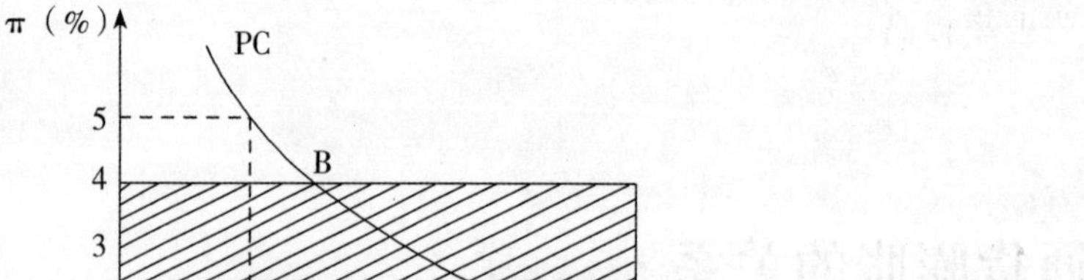

图7-4　菲利普斯曲线

在图7-4中，横轴u代表失业率，纵轴π表示通货膨胀率，PC为菲利普斯曲线，PC向右下方倾斜，表示通货膨胀率与失业率之间呈反方向变动。在A点，通货膨胀率不到2%，失业率为4%；在B点，通货膨胀率为4%，失业率不到2%。当失业率下降时，通货膨胀率上升了。

通货膨胀率与失业率的交替关系为政府的决策提供了一个选择空间，即政府总可以通过牺牲一个目标来换取另一个目标的实现。也就是说，菲利普斯曲线为政府提供了一个选择的菜单，决策者可以根据自己的偏好，选择任一个位于这一曲线上的通货膨胀率和失业率的组合。如图7-4所示，A点提供了高失业率和低通货膨胀率，B点提供了低失业率和高通货膨胀率。根据萨缪尔森和索洛的观点，决策者面临通货膨胀和失业的权衡取舍，菲利普斯曲线就代表了政府可以选择的策略组合。

二、短期菲利普斯曲线与长期菲利普斯曲线

菲利普斯曲线所揭示的失业与通货膨胀的替代关系与美国等西方发达国家20世纪五六十年代的通货膨胀率和失业率的数据较为吻合，但到20世纪70年代末，由于“滞胀”的出现，失业与通货膨胀之间的这种替代关系不存在了，于是对失业与通货膨胀的关系又有了新的解释。

（一）短期菲利普斯曲线

1968年，美国经济学家、货币主义的代表人物弗里德曼指出了菲利普斯曲线分析的一个严重缺点，即它忽略了影响工资变动的一个重要因素：工人对通货膨胀的预期。弗里德曼指出，企业和工人关注的不是名义工资，而是实际工资。当劳资双方谈

判新工资协议时，他们都会对新协议期的通货膨胀进行预期，并根据预期的通货膨胀相应地调整名义工资水平。根据这种说法，人们预期通货膨胀率越高，名义工资就增加得越快。由此，弗里德曼等人提出了短期菲利普斯曲线的概念。这里所说的"短期"是指从预期到需要根据通货膨胀预期作出调整的时间间隔。短期菲利普斯曲线就是预期通货膨胀保持不变时，表示通货膨胀率与失业率之间关系的曲线。

预期通货膨胀率是指人们对未来一段时间物价总水平变动的预期值。弗里德曼认为，短期内工人对通货膨胀率的预期是既定的，如果中央银行增加货币供给量，通货膨胀率就会发生没有预期到的上升。由于实际通货膨胀率高于预期水平，实际工资减少，企业生产增加，就业增加。当短期内预期的通货膨胀率低于以后实际发生的通货膨胀率时，通货膨胀率和失业率之间存在菲利普斯曲线所表示的交替关系。所以，向右下方倾斜的菲利普斯曲线在短期内是可以成立的。这也说明，在短期中引起通货膨胀率上升的扩张性财政与货币政策是可以起到减少失业的作用的。这就是宏观经济政策的短期有效性。

（二）长期菲利普斯曲线

但是，在长期中，工人会根据实际发生的情况不断调整对未来的预期。当预期的通货膨胀与实际的通货膨胀一致时，工人会要求增加名义工资，使实际工资恢复到通货膨胀以前的水平，这时，劳动力成本上升了，企业会减少雇用工人的数量，从而使产量和失业率都恢复到以前的水平。也就是说，在长期中，失业率回到自然失业率水平，失业率与通货膨胀率之间不存在替代关系。因此，长期菲利普斯曲线是一条垂直于横轴的直线，且经济总能实现充分就业，从而形成长期菲利普斯曲线，如图 7-5 所示。

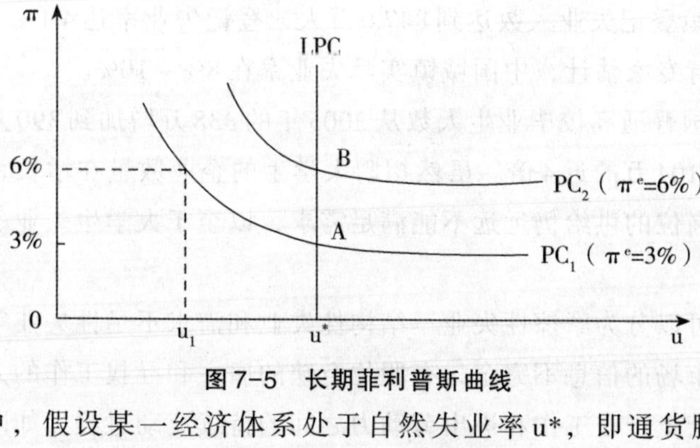

图 7-5　长期菲利普斯曲线

在图 7-5 中，假设某一经济体系处于自然失业率 u*，即通货膨胀率为 3%的 A 点，此时政府采取扩张性政策，目标是将失业率降到 u_1。政府实施扩张性政策，使总需求增加，引起物价水平上升，通货膨胀率从 3%上升至 6%。在 A 点，工人预期的通货膨胀率为 3%，低于实际通货膨胀率 6%，使工人实际工资下降，厂商的生产积极性提高，产出水平和就业率提高，失业率从 u*下降到 u_1，达到了政策的预期目标。

当然，这种情况只是短暂的，经过一段时间，工人们会发现价格水平的上升和实际工资的下降，就会相应地调整通货膨胀的预期，即从原来的 3%调整到现在的 6%，要求提高货币工资。伴随着这种调整，实际工资回到原有的水平，相应地，企业生产和就业也都回落到原来的水平，失业率又回到了原来的u*，但此时，经济已经处于较高通货膨胀率的B点。

以上过程重复下去，在短期中，由于工人不能及时调整预期，存在失业与通货膨胀之间的替代关系，表现在图7–5中，便有诸如PC_1、PC_2……的各条短期菲利普斯曲线。随着工人预期通货膨胀率的上升，短期菲利普斯曲线不断地上升。

从长期来看，工人预期的通货膨胀与实际的通货膨胀是一致的，因此，企业不会增加生产和就业，失业率也就不会下降，从而形成一条与自然失业率重合的长期菲利普斯曲线LPC。

垂直的长期菲利普斯曲线的政策含义是：长期内高通货膨胀并不能带来高就业，因此政府通过实施扩张性财政政策与货币政策来维持高就业水平是不可取的。这就是宏观经济政策的长期无效性。

综上所述，在短期中，失业率与通货膨胀率是反向变化的；而在长期中，通货膨胀率的上升对失业率没有影响。

◆ 案例分析

改革开放以来，农村劳动力大量向城镇转移，农业就业比重有所下降。1990—2006年，我国乡村从业人员所占比重从73.7%下降到62.9%，平均每年下降0.68个百分点。但农业就业比重依然偏高，人口基数庞大，造成我国农村剩余劳动力规模仍维持在1.5亿左右。农村劳动力转移任务十分艰巨。

1994年年底，全国城镇登记失业人数为470.4万人，登记失业率达2.8%。而到2006年年底，城镇登记失业人数达到847.0万人，登记失业率达4.1%。据国内有关研究机构和世界银行专家估计，中国城镇实际失业率在8% ~ 10%。

2006年，全国普通高校毕业生人数从2005年的338万增加到390万左右，这个数字已经是2001年104万的近4倍。虽然招聘大学生的企业数量在增长，但与毕业生的增长幅度相比，岗位的供给仍远远不能满足需求，以至于大学生失业、待业数量不断攀升。

分析：失业可以分为摩擦性失业、结构性失业和需求不足性失业等。摩擦性失业是人们因为职业市场的信息不完全，有职位空缺的雇主和寻找工作的人互相之间都要花时间去寻找，产生了在工作和进出劳动力之间的持续流动过程。如刚进入劳动力市场的人找不到工作，工人想转换工作岗位时出现的工作中断等。结构性失业是由于经济、产业结构变化以及生产形式、规模的变化，促使劳动力结构进行相应调整而导致的失业，即由于工作类型与寻找工作的人的不匹配所产生的一种长期性的失业。需求不足性失业的产生是由于经济中总需求不足以为求职者创造足够的工作。我国目前的失业主要是结构性失业，同时在金融危机的作用下，需求不足性失业也呈现上升趋势。针对我国的失业现状，可从以下几个方面采取措施来促进就业：首先要认识就业问题的严峻性，高度重视就业和再就业工作。失业不仅给失业的个人造成心理负担以及使他们生活艰难，而且会造成整个社会资源的浪费。做好就业和再就业工作，不仅有利于提高人民生活水平，也有利于维护整个社会的稳定。其次要实施积极的财政政策，促进国民经济较快增长。实施积极的财政政策才能在一定程度上刺激国内需求，扩大社会投资，创造大量就业岗位。再次要加大财政对就业和再就业工作的资金投入。在目前面临较大就业压力的情况下，我国应努力增加财政对职业介绍、职业培训等再就业的支出。另外，国家也可集中适当的财力，大力发展高新技术，通过技术创新提高企业的竞争力，从而提高商品的销售量，增加就业。最后要为下岗失业者提供完善的就业服务，如信息咨询、经费支持等，从而提高就业服务质量。建立有效的就业服务制度，根据劳动力市场变化和产业结构调整，对下岗失业人员进行有针对性的培训，提高劳动力供求的匹配程度。

◆ 本章小结

1.失业包括自然失业和周期性失业。自然失业是指经济在正常状态下存在的失业，包括摩擦性失业和结构性失业。摩擦性失业是指劳动力市场供求信息不完善以及劳动力在异地之间流动的成本高引起的失业。结构性失业是指劳动力的供给和需求不匹配所造成的对劳动整体的需求的下降而形成的失业。

2.如果一个社会的失业率正好处于自然失业率水平，就可以说这个社会是“充分就业”的。充分就业并不是人人都有工作，而是存在一定程度的失业，也就是相当于自然失业率水平的失业。

3.失业使经济、社会、个人和家庭付出代价。奥肯定理说明了失业的经济代价。奥肯定理的主要内容可以表述为：当实际GDP增长相对于潜在GDP增长（美国一般将之定义为3%）下降2%时，失业率上升大约1%；当实际GDP增长相对于潜在GDP增长上升2%时，失业率下降大约1%。

4.通货膨胀是指由货币供给量过多而引起的物价水平普遍而持续上涨。通货膨胀根据分类的标准不同有不同的类型。

5.通货膨胀根据成因大体可分为作为货币现象的通货膨胀、需求拉上型通货膨胀、成本推动型通货膨胀和结构性通货膨胀。

6.通货膨胀会对社会经济生活的各个方面产生程度不同的影响作用，我们可以称之为通货膨胀的经济效应，主要包括收入分配效应、财富分配效应、产出效应、就业效应等。

7.货币工资增长率与失业率呈交替关系，这种关系在横轴表示失业率、纵轴表示货币工资增长率的坐标系中，可以用一条向右下方倾斜的曲线来表示，这条曲线就是最初的菲利普斯曲线。

在横轴表示失业率、纵轴表示通货膨胀率的坐标系中反映了通货膨胀率与失业率之间的负相关关系的一条曲线就是菲利普斯曲线。

短期菲利普斯曲线是指预期通货膨胀率保持不变时的菲利普斯曲线。

长期菲利普斯曲线是指预期通货膨胀率可以根据实际发生的情况不断调整的菲利普斯曲线。

◆ 课后习题

一、名词解释

自然失业率　奥肯定律　通货膨胀率　物价指数　奔腾的通货膨胀　需求拉上型通货膨胀　成本推动型通货膨胀　短期菲利普斯曲线　长期菲利普斯曲线

二、选择题

1.失业率是指（　　）。

A.失业人数除以总人口　　B.失业人数除以就业人数

C.失业人数除以劳动力总量　　D.失业人数除以民用劳动力总量

2.由于经济萧条而形成的失业属于（　　）。

A.摩擦性失业　B.结构性失业　C.周期性失业　D.永久性失业

3.一般来说，某个大学生毕业后未能立即找到工作，属于（　　）。

A.摩擦性失业　B.结构性失业　C.自愿性失业　D.周期性失业

4.某人因为纺织行业不景气而失业，属于（　　）。

A.摩擦性失业　B.结构性失业　C.周期性失业　D.永久性失业

5.某人由于不愿接受现行的工资水平而造成的失业，称为（　　）。

A.摩擦性失业　B.结构性失业　C.自愿性失业　D.非自愿失业

6.（　　）不能同时发生。

A.结构性失业和成本推动型通货膨胀

B.需求不足性失业和需求拉上型通货膨胀

C.摩擦性失业和需求拉上型通货膨胀

D.失业和通货膨胀

7.垄断企业和寡头企业利用市场势力谋取过高利润所导致的通货膨胀，属于（　　）。

A.成本推动型通货膨胀　　B.结构性通货膨胀

C.需求拉动型通货膨胀　　D.需求结构型通货膨胀

8.应对需求拉上型通货膨胀的方法是（　　）。

A.人力政策　B.收入政策　C.财政政策　D.三种政策都可以

9.收入政策主要是用来对付（　　）。

A.需求拉上型通货膨胀　　B.成本推动型通货膨胀

C.需求结构型通货膨胀　　D.成本结构型通货膨胀

10.长期菲利普斯曲线说明（　　）。

A.通货膨胀和失业之间不存在相互替代关系

B.传统的菲利普斯曲线仍然有效

C.在价格很高的情况下通货膨胀与失业之间仍有替代关系

D.曲线离原点越来越远

三、问答题

1.通货膨胀的发生会对经济造成什么影响？

2.分析说明引发通货膨胀的因素或原因。

3.如何看待通货膨胀与失业的关系？

4.在各种失业种类中，哪些失业是可以消除的？哪些是无法消除的？

5.失业、就业和不再工作的区别是什么？

6.什么是自然失业率？哪些因素影响自然失业率的高低？

7.分析通货膨胀对名义利率和实际利率在短期和长期内有何不同的影响。

8.什么是菲利斯曲线？

四、计算题

如果失业率与GDP之间满足奥肯定律：$(Y-Y_f)/Y=-3(u-u^*)$，其中，u是失业率，u^*是自然失业率，Y_f是潜在GDP。

（1）假定$u^*=6\%$，2014—2017年的失业率分别为4%、5%、6%和7%，计算各年失业率所对应的GDP缺口。

（2）若2016年的实际GDP为2 500亿元，计算当年的潜在GDP水平。

第八章

经济增长和经济周期

【学习目的】

通过本章的学习，要求理解经济增长的含义，能运用增长核算法分析经济增长的源泉；理解并掌握新古典增长理论和内生增长理论；了解经济周期的含义、特征及理论演变；掌握乘数-加速数模型，并学会运用模型解释经济周期并了解实际经济周期理论。

【开篇导读】

经济增长是最古老的经济学议题之一。人类要生存和发展，其基础和前提就是物质产品或物质财富的丰富和增加。持续数年高速的经济增长可以令一个原本贫穷落后的国家或地区变得富足，如中国香港、韩国等；而持续数年低速甚至负的的经济增长可以令一些国家或地区陷入灾难性的贫穷，如索马里、赞比亚等。为什么会出现部分国家迅速发展，而部分国家停滞不前呢？

知识点提示：经济增长

经济增长理论主要是研究经济长期发展趋势的问题，而经济周期理论则着重研究经济的短期波动。经济周期与经济增长实质上是一个问题的两个方面，它们密切相关、互为条件。经济周期理论主要是从总需求变动的角度来考察经济短期波动的原因，经济增长理论则主要是从总供给变动的角度来分析经济增长的源泉，以及如何增加总供给，使经济处于长期稳定发展状态（即哪些因素决定了GDP的增长？什么样的经济增长是合乎理性的？怎样才能实现这种合乎理性的增长）。从一个经济周期来看，其过程中的经济扩张阶段可视为短期的经济增长。

第一节 经济增长概述

如果说经济增长是一个“量”的概念，那么经济发展就是一个比较复杂的“质”的概念。从广义上说，经济发展不仅包括经济增长，而且还包括国民的生活质量，以及整个社会各个不同方面的总体进步。总之，经济发展是反映一个经济社会总体发展水平的综合性概念。

一般地，主流的宏观经济学对经济发展问题描述得并不多，而是侧重于论述经济增长的内容与相关理论。遵循这种做法，本章将重点描述经济增长的内容。

一、经济增长的含义

经济增长（economic growth），一般定义为产量的增加和生产能力的提高。这里的产量既可以表示为宏观经济的总产出水平，即GDP总量，也可以表示为人均产量，即人均GDP。

美国经济学家库兹涅茨于1971年接受诺贝尔经济学奖时曾给经济增长下了这样一个定义：“一个国家的经济增长，可以定义为给居民提供种类日益繁多的经济产品的能力长期上升，这种不断增长的能力是建立在先进技术以及所需要的制度和思想意识之相应的调整的基础上的。”

库兹涅茨下的经济增长的定义包含了三方面含义：一是经济增长集中表现在生产能力（即经济实力）的不断增长上（亦指人均GDP增长率的提高）；二是技术进步是经济增长的必要条件；三是经济增长的充分条件是制度、意识的相应调整（即建立在相应的制度创新基础上）。

经济增长常用经济增长率来衡量。

若用Y_t表示t时期的总产量，Y_{t-1}表示（t-1）时期的总产量，则以总产量来衡量的经济增长率为：

$$g_Y = \frac{Y_t - Y_{t-1}}{Y_{t-1}} \tag{8.1}$$

若用y_t表示t时期的人均产量，y_{t-1}表示（t-1）时期的人均产量，则以人均产量来衡量的经济增长率为：

$$g_y = \frac{y_t - y_{t-1}}{y_{t-1}} \tag{8.2}$$

表8-1给出了2013年世界上人口数量排在前列的国家的人均GDP，以及以总GDP和人均GDP来衡量的经济增长率的情况。

从表8-1可以看出，这些国家生活水平及经济增长率存在巨大差异。

首先，从人均GDP来看，在表中所列的国家里，美国、德国、英国、日本、法国

表8-1　**生活水平及经济增长率的国际差异**

国家	人口总数（百万）	人均GDP（2005年不变价美元）	人均GDP增长率（%）	GDP增长率（%）
中国	1 357.38	3 583.38	7.14	7.67
印度	1 252.14	1 165.00	3.72	5.02
美国	316.13	45 863.02	1.15	1.88
印度尼西亚	249.87	1 810.31	4.51	5.78
巴西	200.36	5 823.04	1.62	2.49
巴基斯坦	182.14	806.38	4.33	6.07
尼日利亚	173.62	1 055.84	2.49	5.39
孟加拉国	156.59	625.34	4.74	6.03
俄罗斯联邦	143.50	6 923.45	1.09	1.32
日本	127.34	37 432.84	1.72	1.54
墨西哥	122.33	8 519.00	−0.16	1.07
菲律宾	98.39	1 581.01	5.33	7.16
埃塞俄比亚	94.10	289.25	7.58	10.36
越南	89.71	1 028.63	4.32	5.42
阿拉伯埃及共和国	82.06	1 566.44	0.44	2.10
德国	80.62	38 291.62	0.19	0.43
伊朗伊斯兰共和国	77.45	3 131.80	−7.04	−5.80
土耳其	74.93	8 716.68	2.75	4.05
刚果（金）	67.51	288.24	5.57	8.48
泰国	67.01	3 437.84	1.42	1.77
法国	66.03	34 140.57	−0.32	0.21
英国	64.10	37 985.42	1.11	1.74
意大利	59.83	28 376.38	−2.33	−1.85

资料来源　根据世界银行发展指数在线数据库（http：//data.worldbank.org.cn/indicator/）整理。

排在前五位，均达到3万美元以上的人均GDP水平。然而，刚果（金）、埃塞俄比亚这两个国家的人均GDP水平连300美元都没达到。换一种说法，在前五个国家里，一个代表性的工人1天的工作收入，相当于一个代表性的刚果（金）或埃塞俄比亚工人100多天的收入。

其次，从增长率的角度来看，各个国家也不尽相同。有些国家的增长率可以达到

7%以上，如中国、埃塞俄比亚，但有些国家则是严重的负增长，如伊朗伊斯兰共和国。人均GDP是重要的，其反映了不同国家的收入水平，这些数据说明国家之间的富裕程度或生活水平存在较大的差异。然而增长也是重要的，因为增长较快的国家随着时间的推移，其收入可以达到更高的水平。若埃塞俄比亚与伊朗伊斯兰共和国持续保持当前的人均GDP增长率水平，根据计算，只需16.31年，埃塞俄比亚的人均GDP即可赶超伊朗伊斯兰共和国。

另外，该表明确地反映了两种增长率计算结果会大不相同。以法国为例，GDP增长率为正，而人均GDP却为负增长。而且除了日本之外，其他国家以GDP衡量的增长率均高于以人均GDP衡量的增长率。这种情况该如何解释呢？

若Y_t为t时期的总产量（GDP），y_t为t时期的人均产量（人均GDP），N_t为t时期的人口数量，则：

$$Y_t=y_t \times N_t \tag{8.3}$$

若ΔY为总产量的变动，Δy为人均产量的变动，ΔN为人口数量的变动，则总产量的增长率可近似推导[①]为：

$$\frac{\Delta Y}{Y_t}=\frac{\Delta y}{y_t}+\frac{\Delta N}{N_t} \tag{8.4}$$

即总产量（GDP）的增长率等于人均产量（人均GDP）的增长率加上人口增长率。

当一个国家人口增长率大于0时，总产量（GDP）的增长率将大于人均产量（人均GDP）的增长率。结合表8-1，除日本外，其他国家人均GDP增长率均小于GDP的增长率，由此说明这些国家在2013年人口均呈正增长，而日本的人口处于负增长状态，现实情况也正是如此。

二、经济增长的基本问题

对于经济增长，有很多问题值得研究，但摆在人们面前的主要有三大基本问题，它们是：

第一，为什么一些国家富裕，而另一些国家贫穷？

第二，影响一个国家经济增长的因素有哪些？

第三，怎样理解一些国家和地区的增长奇迹？

在宏观经济学中，对上述问题的解答有两种互为补充的分析方法：一种是增长核算，即一种试图把产量增长的不同决定因素的贡献程度数量化的方法；另一种是增长理论，即一种把增长中的生产要素供给、技术进步、储蓄和投资互动关系模型化的方法。下面，本书将分别对这两种方法进行介绍。

---

① 对式（8.3）两边同时取对数，可得：$\ln Y_t=\ln y_t+\ln N_t$，再对该式求微分，可得：$\frac{dY_t}{Y_t}=\frac{dy_t}{y_t}+\frac{dN_t}{N_t}$。当$\Delta Y$、$\Delta y$和$\Delta N$极小时，可以用dY、dy和dN近似表示，故可得式（8.4）。

第二节 经济增长核算

一、经济增长的决定因素

什么是经济增长的核算？简单地讲，就是追踪一个国家经济增长的轨迹，研究影响国家长期经济增长的主要因素，探索经济增长的源泉。

首先，我们考虑用增长核算的方法解析经济增长的源泉。在进行增长核算时，先要选择生产函数的具体形式，同时尽可能准确地测度要素投入和产出的总量，然后通过选定的函数形式来考察各个生产要素对产出所作的贡献。

增长核算方法把产出的增长分为两个不同的来源：生产要素的增加和技术进步，而生产要素的增加可分为资本增加和劳动增加。

一个国家的国民生产总值是由总体生产要素和生产率决定的。生产函数描述的是，如何把资本和劳动力等投入要素通过一定的生产效率转化成最终产品。生产效率，也称全要素生产率（total factor productivity，TFP），是指生产投入以外可以直接影响产出的因素。

因此，设经济的生产函数为：

$$Y=AF(N,K) \tag{8.5}$$

其中，Y代表总产出；A代表全要素生产率；N代表投入的劳动量；K代表投入的资本量。全要素生产率（即式中的A）包含一个国家的技术水平，也包含与经济系统相关的政策与制度因素。除此以外，经济系统的基础设施水平，如交通和信息网络设施，也是影响全要素生产率的因素。这里我们主要假设A代表一国的技术状况。

设劳动变动量为ΔN，资本变动量为ΔK，技术变动量为ΔA，MP_N和MP_K分别代表劳动和资本的边际产量，则通过微分的相关知识，可推得：

$$\Delta Y=MP_N\times\Delta N+MP_K\times\Delta K+F(N,K)\times\Delta A \tag{8.6}$$

将上式两边同时除以Y=AF（N，K），可得：

$$\frac{\Delta Y}{Y}=\frac{MP_N}{Y}\times\Delta N+\frac{MP_K}{Y}\times\Delta K+\frac{\Delta A}{A} \tag{8.7}$$

进一步变形为：

$$\frac{\Delta Y}{Y}=\frac{MP_N\times N}{Y}\times\frac{\Delta N}{N}+\frac{MP_K\times K}{Y}\times\frac{\Delta K}{K}+\frac{\Delta A}{A} \tag{8.8}$$

$MP_N\times N$为劳动的收益；$MP_K\times K$为资本的收益。表达式$\frac{MP_N\times N}{Y}$代表的是劳动收益在产出中所占的份额，简称劳动份额，并记为α。同样，表达式$\frac{MP_K\times K}{Y}$代表的是资本收益在产出中所占的份额，简称资本份额，并记为β。

故方程（8.8）可写为：

$$\frac{\Delta Y}{Y}=\alpha\times\frac{\Delta N}{N}+\beta\times\frac{\Delta K}{K}+\frac{\Delta A}{A} \tag{8.9}$$

即：

产出增长=劳动份额×劳动增长+资本份额×资本增长+技术进步

这就是增长核算的关键公式，也就是我们前面所讲到的，经济增长是由三种因素所决定的，分别是：劳动量变动、资本量变动以及技术进步。

经济学家通常把产出中不能通过生产要素投入所解释的部分称为“残差”，并把这个残差项理解为全要素生产率，或者简单地理解为技术进步。增长的核算可以帮助我们衡量经济的技术进步。当已知产出增长率、劳动增长率、资本增长率、劳动份额以及资本份额时，技术进步即可通过下式间接地计算出来：

$$\frac{\Delta A}{A}=\frac{\Delta Y}{Y}-\alpha\times\frac{\Delta N}{N}-\beta\times\frac{\Delta K}{K} \tag{8.10}$$

表达式 $\frac{\Delta A}{A}$ 有时被称为索洛余量。

二、增长核算的意义

进行增长核算的研究意义何在？它不仅能够解释一个国家经济增长的决定因素，而且对制定经济政策有重要参考价值。如果研究发现生产投入对产出最为重要，政策的重点就应放在生产要素的积累上，比如对资本的积累。如果研究发现全要素生产率比生产投入更重要，政策的含义就有所不同：在理解要素对产出的贡献以外，我们还要深入分析技术进步、社会制度等因素对生产效率的影响，从而制定相应的经济增长策略。

三、经济增长因素分析

从现实的角度看，影响经济增长的因素有很多，正确地认识和估计这些因素对经济增长的贡献和影响，对于理解和认识现实的经济增长和制定促进经济增长的政策都是至关重要的。

美国经济学家爱德华·丹尼森（Edward Denison）是研究增长核算的杰出学者，他在《美国经济增长的源泉》一书中分析了美国20世纪前期经济增长的路径。利用美国1905—1957年的历史数据，丹尼森首先估算出资本和劳动力报酬占国民收入的比率、GDP的年均增长值、资本和劳动力的年均增长值，然后将估算值代入增长核算的公式，其结论是：在美国年均2.9%的增长率中，有1.575%来自于资本和劳动力数量的增加，剩下1.325%是生产函数中要素投入的增长所不能解释的，即来源于全要素生产率的变化。

丹尼森把经济增长的因素分为两大类：生产要素投入量和生产要素生产率。其中，生产要素投入量，即劳动、资本和土地投入量。劳动和资本投入是可变的，但土地投入量一般看作不变量。生产要素生产率主要取决于资源配置状况、规模经济和知识进展。

因此，具体而言，丹尼森把经济增长的源泉归结为以下七类因素：

（1）就业人数及年龄、性别构成；

（2）工人工时数（全日制和非全日制）；

（3）就业人员的受教育年限；

（4）资本存量大小；

（5）资源配置效率（低效率使用的劳动力比重减小）；

（6）规模的节约，以市场的扩大来衡量，即规模经济；

（7）知识的进展。

（1）、（2）、（3）、（4）属于生产要素投入量增长范畴，其中，（1）、（2）、（3）为劳动要素，（4）为资本要素；（5）、（6）、（7）属于生产要素生产率增长（技术进步）范畴。

第三节
经济增长理论

研究了增长核算，下面将对增长理论进行探讨。在宏观经济学中，增长理论主要有以下两种理论：一是新古典增长理论；二是内生增长理论。前者是由美国经济学家索洛提出的，在20世纪50年代后期和整个60年代都比较有影响；而后者的研究时期则主要是在20世纪80年代后期和90年代初期。本书主要对新古典增长理论和内生增长理论进行讲述。

新古典增长理论分析资本积累、人口增长及技术进步对经济增长的作用，着重分析储蓄对资本存量变化的影响，揭示经济长期增长的产出水平和资本水平实现稳态均衡的条件，以及如何从当时的状态向稳态均衡状态调整。

一、新古典增长理论

（一）新古典增长模型的假定

新古典增长模型的基本假定如下：

（1）该经济为不存在国际贸易的封闭经济，且政府部门可以忽略。

（2）整个社会只有资本（K）和劳动（N）两个生产要素，且两个要素能相互替代，资本和劳动能够以可变的比例组合。在此假定下，资本产出比率即资本生产率是可变的。

（3）劳动力按一个不变的比率n增长，即劳动增长率和人口增长率为：$\Delta N/N=n$。

（4）社会储蓄函数为$S=sY$，其中，s是作为参数的储蓄率。

（5）生产的规模报酬不变，并且资本与劳动的边际生产率递减，即F（λK，λN）=λF（K，N），λ>0成立。

（6）存在技术进步，但技术进步、人口增长及资本折旧的速度都由外生因素决定。

（二）无技术进步的新古典增长模型

在没有技术进步的情况下，设总产出为Y，总劳动量投入为N，总资本量投入为K，则经济中的生产函数为：

$$Y=F(N, K) \tag{8.11}$$

设人均产量：y＝Y/N，人均资本：k=K/N。假定生产的规模报酬不变，若用人均形式来表达，将式（8.11）等号两边同除以N，则经济中的生产函数为：

$$\frac{Y}{N}=F\left(1, \frac{K}{N}\right)$$

即
$$y=f(k) \tag{8.12}$$

其中，f（k）=F（1，$\frac{K}{N}$）。图8-1以图形的方式表达了该式的内容。

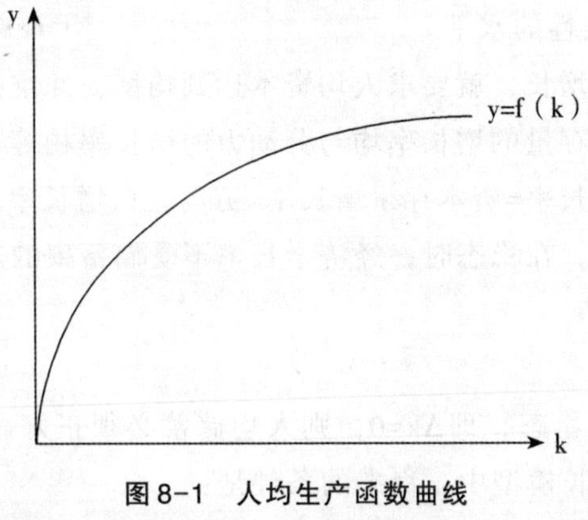

图8-1　人均生产函数曲线

根据该模型的假定可知，该国经济被假设为两部门经济，投资=储蓄是经济均衡的条件，故I=S，且S=sY。一般地，资本积累受两种因素影响：投资（I）和折旧。投资可形成新资本，而折旧则代表旧资本的损耗。假定折旧是资本存量K的一个固定比率δK，0<δ<1，则资本存量的变化为：

$$\Delta K=I-\delta K=sY-\delta K$$

即　资本存量变化＝储蓄－折旧

同除以劳动数量N，得到：

$$\frac{\Delta K}{N}=sy-\delta k \tag{8.13}$$

因为资本增量有两个去处：ΔK=NΔk+ΔNk，已知总劳动人口增长率n=ΔN/N，故：

$$\frac{\Delta K}{N}=\Delta k+\frac{\Delta N}{N}\times k=\Delta k+nk$$

将式（8.13）与上式合并，可得：

$$\Delta k+nk=sy-\delta k$$

即　$\Delta k=sy-(n+\delta)k$ (8.14)

或　$sy=\Delta k+(n+\delta)k$ (8.15)

式（8.14）即新古典增长模型的基本方程，可表述为：

资本深化=人均储蓄（投资）－资本广化

或者以式（8.15）理解为：

人均储蓄（投资）=资本深化+资本广化

（1）资本广化：$(n+\delta)k$，为每一增加的人口配备应得的资本设备，并替换报废的资本（报废的资本用折旧来表示），即实现外延型经济增长。

（2）资本深化：Δk，可理解为当人均储蓄（投资）超过资本广化$(n+\delta)k$这部分“必要”的投资时，导致人均资本的上升，即实现内含型经济增长。

（三）新古典经济增长模型的稳态分析

1.稳态的含义

所谓稳态，是指一种长期均衡状态。在稳态时，人均资本达到均衡值并维持在均衡水平不变，在忽略技术变化的条件下，人均产量也达到稳定状态。因此，在稳态之下，k和y达到一个持久性的水平。

要实现经济的稳态增长，就要求人均资本达到均衡，并维持在均衡水平不变。在稳态时，总产出和资本存量的增长率均与劳动力的增长率相等，即经济增长率$g=n$。

稳态中，总产出增长率=资本存量增长率=劳动人口增长率。

这里需要注意的是，在稳态时，经济增长率不受储蓄率的影响，这是新古典增长理论的一个关键结论。

2.稳态的条件

根据定义，要实现稳态，即$\Delta k=0$，则人均储蓄必须正好等于资本的广化。换句话说，在新古典经济增长模型中，稳态的条件是：

$sy=(n+\delta)k$ (8.16)

需要注意，稳态虽然意味着y和k的值固定，但总产量和资本存量都在增长。实际上，在稳态中，总产量和资本存量的增长率均与劳动力的增长率相等，即均为n。理解这一点，只需注意到劳动人口以速度n增长，因此，由于$k=K/N$固定，所以资本存量K必须与劳动力按同比率n增长。又由于$y=Y/N$，且在稳态时y亦固定，因此总产量Y也必须按比率n增长。总之，在新古典增长理论的框架内，稳态意味着：

$\Delta Y/Y=\Delta N/N=\Delta K/K=n$

3.稳态的分析

图8-2以图形的方式表示了式（8.14）所反映的内容。图中给出了该式右边的两个组成部分，即sy和$(n+\delta)k$，前者代表投资量，后者代表资本广化所需的投资量。为了便于参考，图中也画出了生产函数曲线$y=f(k)$。

在图8-2中，曲线sy和$(n+\delta)k$相交于点A，该均衡点A被称为稳态（steady-state）。在该点，有$sy_A=(n+\delta)k_A$，人均储蓄恰好够为不断增长的人口提供资本（设备）和替换折旧资本而不会引起人均资本的变化。

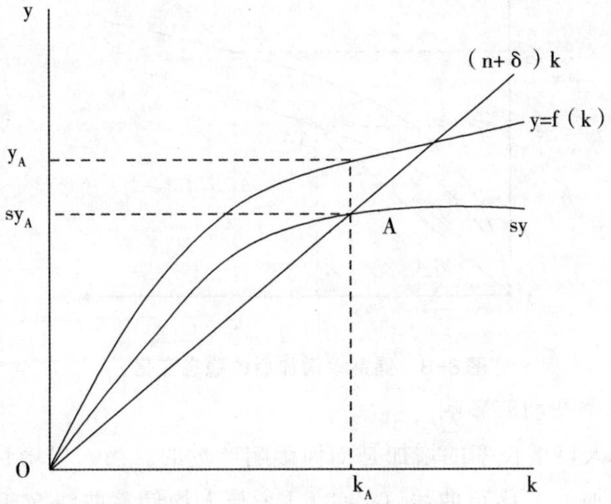

图 8-2　新古典增长模型的稳态

当资本存量不在稳态水平时，情况会如何呢？

在A点之左，sy曲线比（n+δ）k线高，这表明储蓄高于资本广化的需要。人均储蓄大于资本广化，这意味着每个工人占有的资本存量上升，即$\Delta k>0$。因此，在A点以左，经济中的人均资本k有上升的趋势，人均资本向k_A靠近。

在A点之右，sy曲线比（n+δ）k线低，这表明人均储蓄不能满足资本广化的需要，意味着每个工人占有的资本存量下降，即$\Delta k<0$。因此，在A点以右，人均资本k有下降的趋势，人均资本向k_A靠近。

因此，当经济偏离稳定状态时，无论人均资本过多还是过少，都存在某种力量使其恢复稳态。

4.稳态的变动

接下来，本书将考察储蓄率与人口增长的变动对经济稳态的影响。

（1）储蓄率变动的影响。

图8-3显示了储蓄率的增加是如何影响产量的。当储蓄率增加时，人均储蓄曲线sy向上移动，即储蓄曲线上移至s′y，形成新的稳态（A′）。可以看出，在新的稳态时：

①人均产出增加，人均资本增加。

②从短期看，更高的储蓄率会导致总产量和人均产量增长率的增加。从图8-3中可看出，储蓄率上升，人均资本从初始稳态的k_1上升至新稳态的k_2，而人均资本增加的唯一途径是资本存量比劳动力更快地增长，这也就意味着总产量以及人均产量会更快增长。

③长期来看，由于稳态时的产出增长是独立于储蓄率的，所以随着资本积累，产出增长率在短期提高后，会逐渐降低到人口增长率水平。

总之，新古典增长理论说明：储蓄率的增加不会影响到稳态的产出增长率，但可以提高产出的稳态水平。

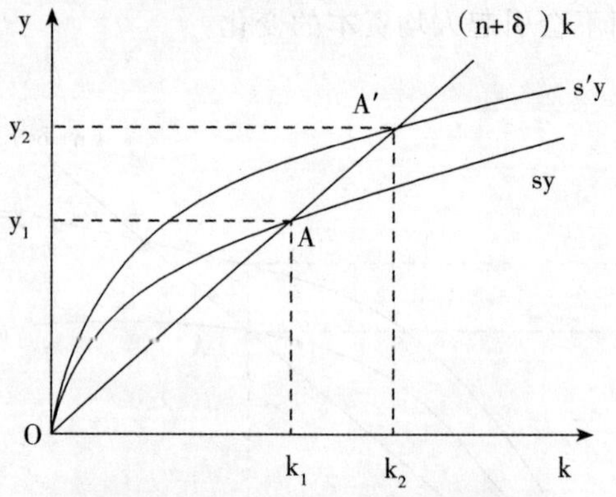

图 8-3　储蓄率增加后的稳态变化

（2）人口增长率变动的影响。

图8-4显示了人口增长率的增加是如何影响产量的。当人口增长率提高后，曲线（n+δ）k的斜率增加，上移至曲线（n′+δ）k，与人均储蓄曲线交于一个新的稳态水平（A′）。此时，人均产出减少，人均资本减少。

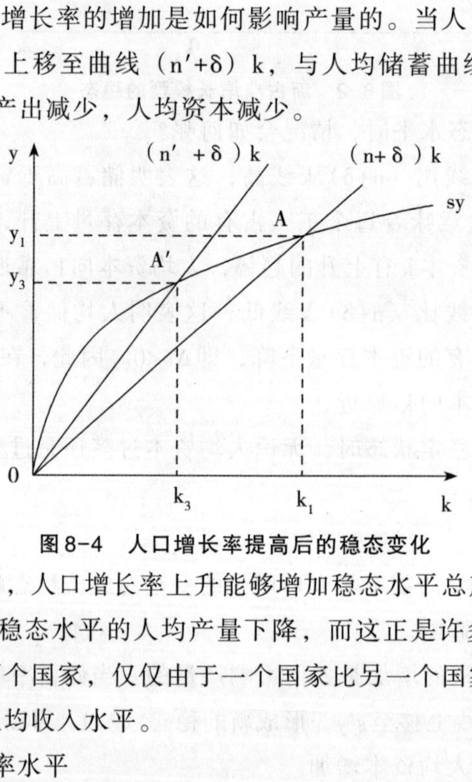

图 8-4　人口增长率提高后的稳态变化

由之前的分析可知，人口增长率上升能够增加稳态水平总产出的增长率，但由图8-4可知，其同时会使稳态水平的人均产量下降，而这正是许多发展中国家所面临的问题：相同储蓄率的两个国家，仅仅由于一个国家比另一个国家的人口增长率高，就可以产生非常不同的人均收入水平。

（四）资本的黄金率水平

储蓄率可以影响稳态的人均资本水平，而人均资本水平继而又决定人均产量。从全社会的角度看，产出可用于消费和积累两个方面。产出一定时，消费多了，积累就少了；反之亦然。因此，在此存在一个如何处理积累与消费的关系问题。显然，对这个问题的回答取决于人们对经济发展目标的认识。

很多西方学者认为，经济增长是一个长期的动态过程，因此，提高一国的人均消费水平是一个国家经济发展的根本目的。在这一认识下，经济学家费尔普斯于1961年找到了与人均消费最大化相联系的人均资本应满足的关系式，这一关系式被称为黄金分割律，其基本内容是：若使稳态人均消费达到最大，稳态人均资本量的选择应使资本的边际产品等于劳动力的增长率，即稳态人均资本量固定在资本边际产品等于人口增长率的水平。用方程来表示，就是：

$$f'(k)=n \tag{8.17}$$

从黄金分割律可知，在稳态时如果一个经济中人均资本量多于黄金分割律的水平，则可通过消费掉一部分资本使平均每个人的资本下降到黄金分割律的水平，就能够提高人均消费水平。如果一个经济拥有的人均资本少于黄金分割律的数量，则该经济能够提高人均消费的途径是在目前缩减消费，增加储蓄，直到人均资本达到黄金分割律的水平。

（五）具有技术进步的新古典增长模型

前面对新古典增长理论的研究是在没有考虑技术进步的情况下进行的，如果把技术进步的因素引入，那么经济中生产函数应为：

$$Y=F(AN,K)$$

其中，A代表技术水平。当技术水平随时间的推移进步时，变量A会增大，这时，经济中的劳动效率提高了。式中，AN被称为有效劳动。

设 $\bar{y}=\frac{Y}{AN}$，代表按有效劳动平均的产量，$\bar{k}=\frac{K}{AN}$，代表按有效劳动平均的资本，则将上式两边同除以AN，可得：

$$\bar{y}=F(1,\bar{k})=f(\bar{k})$$

新古典增长理论的一个重要假设是技术进步的速度是由外生变量决定的，即假定A是以一个固定的比率g增长。按照无技术进步的推导方法，可得：

$$\Delta\bar{k}=s\bar{y}-(n+\delta+g)\bar{k} \tag{8.18}$$

同理，引入技术进步后，新古典增长模型的稳态条件应为：

$$s\bar{y}=(n+\delta+g)\bar{k} \tag{8.19}$$

这时，经济处于稳定状态，代表经济的长期均衡。

如表8-2所示，利用增长率的运算，可以得到新古典增长模型在稳态时几个重要变量的增长率。

表8-2　**具有技术进步的新古典增长模型中的稳态增长率**

变量	稳态增长率
按有效劳动平均的资本（$\bar{k}$）	0
按有效劳动平均的产量（$\bar{y}$）	0
人均产出	g
总产出	n+g

由表8-2可知，在考虑到技术进步后，技术进步会引起人均收入，也就是人均产出的持续增长。一旦经济处于稳定状态，人均收入的增长率只取决于技术进步的比率。也就是说，根据新古典增长模型，只有技术进步才能解释一国生活水平（即人均

收入）的长期上升。

二、内生增长理论

新古典增长理论认为技术进步是外生的，即没有技术进步，只要存在资本深化(即人均资本量提高)，劳动边际产出与工资也会上升，直至资本递减使经济进入长期均衡状态。而产生于20世纪80年代中期的内生增长理论认为技术进步与知识发展是内生的，即可以通过对研发、人力资本的投资来获得增长。其核心思想是认为经济能够不依赖外力推动实现持续增长，内生的技术进步是保证经济持续增长的决定因素。下面将具体介绍内生增长理论：

（一）基本模型

假设人口增长既定，即劳动力数量不变，将劳动力数量标准化为1（总量与人均量均相同）。

考虑一个简单的生产函数：

$$Y=AK$$

其中，Y代表产出；K代表资本存量；A是一个常量，衡量一单位资本所能生产的产出量，同时不存在资本边际收益递减。这里将知识也纳入资本的范畴，因此，可以假设资本边际收益不变。

与新古典增长模型一样，假设社会储蓄函数为S=sY，s是作为参数的储蓄率。在两部门经济中，均衡时投资等于储蓄。同时假定折旧是资本存量K的一个固定比率δK，0<δ<1，故资本存量的变动为：

$$\Delta K=sY-\delta K$$

把上式两边同时除以K，再代入生产函数Y=AK，可得：

$$\frac{\Delta K}{K}=sA-\delta$$

由于Y=AK，故：

$$\frac{\Delta Y}{Y}=\frac{\Delta A}{A}+\frac{\Delta K}{K}$$

因为A为常数，增长率为零，可得：

$$\frac{\Delta Y}{Y}=\frac{\Delta K}{K}=sA-\delta \tag{8.20}$$

该式表明，只要sA>δ，即使没有外生技术进步的假设，经济产出或经济收入也能够一直增长。

本模型也被称为AK模型，它提供了一条内生化稳态增长率的途径，即如果可以被积累的生产要素有固定报酬，那么稳态增长率将受这些要素的积累率影响。储蓄率越高，产出增长率也就越高。

（二）两部门模型

内生增长理论研究的一个思路是建立一个多部门的模型来描述支配技术进步的力量，深入的介绍超出了本书的范围，因此，下面将对较简单的一个模型——两部门模型进行简略描述：

假定经济中包含两个部门：一是生产用于消费和投资的物品与劳务的企业部门；二是生产知识的教育部门，知识可免费被两部门使用。

企业部门的生产函数为：

$$Y=F[K,(1-u)EN]$$

其中，u是在教育部门的劳动力的比例，故（1-u）是在企业的劳动力的比例；E是知识存量。

教育部门的生产函数为：

$$\Delta E=g(u)E$$

其中，g（u）表明知识增长如何取决于在教育部门的劳动力的比例。

资本的积累方程为：

$$\Delta K=sY-\delta K$$

一般来说，如果企业的生产函数是规模收益不变的，即如果资本存量K和所谓的有效工人的数量，即（1-u）EN翻一番，那么物品与劳务的产出Y也翻一番。同时，根据以上的关系式和假设可知，若物质资本K和知识E都翻一番，这时经济中两个部门的产出也都翻一番。

因此，与AK模型一样，该模型也表明经济可以在不假设生产函数中有外生变动的情况下实现长期增长。在这里，长期增长是内生地产生的，因为教育部门的知识创造不会停止。

同时，这个模型与新古典增长模型类似。如果在教育部门的劳动力比例u是不变的，那么知识存量E就按不变的比率g（u）增长。这在本质上与新古典增长理论中关于技术进步的说明是一样的。因此，对任何一个既定的u值，这种内生增长模型也和新古典增长模型一样发挥作用。

第四节
促进经济增长的政策

由本章第二节的增长核算方程可知，决定经济增长的因素主要有三个，即技术进步、资本形成和劳动投入。因此，政府要促进经济增长，应从这三个方面着手，同时，宏观经济环境也影响着经济增长。

一、鼓励技术进步

从新古典增长模型可以看出人均收入的持续增长来自技术进步，因此，要实现经济增长，政府可以利用一些公共政策来鼓励技术进步。

例如，政府可以通过专利制度提高个人和企业从事研究的积极性。专利制度给新产品的发明者以暂时的垄断权力，并可以在一段时间内获得该产品的专属利润。类似的例子还有通过税收减免鼓励企业进行研究和开发。

另外，政府通过增加公共教育投入，提高人才素质，或是积极传播和推广技术知识，支持大学的基础研究工作，以鼓励技术增长。政府在改善技术增长方面的一个重要领域是教育。例如，在美国，州和地方政府提供了对小学、中学和大学支持中的大部分。同时，美国政府长期以来在创造和传播技术知识方面发挥着重要的作用。

二、鼓励资本形成

根据增长核算方程，资本存量的上升会促进经济增长。从直观的角度看，由于资本是被生产出来的生产要素，因此，一个社会可以改变它所拥有的资本量。如果今天经济生产了大量新资本品，那么，明天它就将有大量资本存量并能生产出更多的各种物品和劳务。从另一个角度看，资本存量的增长是由储蓄和投资所推动的，因此，通过鼓励公民储蓄和投资可以增加一国的资本形成。

三、增加劳动供给

由增长核算方程可知，增加劳动供给能引起经济增长，那么增加劳动供给的政策将会促进经济增长。

例如，所得税的改变将会改变劳动供给。政府提高所得税，将会降低工人的工作所得，从而降低工人工作的积极性，带来劳动供给的减少；与之相反，所得税的减免将会促进工人工作的积极性，带来劳动供给的增加。

与劳动供给相关联的一个概念是人力资本，它是指劳动者通过受教育和培训所获得的知识和技能。与物质资本一样，人力资本也提高了一国生产物品和劳务的能力。20世纪90年代的一项研究强调了在解释各国生活水平的差别中，人力资本至少与物质资本同样重要。因此，政府可以提高生活水平的一种方法是提供良好的教育、培训体系，并鼓励人们利用这样的体系。

四、宏观经济环境

一国经济要保持高速、稳定、持续、协调地增长，不仅与资本、劳动力、技术的投入有关，而且与宏观经济环境密切相关，宏观经济环境主要有社会环境、生态环境和国际环境三个方面。

（一）社会环境对经济增长的影响

经济增长是一种社会过程，它与社会的其他过程紧密相关，特别是与政治、社会的稳定直接有关。社会环境的优化，将对经济有着积极的推动作用，主要表现在：第一，在稳定的社会环境下，投资活动会持续增长。这是由于投资是一项长期的经济行为，投资的收益要在较长的一段时间后才能体现。如果社会环境不稳定，投资的预期收益为负，毫无疑问，投资者一定会停止投资。第二，在稳定的社会环境下，劳动者具有劳动力供给的积极性。假如社会不稳定，劳动者的就业、生活乃至生存均将遭到威胁，导致劳动者劳动供给的积极性减弱。第三，在稳定的社会环境下，生产者具有生产的积极性。由于社会稳定，生产者将会有预期的利润，因而愿意进行生产活动。第四，在稳定的社会环境下，一国具备了进行生产活动的客观条件。交通顺畅，信息传播快，水、电、能源、劳动力供应正常，为生产活动的顺利进行提供了条件。无论是计划经济还是市场经济，社会环境的稳定是经济增长的必要条件，亚洲“四小龙”均是在社会环境稳定的条件下求得经济增长的。

（二）生态环境对经济增长的影响

人类的经济活动是一种控制自然、改造自然并向自然索取的过程，同时也是一种掠夺自然、破坏自然的过程，因而生态环境也有一个自身的再生产问题，生态环境的恶化将会严重阻碍经济的增长，主要体现在：其一，增大经济增长的成本，遏制经济增长的速度。随着经济的增长，资源的投入也会增加，有可能出现资源赤字，迫使人们使用更低品位的资源，从而引起生产成本的急剧增长。其二，经济增长越快，工业越发达，对环境污染的可能性就越大，环境污染将造成经济增长的负效应或增加经济增长的成本，当经济增长负效应超过正效应时，经济增长也就失去其现实意义了。因此，为保持经济的持续增长，保证子孙后代的长远利益，必须在经济增长的同时，保护好生态环境。

（三）国际环境对经济增长的影响

国际环境是一国经济的外部环境，它对经济增长也具有促进或抑制作用。在稳定、和谐的国际环境下，一国经济可以较快地增长，特别是有利的国际环境可以为本国的产品提供国际市场，填补资金缺口，引进技术，为本国的经济增长开辟新的空间。日本和亚洲“四小龙”就是充分利用第二次世界大战后一段时间内对它们有利的国际环境，广泛参与国际分工协作，全方位开辟国际市场，从而实现了经济腾飞。反之，如果国际环境恶化，将会导致经济增长的减缓甚至停滞。

第五节
经济周期概述

至此，本章已对经济增长的核算与理论都进行了介绍，但在现实生活中，经济增长的方式从来都不是一成不变的。一个国家可以享受很多年令人兴奋的经济繁荣，也可能突然之间就经历一场严重的经济衰退，甚至是金融危机。简而言之，经济在沿着经济发展的总体趋势增长的过程中，常常会伴随着经济活动的上下波动，且呈现出周期性变动的特征。因此，接下来，本章将论述经济周期理论。

一、经济周期的含义

西方不同经济学派对经济周期的概念的认识是不同的，主流经济学派认为：经济周期是指经济活动沿着经济发展的总体趋势所经历的有规律的扩张和收缩。

在解释这一定义的时候，需要强调两点：一是经济周期的中心是国民收入的波动，以及由此引起的失业率、物价水平、利率、对外贸易等活动的波动；二是经济周期是经济中不可避免的波动，每次周期并不完全相同，但都有繁荣与萧条的交替。

二、经济周期的阶段

经济周期可以分为两个大的阶段——扩张阶段和收缩阶段，也可以分为四个阶段——繁荣、衰退、萧条和复苏，其中，繁荣与萧条是两个主要阶段，衰退与复苏是两个过渡性阶段，如图8-5所示。

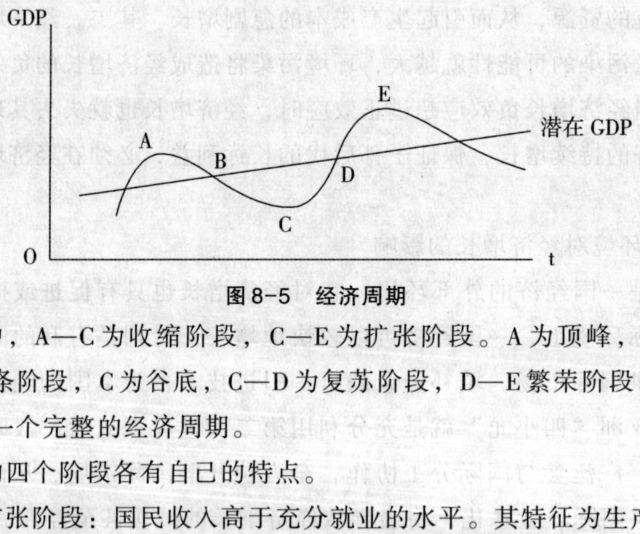

图8-5　经济周期

在图8-5中，A—C为收缩阶段，C—E为扩张阶段。A为顶峰，A—B为衰退阶段，B—C为萧条阶段，C为谷底，C—D为复苏阶段，D—E繁荣阶段，E为下一个顶峰。A—E即为一个完整的经济周期。

经济周期的四个阶段各有自己的特点。

（1）经济扩张阶段：国民收入高于充分就业的水平。其特征为生产迅速增加，投资增加，信用扩张，价格水平上升，就业增加，公众对未来乐观。

（2）经济衰退阶段：是从繁荣到萧条的过渡时期，这时经济开始从顶峰下降，但仍未到达谷底。

（3）经济萧条阶段：国民收入低于充分就业水平。其特征为生产急剧减少，投资减少，信用紧缩，价格水平下跌，失业严重，公众对未来悲观。萧条的最低点称为谷底，这时就业与产量跌至最低。

（4）经济复苏阶段：是从萧条到繁荣的过渡时期，这时经济开始从谷底回升，但仍未到达顶峰。

三、经济周期分类

西方经济学家根据经济周期时间的长短，一般把经济周期分为三种。

（1）短周期，也叫基钦周期，每隔3～4年为一个周期。

（2）中周期，也叫朱格拉周期，每隔9～10年为一个周期。

（3）长周期，也叫康德拉季耶夫周期，每隔50～60年为一个周期。

此外，库兹涅茨提出了一个15 ～25年的长经济周期，也叫库兹涅茨经济周期。

熊彼特综合上述三种周期，又提出了一种综合周期，即一个长周期包括6个中周期，每个中周期又包括3个短周期。其中，短周期为40个月，中周期为9～10年，长周期为48～60年。他是以他的创新理论来划分经济周期的。

第六节
经济周期理论

一、历史上解释经济周期原因的理论观点

西方解释经济周期原因的理论可以分为外生经济理论和内生经济理论两类。

外生经济周期理论认为经济周期的根源在于经济之外的某些因素的变动引起。例如，创新理论认为由于创新引起了经济周期性波动；太阳黑子理论认为太阳周期性黑子变化影响了农业，进而影响了经济，造成经济周期性波动等。

内生经济周期理论是在经济体系内部寻找经济周期自发运动的因素，它并不否认外生因素对经济的冲击作用，但它更强调经济周期性的波动是由经济体系内的因素引起的。例如，货币理论认为经济周期是由于银行信用交替扩张与收缩引起的；心理理论认为人们乐观或悲观的预期是造成经济波动的原因；消费理论认为生产过剩的危机是由于分配不平等而造成的消费不足等。

下面简要介绍这些解释经济周期原因的理论观点：

（一）纯货币周期理论

纯货币周期理论在第二次世界大战前的唯一倡导者是英国学者华特莱，他在1913年发表《商业的盛衰》，并于1937年发表《资本与就业》，认为银行体系周期性的信用扩张和紧缩是资本主义经济周期波动的唯一原因。纯货币周期理论的最基本特征是把经济周期和危机说成是纯货币现象。它认为经济周期性波动唯一的和充分的原因在于银行体系周期性地扩张和紧缩信用。

当银行体系采取降低利率、放松信贷以及收购有价证券等扩张信用的措施时，就刺激了商人利用银行信用的投资。因此，企业会扩大生产，导致国民收入增加，进而消费品需求增加，这将促使物价水平上涨、市场繁荣、企业家的投资需求和消费者需求兴旺，从而货币流通速度将加快，经济高涨。

银行体系的信用扩张能力并非无限制的，当银行体系采取紧缩信贷的政策时，就将导致危机和继之而来的衰退过程。

（二）投资过度周期理论

该理论的中心论点是：两大部门的生产不协调，资本品——生产资料生产过多，消费品生产不足，这样，投资的变动就引起了经济中的周期性波动。

该理论可以分为货币投资过度理论和非货币投资过度理论。

货币投资过度理论的倡导者，是伦敦学派（也称新奥地利学派）的代表者，如哈耶克、密塞斯等。该理论的基本观点是，货币金融当局的信用膨胀政策是破坏经济体系的均衡、引起经济扩张并由此导致危机和萧条的根本原因。

非货币投资过度理论的代表人物是德国经济学家施皮特霍夫和瑞典经济学家卡塞尔。该理论的基本观点是，经济周期是由外生的新发明、新发现、新市场的开辟等因素引起的，而货币因素是从属的。

（三）创新周期理论

熊彼特把“创新”定义为“新的生产函数的建立”，即“企业家对生产要素之新的组合”，包括五种情况：①引入一种新产品或者提供一种产品之新质量；②采用一种新的生产方法；③开辟一个新的市场；④获得一种原料或半成品的新的供给来源；⑤实行一种新的企业组织形式，如建立一种垄断地位或打破另一种垄断地位。

创新周期是一种先知先觉者和带有冒险精神的企业家以追求超额利润的行为推动的，之后引起社会大多数人的效仿，乐观者利用信用增加投资（抵押贷款方式），负债经营推动企业过度投资，之后进入前边论述的投资过度周期圈子。

（四）消费不足周期理论

该理论的代表人物是西斯蒙第、马尔萨斯、霍布森等。

西斯蒙第根据与资本主义机器大生产（财富的巨大增长）相伴而生的广大群众日益加剧的破产和贫困化这一生产与消费的矛盾，推导出资本主义生产过剩危机的必然性。他认为，一个社会之所以耗费劳动从事生产的唯一目的是满足人们的消费需要。

马尔萨斯在1820年出版的《政治经济学原理》一书中提出有效需求论，即有支付能力的消费需求如果受到限制，则可能带来普遍的生产过剩。在此思路下，马尔萨斯提出了他的储蓄过度危机论，提出了适度储蓄和增加不劳动者与非生产性劳动者的消费等措施。

霍布森认为生产过剩是由消费不足造成的。消费不足，一是由于消费的保守主义性质（即人民的消费习惯是比较稳定的，不易有突发性的增长）；二是由国民收入分配不当而产生的过度储蓄所引起的。消费不足是周期性经济衰退的正常原因。

（五）心理周期理论

该理论的代表人物是英国经济学家凯恩斯和庇古。该理论认为经济周期是由于企业家对未来预期而采取决策引起的，这是一种心理因素。乐观预期引起投资扩大，引起过度投资与极度繁荣。当经济出现过热或泡沫（虚假）时，产生过度悲观，引起投资的过分收缩，从而导致萧条。这一过程是借助于银行信用扩张和收缩、利率、投资等因素起作用的。

（六）太阳黑子周期理论

该理论的代表人物为英国经济学家杰文斯父子和美国经济学家穆尔。这种理论用太阳黑子来解释经济周期。该理论认为，太阳黑子的活动对农业生产影响很大，而农业生产的状况又会影响工业及整个经济。太阳黑子的周期性决定了经济的周期性。具体来说，太阳黑子活动频繁可能引发自然灾害，这将导致农业减产，从而影响工业生产，这时国民收入将减少，购买力下降。而气候正常时，农业丰收，从而导致工业市场繁荣发展，这时国民收入将增加，购买力增强。

二、乘数-加速原理

现代经济周期理论是用国民收入决定理论来解释经济周期的原因的。现代经济周期理论非常丰富，这里重点介绍其中最重要的乘数-加速原理。

（一）加速原理

乘数-加速原理是指用乘数原理与加速原理的相互作用来解释经济周期的原因的理论。前面的章节中已经介绍了乘数原理，乘数原理说明投资的变动会引起国民收入若干倍的变动。这里将主要介绍加速原理。

在宏观经济学中，产量水平的变动和投资支出数量之间的关系被称为加速原理。

我们知道，在生产技术一定和充分就业的条件下，总产出的增长有赖于生产要素（即资本、劳动等）投入的增加，也就是说，国民收入的增加需要相应地增加资本，而资本存量的变动来源于投资。由此可知，国民收入的变动必然带来投资的变动，换句话说，投资（I）是国民收入增量（ΔY）的函数。

我们通常用ΔK_t代表第t期资本增量，它等于第t期的净投资I_t，即：

$$I_t=\Delta K_t=K_t-K_{t-1} \tag{8.21}$$

其中，K_t表示第t期的资本存量；K_{t-1}表示第t-1期的资本存量。第t期的总产出或国民收入的增量（ΔY_t）等于本期的国民收入（Y_t）与上一期的国民收入（ΔY_{t-1}）之差。用公式表示为：

$$\Delta Y_t=Y_t-Y_{t-1} \tag{8.22}$$

平均每增加一个单位产量所需增加的资本存量叫做加速数（accelerator）。若用a表示，则加速数a等于资本增量和产出增量的比率，用公式表示如下：

$$a=\frac{\Delta K_t}{\Delta Y_t}=\frac{I_t}{\Delta Y_t} \tag{8.23}$$

根据式（8.22）、（8.23）可得投资与总产出之间的关系式：

$$I_t=a\Delta Y_t=a\left(Y_t-Y_{t-1}\right) \tag{8.24}$$

式（8.24）表明，净投资是国民收入增量的函数。如果a保持不变，则本期的净投资与本期国民收入增量成正比。假定a=4，若要增加200元的产量，则需要增加800元的资本。在a=4的情况下，资本增加量是产出增加量的4倍。如果国民收入增量保持不变，则净投资额也不变。如果国民收入增量上升，则投资加速上升；反之，若国民收入增量下降，则投资加速下降。

总投资等于净投资与重置投资（或更新投资）之和，即：

第t期的总投资=a（Y_t-Y_{t-1}）+第t期的折旧

如果加速数a为大于1的常数，那么资本存量所需要的增加必须超过产量的增加。应当指出，加速原理发生作用的前提条件是：(1) 资本存量得到了充分利用；(2) 生产技术不变；(3) 加速数a（即增量的资本-产出比）固定不变。

（二）乘数与加速数的相互作用

乘数原理和加速原理告诉我们，国民收入和投资之间是相互联系的。这种联系意味着任何局部的或单方面的外来冲击都有可能传递到整个国民经济体系，造成整个国民经济的波动和周期性的循环。显然，在乘数原理和加速原理所描述的宏观经济体系中，投资变动处于冲击波传递机制的核心。

乘数-加速数模型假设由于新发明的出现使投资增长，投资增长会使收入成倍增长，从而使销售量增加，通过加速数的作用，销售量的增加会促使投资加速增长，而投资的增长又会使国民收入增长，如此循环下去，经济便处于扩张阶段。

然而，在短期内，社会资源是有限的，经济不可能无限扩张，收入的增长迟早会达到资源所能容许的峰顶。一旦经济达到经济周期的峰顶，收入便不再增大，从而销售量也不再增长。根据加速原理或方程式（8.24），我们知道，一旦销售量停止增长，投资就会下降为零。根据乘数原理，我们知道，当投资下降时，国民收入会成倍减少，销售量也因之而减少。又根据加速原理，销售量的减少使得投资进一步减少，而投资的下降又使得国民收入进一步下降。如此循环往复，投资和国民收入会持续下降，这样，社会经济便进入了经济周期的衰退阶段。

收入的持续下降使社会最终达到经济周期的谷底。在经济运行的低谷时期，由于企业不进行投资或负投资，资本设备逐年减少，资本存量最终会下降到与当时的国民收入相适应的水平。此时，虽然新增投资不会很多，甚至没有，但是总有部分企业会进行必要的更新投资。由于边际消费倾向始终大于零，所以，一旦投资有所增加，就会出现乘数效应和加速效应的连锁反应，收入与投资将不断地上升，整个经济将随之逐步复苏，便开始一个新的经济周期。

三、实际经济周期理论概述

实际经济周期理论（也称RBC模型）是新古典宏观经济学在经济周期理论方面的新发展。它是在批判传统凯恩斯主义周期理论的基础上发展起来的。

（一）实际经济周期理论的特点

其理论特征有以下几个方面：

(1) 强调经济行为人的目的是在现行资源约束条件下实现个人效用或利益的最大化，从微观个体的理性行为推导出集体总量的行为方程，因此这一理论具有坚实的微观基础。

（2）以完全竞争的市场经济作为研究对象，经济行为人掌握的信息是对称的，也是完全的，能够形成“理性预期”，或者说，该理论完全接受新古典宏观经济学的“理性预期”假说。

（3）价格可以灵活地调整，能够确保市场持续出清，因此，均衡是经济的常态，在经济中通常占统治地位，经济波动是理性经济行为人面对外来冲击自我调节，从一个均衡状态到达另一个均衡状态的过程。

（4）把实际冲击（如技术创新、政策变动、战争和自然灾害等）看作经济波动的根源，强调技术冲击而非货币冲击、供给冲击而非需求冲击、实际因素而非名义因素在经济周期波动中的作用。该理论认为总产量、就业的波动是由生产技术较大的随机变化引起的，是经济行为人面对技术冲击理性选择的结果。

（5）假定工作和闲暇时间具有高度替代性，就业波动反映了人们自愿工作时间的变化。

（6）货币是中性的，货币政策的变动对经济没有实际意义。

（二）简单的实际经济周期模型

在实际经济周期模型中，假定厂商选择最优的投资和雇佣方案，个人作出最优的消费和劳动供给选择，并且所有的选择都在动态的、不确定的环境中作出。由于实际经济周期理论总是从微观个体的最优化选择行为的假设中推导出宏观经济总量波动的结论，所以建模的技术相当复杂。

本节为了简单起见，通过一个简单的实际经济周期模型，分析和说明实际经济周期模型的核心传导机制——劳动跨期替代和选择问题。

1.假设条件

假设厂商在各个非连续的时期购买劳动，生产产品。以一个典型的社会成员作为代表分析个人的最优化选择行为，假定这个代表性的工人在每个时期出售劳动，获得工资收入。劳动收入的一部分用于购买消费品，另一部分用于储蓄，留待今后消费。

假定厂商在生产中只使用一种生产要素——劳动进行生产，不使用资本。假设生产函数为一个简单的线性生产函数，如果用Y_t表示第t期厂商生产的产品数量，则生产函数为：

$$Y_t=A_tN_t \tag{8.25}$$

其中，N_t表示代表性厂商购买和使用的劳动量；A_t表示第t期生产技术水平，反映当期的劳动生产率，也等于劳动的边际产量。假定我们所研究的经济是完全竞争的市场经济，收入按要素的边际生产力分配，即劳动的实际工资水平等于劳动的边际产量。将生产函数（8.25）相对于劳动投入量求一阶导数，便可以得到工人的实际工资水平：

$$w_t=\frac{\partial Y_t}{\partial N_t}=A_t \tag{8.26}$$

其中，w_t表示工资水平，它不仅等于劳动的边际产量，而且等于劳动的平均产量

或劳动生产率 A_t。显然，当我们考虑实际冲击时，技术的变化（或者说技术的进步）就是指 A_t 的变化。

在每个时期，工人总的时间为 $\bar{N}$，其中劳动的时间为 N_t，则闲暇时间为 $\bar{N}-N_t$。工人的效用取决于消费量的大小和闲暇时间的长短，也就是说，工人的效用是工人消费额和闲暇时间的函数。假设工人的效用函数为如下形式：

$$U_t(C_t,\bar{N}-N_t)=C_t^{\gamma}(\bar{N}-N_t)^{\beta} \quad \gamma>0,\beta>0 \tag{8.27}$$

其中，U_t 表示工人在第 t 期的效用；C_t 表示第 t 期工人的消费支出；β和γ都是大于零的常数。

$$\sum_{t=1}^{\infty}C_t=\sum_{t=1}^{\infty}w_tN_t \tag{8.28}$$

2.模型的分析结论

这里我们主要分析影响劳动供给的因素和技术冲击对劳动供给、总产出的影响。

（1）劳动供给的决定。

实际经验表明，永久性的工资变动对劳动的供给的影响很小。我们的模型符合这样的经验观察结果。我们可以运用模型计算和核实闲暇对永久性工资变动的长期反应。通过分析可知，劳动的最优供给取决于模型的设定参数，不受工资水平的影响。

（2）技术冲击对劳动供给和总产出的影响。

现在设想将劳动的跨期替代作为传播机制。假定在第 t 时期，有暂时性的技术冲击，从而使劳动的边际产量或劳动生产率增加 1 个百分点（即ΔA/A=1%）。我们知道工资率等于劳动的边际产量，因此工资率也会随着 A 的增加而增加。

实际经济周期理论认为，其模型取决于能描述工人——消费者 的偏好和厂商生产函数的参数。这些参数可以通过微观经济研究加以识别。在这个十分简单的模型中，如果β+γ接近于 1，那么闲暇的跨期替代会非常强，而方程中的传播机制会将很小的技术冲击转变成巨大的产出波动。相反，如果闲暇的跨期替代很微弱，传播机制的作用就不那么重要了。对微观经济的经验数据进行分析的结果证明：闲暇跨期替代相对较弱。言外之意就是说，在现实经济中，任何微小的技术冲击都会被劳动的跨期替代机制放大成剧烈的经济波动。

3.对实际经济周期理论的三点评价

（1）综合前面的分析，我们发现实际经济周期理论就是通过个人对工作与消费的最优化决策和厂商的生产最优化决策来模型化宏观经济。该模型实际上是实际经济周期理论家建立的许多非线性动态模型的一个简单形式。

（2）实际经济周期理论极力贬低名义因素和货币的作用，强调实际冲击（如技术冲击、政府购买冲击）等实际因素变动对经济波动的决定作用。

（3）实际经济周期理论总是尽力识别可在微观经济研究中测度的深层参数，闲暇的跨期替代就是一个典型的例子。当然，测度这些深度参数得到的结论并非总是有利于实际经济周期理论的。

◆ 案例分析

美国经济持续增长113个月

美国当前一轮经济增长始于1991年3月，到2000年8月持续了113个月。克林顿政府执政之初曾预计，1993—1999年，美国国内生产总值的年增长率为2.7%，但实际达到了3.4%。同时，2000年美国失业率处于近30年来的最低点，通货膨胀率为10多年来的最低纪录，财政盈余也不断增加。

资料来源　陈荣耀，方胜春，吉余峰. 宏观经济学［M］. 上海：东华大学出版社，2003.

分析：美国经济学家从不同角度分析了美国经济持续增长的原因。

首先，他们认为，过去20年经济政策的变化刺激了美国经济。20世纪80年代初，美国联邦储备委员会采取措施遏止了通货膨胀上升的势头，并促使通货膨胀率下降。随后，美国政府对经济采取了放松管制的措施，先是放松了对金融市场、运输、石油和天然气等部门的管制，后来又开始实施对电信和电力部门的松绑。这些措施有力地推动了美国公司改变经营方式，提高了它们的灵活性和竞争力。另外，美国政府推行的贸易自由化政策也促进了企业之间的竞争。1993年采取的增税和其他一些措施，则为联邦政府财政收支最终扭亏为盈奠定了基础。由于政府支出的增长得到控制，私人部门获得了更多的资金。

其次，他们指出，美国经济结构方面发生的一些根本变化减弱了经济的周期性。在信息、网络技术高速发展的带动下，美国企业界普遍采取了即时库存管理方法。这一管理方法意味着企业可随时掌握市场对其产品和服务需求的变化情况，以便迅速对生产进行调整。历史上，美国经济衰退期间产值下降的一半归因于库存的调整，但现在这一因素的影响已越来越小。此外，美国经济比以往更加开放，这使得当美国国内的需求增加或下降时，美国企业不必承受全部的负担，对外贸易可及时充当美国内需波动的减震器。

此外，美国经济的持续发展受益于“天时”之利。20世纪90年代初冷战结束，使美国得以将大量的军费开支转投给私人部门。过去几年，墨西哥金融危机和东南亚金融危机发生，正好美国需要给经济降温，而来自海外的冲击规模对美国经济来说也正合适。也就是说，这些冲击既足以使美国经济放慢增长速度，同时又不会把美国经济推入衰退。

以上这些因素的综合作用使得美国经济的周期性减弱，由此带来了更多的投资。而投资增加使得美国的劳动生产率增长加快，这既帮助抑制了通货膨胀，同时又给政府带来了更多的税收，从而形成了良性循环。

◆ 本章小结

1.经济增长，通常定义为产量的增加，产量既可以指经济的总产量，也可以指人均产量。

2.可以把产出的增长分为两个不同的来源：生产要素的增加和技术进步，而生产要素的增加可分为资本增加和劳动增加。

增长核算方程：

$$\frac{\Delta Y}{Y}=\alpha\times\frac{\Delta N}{N}+\beta\times\frac{\Delta K}{K}+\frac{\Delta A}{A}$$

其中，$\alpha=\frac{MP_N\times N}{Y}$，记为劳动份额，代表的是劳动收益在产出中所占的份额；$\beta=\frac{MP_K\times K}{Y}$，记为资本份额，代表的是资本收益在产出中所占的份额。

即　产出增长=劳动份额×劳动增长+资本份额×资本增长+技术进步

3.新古典增长模型有六个基本假设，分别为：(1) 该经济为不存在国际贸易的封闭经济，且政府部门可以忽略；(2) 整个社会只有资本（K）和劳动（N）两个生产要素，且两个要素能相互替代，资本和劳动能够以可变的比例组合；(3) 劳动力按一个不变的比率n增长；(4) 社会储蓄函数为S=sY，其中，s是作为参数的储蓄率；(5) 生产的规模报酬不变，并且资本与劳动的边际生产率递减；(6) 存在技术进步，但技术进步、人口增长及资本折旧的速度都由外生因素决定。

4.新古典增长模型的基本方程为：$\Delta k=sy-(n+\delta)k$，即资本深化=人均储蓄（投资）-资本广化。在稳态时，$\Delta k=0$，则人均储蓄正好等于资本广化。因此，在新古典增长模型中，稳态的条件是：$sy=(n+\delta)k$。在新古典增长理论的框架内，稳态意味着：$\Delta Y/Y=\Delta N/N=\Delta K/K=n$。需要注意的是，在稳态时，经济增长率不受储蓄率的影响。

5.内生增长理论是经济增长理论中的一种，它与新古典增长理论不同，它用规模收益递增和内生技术进步来说明一个国家长期经济增长和各国增长率差异，认为经济的长期增长依赖于储蓄率和其他因素，而不仅仅依赖于劳动力的增长率。其重要特征就是试图使增长率内生化。

6.促进经济增长的政策包括鼓励技术进步、鼓励资本形成、增加劳动供给。

7.经济周期是指经济活动沿着经济发展的总体趋势所经历的有规律的扩张和收缩。经济周期大致经历四个阶段：繁荣、衰退、萧条和复苏。经济周期的类型有：短周期，也叫基钦周期；中周期，也叫朱格拉周期；长周期，也叫康德拉季耶夫周期。此外，还有库兹涅茨周期以及熊彼特提出的一种综合周期。

8.历史经济周期理论可以分为外生经济理论和内生经济理论，主要包括：(1) 纯货币周期理论；(2) 投资过度周期理论；(3) 创新周期理论；(4) 消费不足周期理论；(5) 心理周期理论；(6) 太阳黑子周期理论。现代经济周期理论是用国民收入决定理论来解释经济周期的原因的，其中包括乘数-加速理论。乘数原理和加速原理告诉我们，国民收入和投资之间是相互联系的。这种联系意味着任何局部的或单方面的外来冲击都有可能传递到整个国民经济体系，造成整个国民经济的波动和周期性的循环。

9.实际经济周期理论认为，经济的实际冲击是引起经济周期性波动的主要原因，实际冲击指对经济的实际方面发生的扰动，比如影响生产函数的冲击、影响劳动力规模的冲击、影响政府购买实际数量的冲击等。

◆ 课后习题

一、名词解释

经济增长　索洛剩余　资本深化　资本广化　稳态　内生增长理论　经济周期

二、选择题

1.假设一个经济当期收入为Y，生产函数具有规模报酬不变性，劳动所得占总收入的份额为0.7，资本所得占总收入的份额为0.3。如果劳动力增长率为4%，资本增长率为3%，没有技术进步，该经济需要（　　）年才能将总收入提高到2Y。

A.10　　B.19　　C.23　　D.33

2.（　　）不影响长期经济增长率。

A.计划生育政策的制定和实施　　B.货币供应量的增加

C.基础研究领域投入的增加　　D.外国先进技术的引进

3.中国的储蓄率一直以来都非常高，同时储蓄率这个因素对经济是有很大影响的。按照新古典增长理论，短期内我国由于高储蓄率而达到新的稳态时，最可能导致（　　）。

A.人均产量将以更快的速度增长　　B.人均产量将比原来高

C.人均产量将与原来相同　　D.以上都正确

4.（　　）属于经济周期中的长周期。

A.库兹涅茨周期　　B.康德拉耶夫周期

C.基钦周期　　D.朱格拉周期

5.下列关于经济波动的叙述中，（　　）是正确的。

A.经济波动的衰退阶段是总需求和经济活动下降的时期，表现为GDP的下降

B.在一定时期内，经济波动是围绕着长期的经济增长趋势而上下波动的

C.乘数作用导致总产出的增加，加速作用导致总产出的减少，乘数和加速数的交织作用造成经济的周期性波动

D.如果政府不加以政策调控，经济波动将无限地扩张与收缩

三、简答题

1.经济增长是每个国家宏观调控的最终目标，请根据你对经济增长的理解，你认为哪些因素会影响经济增长。

2.你认为新古典增长模型的缺陷在哪里。

3.用乘数和加速原理说明经济周期波动的主要原因。

4.简述实际经济周期理论是如何解释宏观经济波动的。

四、计算题

假定在某一时期，资本的增长率为4%，劳动的增长率为2%，实际产出的增长率为5%，由统计资料得知资本份额α为0.3，劳动份额β为0.7。

（1）计算全要素生产率的增长率。

（2）假定一项减少预算赤字的政策使投资增加，资本的增长率上升1%，产出的增长率将上升多少？

（3）假定实行一项减税政策使劳动供给增长1%，实际产出的增长又将如何变动？

第九章

开放经济下的宏观经济政策分析

【学习目的】

通过本章的学习，要求了解开放经济的概念、国际收支平衡表和汇率的相关知识；掌握国际收支平衡、BP曲线、IS-LM-BP模型以及开放经济条件下的宏观经济政策效应等。

【开篇导读】

第一次世界大战前，世界上的主要国家都采用金本位制。在金本位制下，各国货币有其法定的含金量，金币可以自由铸造和融化，银行券与金币等值，并自由兑换，黄金自由输入输出。各国货币的汇率根据其含金量折算。金平价是汇率的决定基础。

第一次世界大战后，由于黄金短缺，金本位制开始解体，各国以纸币流通代替金本位制。1944年盟国在美国新罕布什尔州一个叫布雷顿森林的地方召开44国财长会议，通过了《布雷顿森林协定》，建立了以美元为中心的金汇兑本位制，实行美元与黄金挂钩、各国货币与美元挂钩的固定汇率制。各国货币按其含金量与美元建立固定汇率。各国货币对美元的小幅浮动如果超出1%，各国政府有义务干预市场，维持汇率稳定。

20世纪70年代，由于美国黄金储备减少，美元贬值，美国停止向各国中央银行按官方价格提供黄金，停止维持黄金官价的义务，出现了建立在市场供求基础上的浮动汇率制度。1976年的《牙买加协议》首次承认了浮动汇率制存在的合理性，规定各国政府可以自由地选择汇率制度，固定汇率可以与浮动汇率并存。

知识点提示：汇率与汇率制度

在前面几章中，我们的分析是在封闭经济的假设下进行的，即经济中只存在家庭、企业和政府三个部门。事实上，现代经济的特点是开放经济，即一个国家包括商品市场、金融市场和要素市场在内的所有市场全面开放，在较少的限制或者管制下，允许商品进出口，消费者和企业可以在本国产品和外国产品之间进行选择；允许货币和资本流动，即投资者可以选择本国或外国的金融资产；允许生产要素的转移，企业可以选择在哪里进行生产，个人可以选择在哪里工作 以及是否移民。在开放经济中，很多变量的变动与封闭经济有很大的不同，理解开放经济对个人生活、企业经营、宏观经济管理等都有重要意义。因此，本章将把国际经济活动纳入宏观经济学的分析中，研究开放经济对一国宏观经济运行的影响。

第一节
开放经济中的基本概念

本节从产品市场和货币市场两个方面介绍开放经济中的几个常用概念。其中，产品市场主要介绍国际收支平衡表及其主要项目；货币市场重点介绍与汇率相关的概念和基本知识。

一、开放经济

在前面的论述中，我们是假设一个封闭的经济来简化分析的，所谓封闭经济，是指没有对外贸易或金融的经济。在封闭经济中，所有的产出在国内销售，而支出分为三部分：消费、投资和政府购买。现实中大多数经济都是这样的：它们向国外出口产品和服务，同时也会从国外进口产品和服务。也就是说，多数情况下我们面临的是一个开放经济，即通过对外贸易、金融将一国经济与其他国家经济联系起来的一种经济体系。本章我们将放弃封闭经济的假设，研究将国际经济部门引入后的宏观经济理论和经济政策，这样就完成了对国民收入决定理论的完整论述。

开放经济是通过对外贸易、金融将一国经济与其他国家经济联系起来的一种经济体系，在这些国际活动中最重要的是国际贸易，所以开放经济可以简单地理解为“参与国际贸易的一种经济”。在国际经济活动中还有资本与劳务的往来。总之，开放经济也可以说是与各国之间存在物品、劳务、资本等密切往来的经济。

当今世界上绝大多数国家是开放的，但各国的开放程度并不是一样的。开放程度是指进口和国民生产总值或国内生产总值之间的比值，即：

开放程度=进口/国内生产总值

或　开放程度=进口/国民生产总值

表9-1是2002年部分国家的开放程度。

决定一国开放程度的因素有很多，其中主要的有：第一，自然资源的富裕情况。一般来说，自然资源丰富的国家开放程度低，自然资源匮乏的国家开放程度高。第二，经济发达程度。一般来说，发达国家开放程度高，不发达国家开放程度低。第三，

表9-1 **2002年部分国家的开放程度**

国家	马来西亚	荷兰	韩国	墨西哥	美国
开放程度（%）	96.6	56.4	38.6	29.2	13.9

资料来源 山东省统计局. 山东统计年鉴2005［M］. 北京：中国统计出版社，2005.

经济结构的差异。第四，历史传统。第五，经济政策以及其他政治或文化因素。这些因素的共同作用决定了一个国家的开放程度。

二、国际收支平衡表

一国与其他国家的商品进出口与资产交易，需要用外国货币即外汇作为媒介来实现，把这类交易用一个专门的统计报表记录下来，这就是国际收支平衡表。国际收支平衡表是一国在一定时期内所有经济交易货币价值的系统记录。一国向外国购买物品、劳务和资产所发生的支付记入国际收支平衡表的借方；向国外出售物品、劳务和资产所发生的支付记入国际收支平衡表的贷方。国际收支平衡表的记账规则是：复式记账、左右平衡，即每一笔国际交易都自动进入国际账户两次，一次作为贷方，一次作为借方。其操作方式是：交易发生时在相应的经常项目或资本和金融项目中做一笔“贷”或“借”的记录，同时在储备资产科目中做一笔同样金额的“贷”或“借”的记录。例如，对外出口获得1 000亿美元，这是从外国人那里得到的收入，在经常项目的“贷方”记录1 000亿美元，这意味着我国的“外汇储备增加了”，就在储备资产的“借方”再记录1 000亿美元，借贷两边刚好平衡。

依据所记录的交易对象类型不同，国际收支平衡表主要包括四部分：经常项目、资本和金融项目、储备资产以及净误差与遗漏。下面就以表9-2所列示的简化的中国国际收支平衡表（2007）为例，逐一解释表中的各个项目。

（一）经常项目

经常项目（current account，用CA表示）主要记录货物和服务进出口的金额。例如，东方航空公司从美国购买波音飞机、美国前总统克林顿卸任后来中国深圳演讲，主办方为此支付几十万美元的演讲费，都是因为中国购买了外国的货物和服务发生的支出，记入中国经常项目的借方。相反，东莞服装生产商向美国出口服装、我国在非洲地区的建筑公司工人汇回或带回外汇收入，则是中国向外国出售了货物和服务，记入中国经常项目的贷方。经常项目与我国经济恒等式中的“净出口”相对应，NX=CA。2007年我国经常项目顺差3 718亿美元，其中货物的“贸易顺差”高达3 154亿美元。我国国际收支经常项目在2008年达到4 261亿美元，同比增长15%。

（二）资本和金融项目

资本和金融项目（capital account and financial account，用FA表示）是对资产的国际买卖所发生的外汇收支的记录。它包括资本项目和金融项目。

表 9–2　　中国国际收支平衡表（2007）　　单位：千美元

项目	差额	贷方余额	借方余额
一、经常项目	371 832 620	1 467 881 998	1 096 049 377
A.货物和服务	307 576 604	1 342 205 962	1 034 729 358
(a) 货物	315 381 397	1 219 999 629	904 618 232
(b)服务	−7 904 793	122 206 333	130 111 126
⋮			
二、资本和金融项目	73 509 250	921 960 702	848 451 452
B.金融项目	70 410 175	918 646 003	848 235 828
1.直接投资	121 418 332	151 553 693	30 135 361
1.1我国在外直接投资	−16 994 854	1 929 982	18 924 836
1.2外国在华直接投资	138 413 185	149 623 710	11 210 525
2.证券资产	18 671 987	63 969 241	45 297 254
⋮			
三、储备资产	−461 744 102	239 766	461 983 869
⋮			
3.4外汇	−461 905 000	0	461 905 000
⋮			
四、净误差与遗漏	16 402 232	16 402 232	0

资料来源　根据国家外汇管理局网站相关资料整理。

资本项目主要包括固定资产所有权国家间的转移，以及非金融资产如专利、版权、商标权、经销权的转让等。从数据上看，这部分转移和交易活动对我国国际收支影响不大。需要说明的是，这里的“资本项目”是“资本和金融账户”包括的项目之一，而“资本和金融账户”通常又简称资本项目。

金融项目是“资本和金融账户”最重要的部分，它衡量的是对外出售的资产和从国外购买的资产的差额，包括直接投资、证券投资和其他投资。直接投资是指直接到国外开办工厂。比如，宝洁公司在中国投资建立生产日用化工产品的工厂，中国海尔公司在美国投资建立生产电冰箱的工厂，都属于直接投资。证券投资是指买卖国外证券和股票的金融投资，如外国人购买中国A股，或中国政府购买美国政府在国际市场发行的债券等。一般来说，当一国对外开放程度不高的时候，通常以直接投资为主。2007年我国直接投资净流入达到1 214亿美元，是世界上吸引海外投资最多的发展中国家。其他投资是一个剩余项目，它包括所有直接投资、证券投资未包括的金融交易。

在国际收支平衡表里，外国人到中国来投资，或者外国公司购买中国的股票，这可看成是我们对外出售资产，好比“出口”，为贷方。中国人到国外投资建工厂，或者中国政府购买外国政府发行的债券，这相当于我们从国外购买资产，好比“进口”，为借方。例如，宝洁公司在中国投资几亿美元建工厂，或外国人购买中国A股，记在中国资本账户的贷方；相反，海尔在美国投资建企业，或者中国政府购买美国政府的债券，记在中国资本账户的借方。

（三）储备资产

储备资产（reserve assets，用RS表示）是指中央银行可随时用于国际支付的资产，包括外汇（包括货币、存款、有价证券）、特别提款权、货币黄金等项目。中央银行通常可在外汇市场上买卖储备资产以干预外汇市场的供求与价格。在统计没有误差的情况下，应有国际收支恒等式RA=CA+FA，即一个国家所有的交易项目收入就是当年其储备资产的增量。我国中央银行外汇储备资产急剧上升，2008年年末达到19 460亿美元，超过日本，成为世界上外汇储备最多的国家。

（四）净误差和遗漏

如前所述，国际收支账户运用的是复式记账法，因此，所有账户的借方总额和贷方总额应相等。但是，由于不同账户的统计资料来源不一、记录时间不同以及一些人为因素（如假报出口）等原因，会造成结账时出现净的借方或贷方余额，这就需要人为设立一个抵消账户，数目与上述余额相等而方向相反。净误差和遗漏账户就是这样一个抵消账户，它是为了查漏补缺，使国际收支平衡表两边借贷平衡。

三、汇率基础知识

上面讨论国际收支问题时，没有涉及不同国家的不同货币。事实上，各国发行各自的货币。在国家之间的经济往来中，需要使用相应国家的货币。例如，美国人购买中国的电子产品，需要支付人民币，中国人去欧洲旅游，需要把人民币换成欧元才能使用。我们把本国的货币称为本币，把别国的货币称为外汇或外币。当一种商品或劳务参与国际交换时，有一个把商品或劳务以本国货币表示的价格折算成以外币表示的国际价格问题，这种折算是按汇率来进行的。这一折算过程被称为货币交易，各国货币交易的场所称为外汇市场。

（一）汇率

汇率是指两国货币的折算比率，也就是以一种货币表示的另一种货币的相对价格。汇率使得我们能够比较不同国家生产的产品和劳务的价格。在现行的货币制度下，汇率以两国货币实际所代表的价值量为依据。汇率是国际汇兑得以顺利进行的条件，也是国际经济往来的必要前提。汇率的变动对各国国内经济与国际经济关系都有重大的影响。

外汇汇率有两种表示方法。

一种是直接标价法，即以1单位或100单位外国货币作为标准，折算成一定数额的本国货币，这种标价法又称付出报价。在这种方法下，外国货币数额固定不变，本国货币数额随外币或本国货币价值的变化而变化。例如，我国2009年3月27日公布的外汇牌价中，1美元等于6.832元人民币，这一标价法就是直接标价法。外币的直接标价法可以用公式表示：汇率=本国货币/外国货币。可以看出，在直接标价法下，汇率的数值越大，意味着一定单位的外国货币可以兑换成越多的本国货币，也就是本国货币的币值越低。

另一种是间接标价法，即以1单位或100单位本国货币作为标准，折算成一定数额的外国货币，这种标价法又称收进报价。在这种方法下，本国货币数额固定不变，外国货币数额随本币或外国货币价值的变化而变化。例如，我国2009年3月27日公布的外汇牌价中，1元人民币等于1/6.832美元，这一标价法就是间接标价法。外币的间接标价法可以用公式表示：汇率=外国货币/本国货币。可以看出，在间接标价法下，汇率的数值越大，意味着一定单位的本国货币可以兑换成越多的外国货币，也就是本国货币的币值越高。

大多数国家包括我国采用直接标价法，美国和英国采用间接标价法。

汇率不是固定不变的，外汇市场上供求关系的变动会引起汇率的变动。汇率的变动涉及贬值和升值。贬值意味着在直接标价法下需要用较多数额的本币才能够换得一定数量的外币，或者在间接标价法下一定数量的外币能够换得较多数额的本币。贬值使一国货币币值降低，本国的货币变弱了。升值意味着在直接标价法下用较少数额的本币就能够换得一定数量的外币，或者在间接标价法下一定数量的外币只能换得较少数额的本币。升值使一国货币币值上升，本国的货币变强了。例如，对中国来说，人民币对美元的汇率由1美元兑8.30元人民币变为1美元兑10元人民币就是贬值，变为1美元兑6.83元人民币就是升值。总之，当一国货币升值时，外国人会发现，从该国进口商品更贵了，因此会减少购买，本国的出口会减少；本国人会发现，从国外进口商品变得便宜了，因而会增加进口。

我们也经常从财经新闻报道中听到某通货“坚挺”或“疲软”，这些描述通常是指某通货的汇率的短期波动。当一种通货升值时，我们就可以说它是“坚挺”的，因为它可以购买更多的外国商品。同样道理，当一种通货贬值时，我们可以说它是“疲软”的。

中国人民银行负责人表示，自2010年重启汇率形成机制改革以来，人民币汇率灵活性显著增强，如果考虑国内通胀因素，人民币实际汇率已大幅升值并趋近均衡水平。要看懂这条新闻，需要区分两种汇率，即名义汇率和实际汇率（或真实汇率）。在实际生活中，当我们提到两个国家的汇率时，一般是指名义汇率，名义汇率是两个国家通货的相对价格。

（二）汇率制度

汇率制度是指一国中央银行对本国汇率变动的基本方式所作的制度规定和政策安排。传统上，按照汇率变动的幅度，汇率制度被分为固定汇率制和浮动汇率制。

固定汇率制是指政府用行政或法律手段选择一个基本参照物（黄金、美元或某种货币组合）并确定、公布和维持本国货币与该基本参照物之间的固定比价。在固定汇率制下，汇率被人为固定在某一水平上。为了维护本币汇率的稳定，如果本币的市场供求不平衡，中央银行就会进入外汇市场进行干预，在本币供大于求的时候买入本币，或卖出储备的外币或黄金；在本币供小于求的时候卖出本币，或购入外汇或黄金增加储备。只有这样才能维护官方汇率，否则，就可能出现与官方汇率显著背离的黑市汇率。固定汇率制有利于经济稳定，但是要求中央银行有足够的外汇和黄金储备，否则，外汇黑市上的汇率会出现剧烈波动，反而不利于经济稳定和外汇管理。

固定汇率不是永远不能改变的。在国际收支出现重大趋势性变动时，就需要对汇率水平进行调整（或升值或贬值）。例如，德国在20世纪50—70年代实行固定汇率制时，分别于1960年和1970年对马克进行两次法定升值。因此，固定汇率制实际上是一种可调整的固定汇率制，是基本固定的、波动幅度在一定范围之内的不同货币间的汇率制。

浮动汇率制是指汇率水平完全由外汇市场的供求关系决定、政府不加以任何干预的汇率制度。在允许汇率自由浮动的同时，许多国家的政府通过买卖外汇来干预市场，或多或少地对汇率水平进行干预和指导，以使一定时期内汇率在一定限度内波动，这被称为有管理的浮动汇率制，以区别于纯粹的浮动汇率制。

自第二次世界大战后至20世纪70年代初期，世界各国实行固定汇率制，而在此之后，大部分国家相继实行浮动汇率制。当然，在可调整的固定汇率制与有管理的浮动汇率制之间，又有许多形形色色的、折中的汇率制度。

四、汇率理论

在当今开放的经济中，汇率是一个重要的经济变量，汇率的变动对国际商品流动和资金流动都会产生重大的影响。那么汇率是由什么因素决定的，又受到哪些因素的影响？这是汇率理论要解决的问题。

汇率是不同货币之间的相对价格，那么理解汇率决定的最简单的办法是将一国的货币当作外汇市场的一种商品，其价格的高低取决于市场的供给和需求。

（一）购买力平价理论

购买力平价理论是关于汇率决定的一种理论，最初由英国经济学家桑顿在1802年提出，其后成为李嘉图的古典经济理论的一个组成部分，最后由瑞典经济学家古斯塔夫·卡塞尔加以发展和充实，并在其1922年出版的《1914年以后的货币与外汇》一书中作了详细论述。它已成为当今汇率理论中最具影响力的理论之一。其主要内容是两国货币的购买力之比是决定汇率的基础，汇率的变动是由两国货币购买力之比变化引起的。该理论认为，人们对外国货币的需求是由于用它可以购买外国的商品和劳务，外国人需要其本国货币也是因为用它可以购买其国内的商品和劳务。因此，本国货币与外国货币相交换，就等于本国与外国购买力的交换。所以，用本国货币表示的外国货币的价格也就是汇率，决定于两种货币的购买力比率。由于购买力实际上是一般物价水平的倒数，因此两国之间的货币汇率可用两国物价水平之比表示。这就是购买力平价说。从表现形式上来看，购买力平价有两种定义，即绝对购买力平价和相对购买力平价。

（1）绝对购买力平价：是指本国货币与外国货币之间的均衡汇率等于本国与外国货币购买力或物价水平之间的比率。绝对购买力平价说认为，一国货币的价值及对它的需求是由单位货币在国内所能买到的商品和劳务的量决定的，即由它的购买力决定的，因此两国货币之间的汇率可以表示为两国货币的购买力之比，而购买力的大小是通过物价水平体现出来的。根据这一关系式，本国物价上涨将意味着本国货币相对外国货币贬值。

（2）相对购买力平价：是指不同国家的货币购买力之间的相对变化，是汇率变动的决定因素。相对购买力平价说认为，汇率变动的主要因素是不同国家之间货币购买力或物价的相对变化；同汇率处于均衡的时期相比，当两国购买力比率发生变化时，两国货币之间的汇率就必须调整。

相对购买力平价表示一段时期内汇率的变动，并考虑到了通货膨胀因素。1918年第一次世界大战结束后，由于各国在战争期间滥发不兑现银行券，导致了通货膨胀及物价上涨，这促使经济学家对绝对购买力平价进行修正。他们认为，汇率应该反映两国物价水平的相对变化，原因在于通货膨胀会在不同程度上降低各国货币的购买力。因此，当两种货币都发生通货膨胀时，它们的名义汇率等于其过去的汇率乘以两国通货膨胀率之商。相对购买力平价说明的是某一时期汇率的变动，即两个时点的汇率之比等于两国一般物价指数之比。相对购买力平价公式为：

本国货币新汇率=本国货币旧汇率×（本国货币购买力变化率/外国货币购买力变化率）

=本国货币旧汇率×（本国物价指数/外国物价指数）

（二）利率平价理论

利率平价理论是由凯恩斯和爱因齐格提出的远期汇率决定理论。他们认为均衡汇率是通过国际抛补套利所引起的外汇交易形成的。在两国利率存在差异的情况下，资金将从低利率国流向高利率国以谋取利润。但套利者在比较金融资产的收益率时，不仅考虑两种资产利率所提供的收益率，还要考虑两种资产由于汇率变动所产生的收益变动，即外汇风险。套利者往往将套利与掉期业务相结合，以避免汇率风险，保证无亏损之虞。大量掉期外汇交易的结果是，低利率国货币的现汇汇率下浮，期汇汇率上浮；高利率国货币的现汇汇率上浮，期汇汇率下浮。远期差价为期汇汇率与现汇汇率的差额，由此低利率国货币就会出现远期升水，高利率国货币则会出现远期贴水。随着抛补套利的不断进行，远期差价就会不断加大，直到两种资产所提供的收益率完全相等，这时抛补套利活动就会停止，远期差价正好等于两国利差，即利率平价成立。因此，我们可以归纳一下利率平价说的基本观点：远期差价是由两国利率差异决定的，并且高利率国货币在期汇市场上必定贴水，低利率国货币在期汇市场上必定升水。

第二节
BP曲线与IS-LM-BP模型

一、国际收支平衡条件

前面讲述了国际收支平衡表，但是没有讲述什么是国际收支平衡以及实现国际收支平衡的条件是什么。本节我们来研究这个问题。这里首先分别研究影响贸易活动和资本流动的不同因素，然后将这些因素放在一起，得出国际收支平衡的条件。

（一）净出口函数

一国的进出口贸易活动反映在国际收支平衡表中经常项目里，通常可以用净出口函数概念来反映经常项目活动的整体结果。净出口等于出口减去进口：NX=X-M。

影响净出口的因素有很多，其中汇率和国内收入是两个最重要的因素。

出口受汇率影响并与汇率正相关。一般而言，汇率升值以后，以外币计价的本国货物价格上升，即本国商品相对于外国商品昂贵，出口减少。在直接标价法下，货币升值，汇率变小，出口减少；反之亦然。一般认为，出口受本国国民收入状况的影响可以忽略。

进口受汇率和本国收入两个因素的影响。汇率升值意味着外国商品对于本国居民来说变得比较便宜，进口就会增加。此外，进口还取决于一国的国民收入。当国民收入提高时，本国消费者一般会增加对本国产品及进口品的支出。

基于以上考虑，可得到如下简化的净出口函数：

$$NX=g-nY+m(EP_f/P)$$

其中，(EP_f/P)表示汇率；Y表示国民收入水平；g、n、m均为反映不同变量之间数量关系的系数。系数n为边际进口倾向，表示国民收入变动1单位时进口的变动量，它的取值范围是0和1之间。系数m表示净出口对汇率变动的反应程度。

净出口函数说明净出口受到两个因素的影响：一是本国国民收入水平。当其他条件不变时，国民收入增加会引起进口增加，从而引起净出口下降；反之亦然。所以，净出口与国民收入存在反向变动关系。二是汇率。当其他条件不变时，汇率升值会使净出口减少。这里因为，汇率升值时，一方面，进口品在本国市场上以本币标示的价格下降，由于需求规律的作用，消费者对进口品的需求量增加了；另一方面，出口品在国外市场以外币标示的价格上升，同样在需求规律的作用下，国外消费者对进口品的需求量减少了。汇率升值使进口量增加和出口量减少，最终导致净出口减少；反之亦然。在直接标价法下，汇率升值表现为汇率变小，出口减少，进口增加，所以，净出口与汇率存在正相关变动关系。

（二）资本净流出函数

国际资本流动是各国之间相互购买和销售资产（直接投资、买卖股票和债券、涉外贷款等）的结果。本国从外国购买资产的支出表现为资本流出，外国从本国购买资产的支出表现为资本流入。我们把资本流出减去资本流入的差额定义为资本净流出，用F表示，即：

F=资本流出-资本流入

在上述简单的模型中，资本净流出取决于本国利率和外国利率的差别。如果本国利率高于外国利率，会引发较多的外国资本流向本国，资本净流出减少，产生汇率升值的压力；反之，如果本国利率低于外国利率，本国的投资者会增加对国外的投资，这会增加资本外流，产生汇率贬值的压力。因此，本国资本净流出可以看成是本国利率和外国利率之差的函数，用公式表示为：

$F=a（r^*-r）$

其中，F为资本净流出；r^*表示国外利率；$a>0$，为常数，反映资本净流出对国内外利率差的反应的敏感程度。有一种极端的情况，即a的值无限大。其经济含义是：只要国内外利率存在微小的差别，就会发生无限大的资本净流出的变动，因而国际收支完全由国内外利率平价条件决定。实际上资本流动还会受到其他因素的影响，如国内政局是否稳定、战争及国有化等。有些国家甚至有可能对资本流动采取限制性措施，从而使国内外利率差和资本流动的联系并不很密切。我国的情况就是这样，作为一个处在经济转型中的发展中国家，我国现阶段的资本市场尚未完全开放，政府对资本流动仍实施较多的管制政策。从资本流入方面看，外资可以在我国进行直接投资，但在间接投资方面还受到很多限制。在资本流出方面，我国居民和企业还不能自由投资外国债券和股票。因此，我国的a值比较小。a值的大小反映一个国家对资本流动的限制程度，它显示了一国资本市场的开放程度。

（三）国际收支平衡条件

下面将净出口函数和资本净流出函数结合在一起来表述国际收支（或外汇市场）平衡条件。国际收支是由经常账户和资本账户构成的，因而是由净出口和资本净流出决定的。我们把两者之间的差额称为国际收支差额，用BP（the balance of payment）表示，即：

国际收支差额=净出口-资本净流出

或　$BP=NX-F=g-nY+m（EP_f/P）-a（r^*-r）$

当BP=0，即净出口等于资本的净流出时，就实现了国际收支平衡。因此，国际收支平衡是指一国国际收支差额为零。也就是说，BP=0所表达的关系也就满足了国际收支平衡的条件。

国际收支平衡还可以理解为：在日常生活中，如果你的开销大于你的收入，也就是说你赤字了，你往往会通过借钱或出售你的其他资产来实现预算均衡。对一个国家而言，如果一国大量购买国外商品的金额超过了其收入，那么就会出现负的净出口，即赤字，此时，该国往往会通过向国外出售资产或向国外借款来支持该国的大量进口。因此，任何经常账户赤字都要由相应的资本流入来抵消。近年来美国异常严峻的经常项目赤字就是主要靠亚洲国家特别是中国和日本购买其国债而维持的。从理论上讲，只要有国家愿意为美国的赤字买单，那么美国的赤字经济就能够维持。

当国际收支实现平衡，即BP=0时，公式 $BP=NX-F=g-nY+m(EP_f/P)-a(r^*-r)$ 等于零，即：

$$BP=NX-F=g-nY+m(EP_f/P)-a(r^*-r)=0$$

这意味着，当实现国际收支平衡时，净出口函数和资本净流出函数相等。将资本净流出函数移到上式的右边，可得：

$$g-nY+m(EP_f/P)=a(r^*-r)$$

整理可得：

$$r=r^*-g/a-(m/a)(EP_f/P)+(n/a)Y$$

上式是国际收支平衡函数，它表明当实现国际收支平衡时，利率r与国民收入Y之间的函数关系。该公式表明，由于Y的系数n/a是正数，因此，当国民收入（Y）上升时，利率（r）必须相应上升，才能实现国际收支平衡。因为在净出口函数中，收入上升会通过进口增加导致净出口减少，这就需要利率上升来吸收资本流入增加，从而使国际收支保持平衡，因此，国民收入和利率之间具有同方向变动关系。

二、BP曲线

把国际收支均衡函数表示在一个横轴为收入、纵轴为利率的坐标系内，公式 $r=r^*-g/a-(m/a)(EP_f/P)+(n/a)Y$ 显示为一条向右上方倾斜的曲线，这就是BP曲线，如图9-1所示。

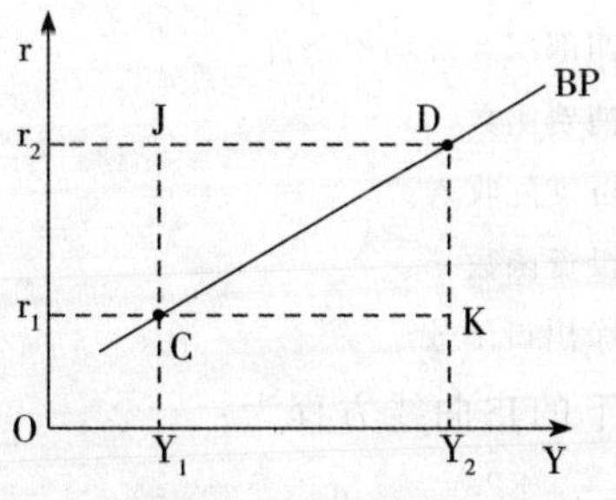

图9-1　BP曲线

BP曲线上的每一点，都代表一个使国际收支平衡的利率和收入的组合，而不在BP曲线上的点都是使国际收支失衡的利率和收入的组合。具体而言，BP曲线上方的所有点均表示国际收支顺差，即NX>F；BP曲线下方的所有点均表示国际收支逆差，即NX<F。在BP曲线上方任取一点J，与均衡点D相比较，利率相同，收入较低，而其相应的净出口较高，即有NX>F；在BP曲线下方任取一点K，与均衡点C相比较，利率相同，收入较高，故相应的净出口较低，即有NX<F。

在BP曲线的公式中，n/a决定了BP曲线的斜率。其中，n是边际进口倾向，表示国民收入变动1单位时进口的变动量，它的取值介于0和1之间。n越大，则BP曲线就越陡峭；反之亦然。a表示资本流动对国内外利率差反应的敏感程度。a越大，表示国内外利率差较小的变动就会引起大量的资本流动，BP曲线就越平坦；反之，a越小，则表示一国资本流动存在较大的限制，BP曲线就越陡峭。综合以上分析可以知道，一个国家的边际进口倾向越小或者资本净流出对利率差越敏感，BP曲线的斜率越小，BP曲线就越平坦；反之，一个国家的边际进口倾向越大或者资本净流出对利率差越不敏感，BP曲线的斜率越大，BP曲线就越陡峭。

在BP曲线的公式中，如果存在这种极端情况，即a无穷大，表示资本的国际流动完全不受限制。当国外利率r*既定时，国内利率稍高于国外利率，就会出现资本的无限流入；反之，本国利率稍低于国外利率，资本就会无限流出。这时，n/a趋向于0，BP曲线就是一条位于国外利率水平r*的水平线。

三、IS-LM-BP模型

通常，一国（地区）的产品市场和货币市场同时达到均衡，称为该国的内部均衡，用IS-LM模型分析，简单来说，利用IS曲线和LM曲线，且在同一坐标系中分析；一国（地区）的国际收支平衡，称为该国（地区）的外部均衡，用BP曲线分析。因此，分析一国同时实现内部均衡和外部均衡，则同时用IS-LM模型和BP曲线进行分析，这个模型被称为IS-LM-BP模型，简单地说，就是利用IS曲线、LM曲线和BP曲线在同一坐标系中进行分析。最早提出内部均衡和外部均衡概念的是英国经济学家詹姆斯·米德，经过斯旺的发展，形成了内外均衡的基本模型。

为了建立IS-LM-BP模型，首先要推导出开放经济条件下的IS曲线。为了简单起见，均用线性函数模型。开放经济条件下产品市场均衡模型可表示为：

$Y=C+I+G+NX$	四部门经济均衡条件
$C=\alpha+\beta Y_d$	消费函数
$Y_d=Y-T$	可支配收入
$I=e-dr$	投资函数
$NX=g-nY+m(EP_f/P)$	净出口函数

这样可得开放经济条件下的IS曲线方程为：

$$Y=\frac{1}{1-\beta+\gamma}\left(\alpha+e+G+g-\beta T+m\frac{EP_f}{P}\right)-\frac{d}{1-\beta+\gamma}r$$

$$r=\frac{1}{d}\left(\alpha+e+G+g-\beta T+m\frac{EP_f}{P}\right)-\frac{1-\beta+\gamma}{d}Y$$

这两个表达式都可以作为IS曲线方程，它们互为反函数。注意开放经济条件下的IS曲线仍然是向右下方倾斜的。若汇率提高（本币贬值），则可知IS曲线向右移动，同时，可知IS曲线向上移动，所以IS曲线向右上方移动；反之，若汇率降低（本币升值），则IS曲线向左下方移动。若g和EP_f提高，这时净出口增加，则IS曲线向右上方移动；反之，若净出口减少，则IS曲线向左下方移动。

有了开放经济条件下的IS曲线，就可以得到IS-LM-BP模型：

$$Y=\frac{1}{1-\beta+\gamma}\left(\alpha+e+G+g-\beta T+m\frac{EP_f}{P}\right)-\frac{d}{1-\beta+\gamma}r \qquad \text{IS曲线}$$

$$Y=\frac{h}{k}r+\frac{1}{k}\cdot\frac{M_0}{P} \qquad \text{LM曲线}$$

$$Y=\frac{a}{n}r+\frac{a\cdot r^{*}+g+m\cdot\frac{EP_f}{P}}{n} \qquad \text{BP曲线}$$

在以利率为纵坐标、国民收入为横坐标的坐标系中，对于给定的实际汇率，这三条曲线若交于同一点E（r_0，Y_0），则表示该国内部和外部同时达到均衡，且称该点为内外同时均衡的均衡点，如图9-2所示。

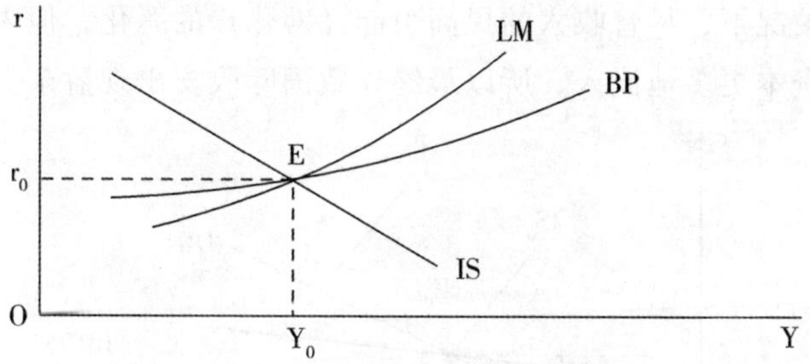

图9-2　IS-LM-BP模型

对于利率和收入的组合（r_0，Y_0）：由于在IS曲线上，它表示在现行汇率下总支出与总收入相等，是产品市场均衡时的利率和收入的组合；又由于在LM曲线上，它又表示货币需求与货币供给相等，是货币市场均衡时的利率和收入的组合；还由于在BP曲线上，它还表示在现行汇率下净出口与净资本流出相等，是国际收支平衡时的利率和收入的组合。总之，组合（r_0，Y_0）既在IS曲线和LM曲线的交点上，是内部均衡的利率和收入的组合；同时又在BP曲线上，是外部均衡的利率和收入的组合。所以，组合（r_0，Y_0）是内部和外部同时达到均衡时的利率和收入的组合。

第三节
开放经济下的宏观经济政策效应

在开放经济条件下，对宏观经济政策的分析与两个因素关系密切：汇率制度和资本流动。两者的不同组合对每种政策都会有不同的影响。

研究开放经济条件下宏观经济政策的作用最初是由经济学家蒙代尔和弗莱明提出的。他们主要研究了固定汇率制度下资本充分流动时宏观经济政策的作用，所以后人也将这种情况下的IS-LM-BP模型称为蒙代尔-弗莱明模型。在他们提出的模型的启发下，经济学家们又对浮动汇率制度下的宏观经济政策进行了分析，并且也对资本有限流动和资本不流动情况下的宏观经济政策作出了分析。

这里，仅就资本有限流动（BP曲线向右上方倾斜）情况下，分别在固定汇率制度下和浮动汇率制度下讨论货币政策和财政政策效应。

一、固定汇率制下宏观经济政策的政策效应

我们先来看固定汇率制下，在LM曲线比BP曲线陡峭的情况下，政府实施扩张性财政政策的政策效果。如图9-3所示，E_0（r^*，Y^*）为最初的内部和外部同时达到均衡时的均衡点，伴随着政府实施扩张性财政政策，IS曲线由IS_0向右上方移动到IS_1，从而形成新的内部均衡点E_1。由于假设LM曲线比BP曲线陡峭，所以E_1点位于BP曲线的上方，故出现国际收支顺差，即国际收支盈余。这是因为此时必然出现汇率下降，本币升值。由于是固定汇率制，本国（地区）货币当局用本币购买外币而阻止本币升值。在这种情况下，尽管收入的提高引起经常账户的恶化，但内部利率上升势头如此强烈，致使资本更多地流入，所以最终导致国际收支出现盈余。

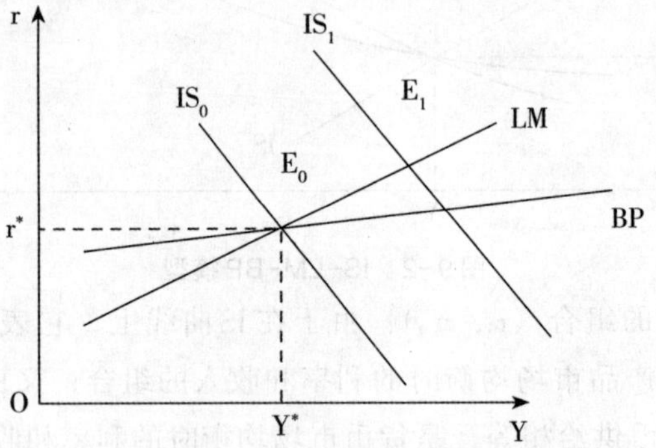

图9-3　固定汇率制下的财政政策

类似地，在LM曲线比BP曲线平坦的情况下，政府实施扩张性财政政策将引起国际收支赤字。

同样可以分析在LM曲线比BP曲线陡峭和平坦的情况下，政府实施紧缩性财政政策的政策效应，由读者自己来完成。

我们再来看固定汇率制下，在BP曲线的位置不发生变化的情况下，政府实施扩张性货币政策的政策效果。在图9-4中，E_0（r^*，Y^*）为最初的内部和外部同时达到均衡时的均衡点，伴随着政府实施扩张性货币政策，LM曲线由LM_0向右下方移动到LM_1，从而形成新的内部均衡点E_1。由于点E_1位于BP曲线的下方，故出现国际收支逆差，即国际收支赤字。这是因为此时必然出现汇率上升，本币贬值。肩负着稳定汇率义务的货币当局会用其外汇储备在外汇市场上购买本币来阻止其贬值。只要货币当局一直用其他外汇储备来稳定国际金融市场上的本币的汇率，国际收支赤字就会继续存在。在这种情况下，内部均衡与外部均衡之间存在着不可调和的矛盾，失去了汇率的弹性，扩张性货币政策的结果是尽管提高了收入水平，但导致了国际收支赤字。产生赤字的原因是利率下降（资本流出）和收入提高（引起净出口减少）。一般地，这种情况下扩张性货币政策的政策效果与LM曲线和BP曲线斜率的关系没有什么本质区别。

类似地可以分析政府实施紧缩性货币政策的政策效应，请读者自己完成。

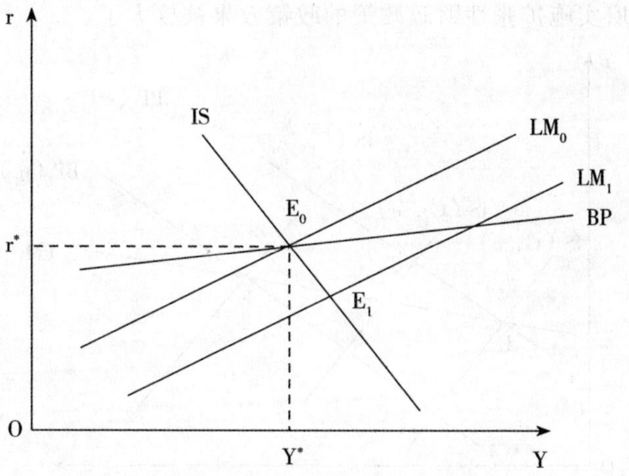

图 9-4　固定汇率制下的货币政策

二、浮动汇率制下的宏观经济政策的政策效应

在浮动汇率制下，货币当局不会通过干预去稳定汇率。

图9-5所示为浮动汇率制下，在LM曲线比BP曲线陡峭的情况下，与封闭经济时的情形相比，政府实施扩张性财政政策的政策效果受到了抑制。

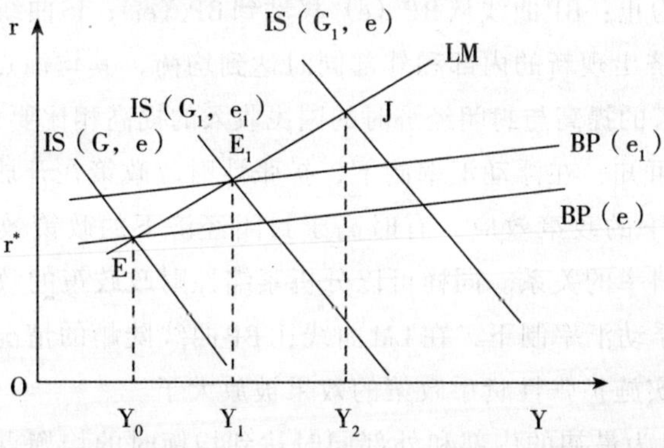

图 9-5　浮动汇率制下的财政政策效果(LM 曲线比 BP 曲线陡峭)

在图9-5中，E为最初的内部和外部同时达到均衡时的均衡点，伴随着政府实施扩张性财政政策，IS曲线从初始位置IS（G，e）向右上方移动到IS（G_1，e），使经济在J点达到内部均衡，出现国际收支盈余。在这种情况下，本币升值，汇率下降，如实际汇率从e下降到e_1。尽管通常不会回复到原来的位置，但BP曲线会向左上方移动，IS曲线会向左下方移动，直到出现新的内部和外部同时达到均衡为止：BP曲线从BP（e）移动到BP（e_1）；IS曲线从IS（G_1，e）移动到IS（G_1，e_1）。经济出现新的内部和外部同时达到均衡，其均衡点为E_1。从图中可以看到，这时国民收入的提高（Y_1-Y_0）与封闭经济时的国民收入的提高（Y_2-Y_0）相比，显然要小一些，说明扩张性财政政策受到了抑制。

图9-6所示为浮动汇率制下，在LM曲线比BP曲线平坦的情况下，与封闭经济时

的情形相比，政府实施扩张性财政政策的政策效果被放大了。

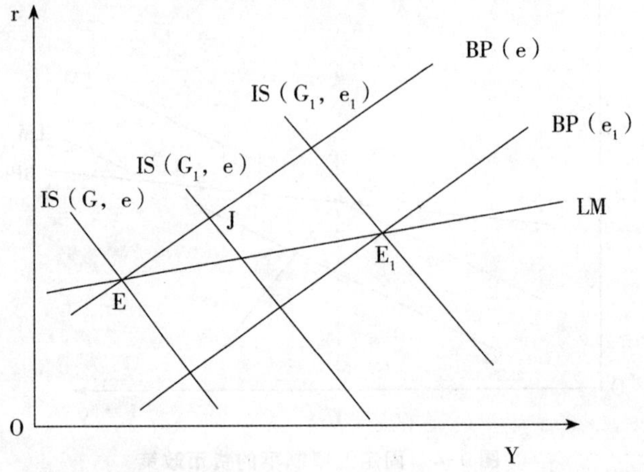

图9-6 浮动汇率制下的财政政策效果（BP曲线比LM曲线陡峭）

在图9-6中，E为最初的内部和外部同时达到均衡时的均衡点，伴随着政府实施扩张性财政政策，IS曲线从初始位置IS（G，e）向右上方移动到IS（G_1，e），使经济在J点达到内部均衡，出现国际收支赤字。在这种情况下，本币贬值，汇率上升，如实际汇率从e上升到e_1。BP曲线会向右下方移动，IS曲线会向右上方移动，直到出现新的内部和外部同时达到均衡为止：BP曲线从BP（e）移动到BP（e_1）；IS曲线从IS（G_1，e）移动到IS（G_1，e_1）。经济出现新的内部和外部同时达到均衡，其均衡点为E_1。从图中可以看到，这时国民收入的提高与封闭经济时的国民收入的提高相比要大一些。

从上面的分析可知，在浮动汇率制下，扩张性财政政策在开放经济中的政策效应有时低于封闭经济下的政策效应，有时高于封闭经济下的政策效应，其结果依赖于LM曲线与BP曲线斜率的关系。同样可以分析紧缩性财政政策的政策效应。

图9-7所示为浮动汇率制下，在LM曲线比BP曲线陡峭的情况下，与封闭经济时的情形相比，政府实施扩张性货币政策的效果被放大了。

在图9-7中，E为最初的内部和外部同时达到均衡时的均衡点，伴随着政府实施扩张性货币政策，LM曲线从初始位置LM（M_0）向右下方移动到LM（M_1），使经济在J点达到内部均衡，出现国际收支赤字。在这种情况下，本币贬值，汇率上升，如实际汇率从e上升到e_1。BP曲线会向右下方移动，IS曲线会向右上方移动，直到出现新的内部和外部同时达到均衡为止：BP曲线从BP（e）移动到BP（e_1）；IS曲线从IS（G_1，e）移动到IS（G_1，e_1）。经济出现新的内部和外部同时达到均衡，其均衡点为E_1。从图中可以看到，这时国民收入的提高与封闭经济时的国民收入的提高相比要大一些。

类似地，浮动汇率制下，在LM曲线比BP曲线平坦的情况下，与封闭经济时的情形相比，政府实施扩张性货币政策的效果被抑制了。同样可以分析紧缩性货币政策的政策效应。

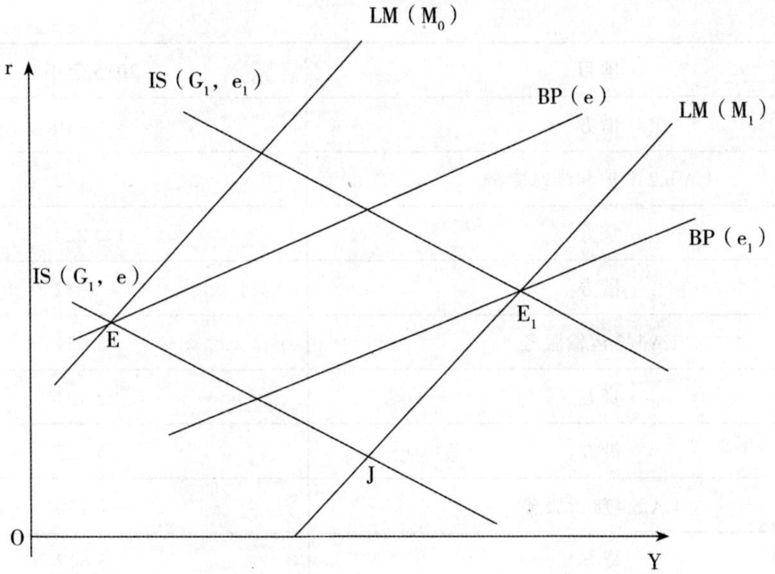

图9-7 浮动汇率制下的货币政策效果（LM曲线比BP曲线陡峭）

◆ 案例分析

2015年中国国际收支平衡表如表9-3所示。

表9-3 中国国际收支平衡表 单位：亿元人民币

项目	2015全年
1.经常项目	18 272
贷方	164 717
借方	-146 445
1.A货物和服务	23 014
贷方	148 050
借方	-125 036
1.A.a货物	36 059
贷方	133 694
借方	-97 636
1.A.b服务	-13 045
贷方	14 356
借方	-27 401
1.A.b.1加工服务	1 263
贷方	1 273

续表

项目	2015全年
借方	−10
1.A.b.2维护和维修服务	142
贷方	224
借方	−82
1.A.b.3运输服务	−3 021
贷方	2 401
借方	−5 422
1.A.b.4旅行服务	−12 150
贷方	3 617
借方	−15 767
1.A.b.5建设服务	402
贷方	1 036
借方	−634
1.A.b.6保险和养老服务	−174
贷方	322
借方	−497
1.A.b.7金融服务	−26
贷方	138
借方	−164
1.A.b.8知识产权使用费	−1 304
贷方	67
借方	−1 371
1.A.b.9电信、计算机和信息服务	821
贷方	1 531
借方	−710
1.A.b.10其他商业服务	1 170
贷方	3 636
借方	−2 466

续表

项目	2015全年
1.A.b.11个人、文化和娱乐服务	-73
贷方	46
借方	-119
1.A.b.12别处未提及的政府服务服务	-94
贷方	66
借方	-160
2.资本金融账户	-8 258
2.1资本账户	19
贷方	32
借方	-12
金融账户	-8 277
2.2.1非金融储备资产性质的金融资产	-29 814
其中，2.2.1.1直接投资	6 579
2.2.1.1.1直接投资资产	-8 597
2.2.1.1.2直接投资负债	15 176
2.2.2储备资产	21 537
2.2.2.1货币黄金	0
2.2.2.2特别提款权	-17
2.2.2.3在国际货币基金组织的储备头寸	56
2.2.2.4外汇储备	21 498
2.2.2.5其他储备资产	0
3. 净误差与遗漏	-10 014

资料来源　国家统计局. 中国统计年鉴2015［M］. 北京：中国统计出版社，2015.

分析：2015年，我国经常账户顺差18 272亿元人民币，资本和金融账户逆差8 258亿元人民币，其中，非储备性质的金融账户逆差29 814亿元人民币，储备资产减少21537亿元人民币。

按美元计价，2015年，我国经常账户顺差2 932亿美元，其中，货物贸易顺差5 781亿美元，服务贸易逆差2 094亿美元，初次收入逆差592亿美元，二次收入逆差163亿美元。资本和金融账户逆差1 611亿美元，其中，资本账户顺差3亿美元，非储备性质的金融账户逆差5 044亿美元，储备资产减少3 429亿美元。

◆ 本章小结

1.开放经济也可以说是与各国之间存在物品、劳务、资本等密切往来的经济。

2.国际收支平衡表是一国在一定时期内所有经济交易货币价值的系统记录。国际收支平衡表主要包括四部分：经常项目、资本和金融项目、储备资产以及净误差与遗漏。

3.汇率是指两国货币的折算比率，也就是以一种货币表示的另一种货币的相对价格。外汇汇率有两种表示方法：一种是直接标价法，即以1单位或100单位外国货币作为标准，折算成一定数额的本国货币，这种标价法又称付出报价；另一种是间接标价法，即以1单位或100单位本国货币作为标准，折算成一定数额的外国货币，这种标价法又称收进报价。

4.汇率制度是指一国中央银行对本国汇率变动的基本方式所作的制度规定和政策安排。传统上，按照汇率变动的幅度，汇率制度被分为固定汇率制和浮动汇率制。

5.净出口函数为：$NX=g-nY+m(EP_f/P)$；资本净流出可以看成是本国利率和外国利率之差的函数，用公式表示为：$F=a(r^*-r)$。将净出口函数和资本净流出函数结合在一起就可以表述国际收支（或外汇市场）平衡条件。

6.把国际收支均衡函数表示在一个横轴为收入、纵轴为利率的坐标系内，公式 $r=r^*-g/a-(m/a)(EP_f/P)+(n/a)Y$ 显示为一条向右上方倾斜的曲线，这就是BP曲线。

7.开放经济条件下产品市场均衡模型可表示为：

$Y=C+I+G+NX$	四部门经济均衡条件
$C=\alpha+\beta Y_d$	消费函数
$Y_d=Y-T$	可支配收入
$I=e-dr$	投资函数
$NX=g-nY+m(EPf/P)$	净出口函数

8.IS-LM-BP模型为：

$$Y=\frac{1}{1-\beta+\gamma}\left(\alpha+e+G+g-\beta T+m\frac{EP_f}{P}\right)-\frac{d}{1-\beta+\gamma}r \quad \text{IS曲线}$$

$$Y=\frac{h}{k}r+\frac{1}{k}\cdot\frac{M_0}{P} \quad \text{LM曲线}$$

$$Y=\frac{a}{n}r+\frac{a\cdot r^*+g+m\cdot\frac{EP_f}{P}}{n} \quad \text{BP曲线}$$

9.开放经济条件下宏观经济政策的作用。

固定汇率制下，在LM曲线比BP曲线陡峭的情况下，政府实施扩张性财政政策的政策效果导致国际收支出现盈余；在LM曲线比BP曲线平坦的情况下，政府实施扩张性财政政策的政策效果导致国际收支出现赤字。

固定汇率制下，在BP曲线的位置不发生变化的情况下，政府实施扩张性货币政策的政策效果导致国际收支出现赤字。一般地，这种情况下扩张性货币政策的政策效果与LM曲线和BP曲线斜率的关系没有什么本质区别。

浮动汇率制下，在LM曲线比BP曲线陡峭的情况下，与封闭经济时的情形相比，政府实施扩张性财政政策的政策效果受到了抑制；在LM曲线比BP曲线平坦的情况下，与封闭经济时的情形相比，政府实施扩张性财政政策的政策效果被放大了。

浮动汇率制下，在LM曲线比BP曲线陡峭的情况下，与封闭经济时的情形相比，政府实施扩张性货币政策的政策效果被放大了；在LM曲线比BP曲线平坦的情况下，与封闭经济时的情形相比，政府实施扩张性货币政策的政策效果被抑制了。

◆ 课后习题

一、名词解释

汇率　净资本流出　国际收支盈余　国际收支赤字　国际收支平衡　内部均衡　外部均衡　BP曲线　IS-LM-BP模型

二、简答题

1.简述国际收支表的基本内容。

2.简述绝对购买力平价理论与相对购买力平价理论的异同。

3.简述开放经济条件下的宏观经济政策的政策效应。

主要参考书目

[1] 高鸿业．西方经济学（宏观部分）[M]．北京：中国人民大学出版社，2014.

[2] 尹伯成．西方经济学简明教程 [M]．上海：格致出版社，上海人民出版社，2011.

[3] 萨缪尔森，诺德豪斯．宏观经济学 [M]．萧琛，等，译．北京：华夏出版社，1999.

[4] 高鸿业．宏观经济学原理 [M]．北京：中国人民大学出版社，2012.

[5] 张端民，仝伟伟．经济学原理 [M]．北京：中国财政经济出版社，2014.

[6] 代海涛．宏观经济学 [M]．北京：清华大学出版社，2013.

[7] 张嫚，赵霞．宏观经济学 [M]．大连：东北财经大学出版社，2012.

[8] 叶航．宏观经济学教程 [M]．浙江：浙江大学出版社，2005.

[9] 曼昆．经济学原理 [M]．梁小民，译．北京：生活·读书·新知三联书店，2001.

[10] 喻德坚，喻葵．宏观经济学 [M]．武汉：华中科技大学出版社，2009.